AtV

Franz J. Jürgens, 1958 im Rheinland geboren, studierte Theologie und Germanistik und ist im psychosozialen Bereich sowie in der Erwachsenenbildung tätig. Die intensive Auseinandersetzung mit Menschen, die sich nach dem Zweiten Weltkrieg zu einer Rückkehr nach Deutschland entschlossen haben, wurde durch mehrere Reisen nach Israel und New York angeregt, auf denen er mit zahlreichen jüdischen Emigranten in Kontakt kam. Der Autor lebt in Köln.

Franz J. Jürgens hat im Laufe eines Jahres mit 18 deutsch-jüdischen Männern und Frauen über ihre jeweiligen Lebensläufe gesprochen. 15 davon sind in diesem Buch versammelt; sie spannen sich von einer als selbstverständlich empfundenen Existenz in der Weimarer Republik über Verfolgung, Exil und Rückkehr. Weder trifft die These zu, daß Deutschland ein immer noch in beträchtlichem Umfang antisemitisches Land ist, noch die, daß es sich um ein rundum erneuertes, durch und durch demokratisches Gemeinwesen handelt. Was an den Lebensläufen verblüfft, ist die Vielfalt der Erfahrungen, die Differenziertheit deutsch-jüdischen Lebens. Ein gemeinsamer Nenner der Schicksale ist gerade die Individualität des Entschlusses zur Rückkehr, der ganz eigenständige Weg, der gegen viele Widerstände von außen und auch gegen eigene Zweifel, die immer wieder auftauchten, behauptet werden mußte. Mit großer Offenheit geben die Gesprächspartner darüber Auskunft, wie sie das Dritte Reich, ihre Rettung und ihre Rückkehr erlebten.

FRANZ J. JÜRGENS

»Wir waren ja eigentlich Deutsche«

Juden berichten
von Emigration und Rückkehr

Aufbau Taschenbuch Verlag

ISBN 3-7466-1338-8

1. Auflage 1997

Umschlaggestaltung Christopher Gries/Torsten Lemme
unter Verwendung eines Gemäldes von Emilio Tadini
Il museo che cade, 1986

Satz LVD GmbH, Berlin
Druck Elsnerdruck GmbH, Berlin

INHALT

Rückkehr in die Fremde 7

HELLMUT STERN
Berlin – Harbin/China – Israel – USA – Berlin 15

KURT COHEN
Hamburg – Belgien – München 38

EDITH REIFENBERG
Berlin – Südafrika – Neustadt/Weinstraße 55

RUTH K.
Köln – Eastbourne – Köln 69

ERNEST UND RENATA LENART
Berlin – USA – München 87

MALKA SCHMUCKLER
Nürnberg – Israel – Köln 101

H. M.
Berlin – Holland – New York – München 121

HELLFRIED HEILBUT
Dresden – England – Bergisch Gladbach 138

EGON M. KORNBLUM
Rathenow – Shanghai – Seattle – Israel – Essen 151

LEON SPIERER
Berlin – Luxemburg – Buenos Aires – Stockholm – Berlin . 178

M. B.
Köln – Holland – USA – Israel – Köln 187

WALTER UND DR. LOTTE GRÜNWALD
Stuttgart – Chile – Mallorca – Neustadt/Weinstraße . . . 204

RUTH BRATU
Prag – London – Darmstadt 227

DANKSAGUNG

In erster Linie danke ich Marianne Jürgens, meiner Schwester. Sie hat mit mir zusammen einige Interviews geführt, Kontakte geknüpft und Tonbänder verschriftet. Ohne sie als kluge und kenntnisreiche Gesprächspartnerin in allen Fragen, die das Buch betrafen, hätte dieses kaum entstehen können.

Viele haben mich auf die eine oder andere Weise unterstützt. Besonders danke ich meinen Eltern.

Birgit: Danke!

RÜCKKEHR IN DIE FREMDE

Seit dem Mord an den europäischen Juden vor über 50 Jahren gilt das deutsche Judentum als ausgelöscht bzw. in Resten in der Emigration weiterlebend. Die Letzten dieser Generation werden in New York oder Tel Aviv oder wo immer aufgesucht und interviewt, um ihre Erfahrungen für die Nachwelt festzuhalten. Fast ausnahmslos kommt in diesen Gesprächen die unlösbar schwierig erscheinende Beziehung zu Deutschland zur Sprache, zu dem Land, in dem diese Menschen geboren wurden, das ihnen zuerst Heimat war und später zur lebensbedrohenden Falle wurde. Viele betonen, wie fern ihnen ihr Herkunftsland gerückt ist – und lassen trotzdem, kaum eingestanden, Interesse erkennen an der deutschen Gegenwart. Manchmal aber scheint die Loslösung vollständig zu sein. Nur wenige sprechen von Heimweh – Heimweh nach einem Land, das es ja eigentlich gar nicht mehr gibt, aber das sie dennoch nicht losläßt. Vielleicht ist es das Heimweh nach einer Zeit, in der die Maßstäbe noch fester waren, Worte wie »Vaterland« und »Heimat« noch einen Sinn hatten und der Boden unter den Füßen zuverlässig zu tragen schien. Ein 86jähriger deutsch-jüdischer Emigrant aus Berlin, der seit fast 60 Jahren in New York lebt und bis heute engen Kontakt zu den kulturellen Entwicklungen in Deutschland hält, sagte mir einmal, daß das Heimweh die Krankheit aller Emigranten ist. Das Tragische an diesem Heimweh ist, daß es keine Erfüllung mehr finden kann, und es war wohl diese Ahnung, die nur so wenige der Geflohenen den Versuch einer Rückkehr wagen ließ. »Ich hatte einst ein schönes Vaterland«, so betitelte die deutsch-jüdische Filmkritikerin Lotte Eisner, Emigrantin in Paris, ihre Autobiographie. Das »Vaterland« hat sich den jüdischen Deutschen als mörderisches Stiefvaterland erwiesen. Wie soll es da noch »Heimat« geben?

Von Zeit zu Zeit konnte man aber, wenn es sich um bekanntere Namen handelte, dennoch von einer Rückkehr erfahren – jede einzelne erscheint fast wie ein kleines Wunder. Hans Sahl, der große Exilautor, siedelte 1989 in hohem Alter und wenige Jahre vor seinem

Tod von New York nach Tübingen über – nachdem ein erster Versuch der Rückkehr in den fünfziger Jahren fehlgeschlagen war. Die Schrifstellerin und Lyrikerin Hilde Domin gibt in zahlreichen autobiographischen Schriften einen Einblick in das, was sie im Laufe ihres Rückkehrprozesses erlebt und erfahren hat. Sie beschreibt den mühevollen Weg des Sich-wieder-Annäherns an die alte Heimat, bis schließlich der Schritt gewagt wird, dort wieder auf Dauer leben zu wollen. Wir begreifen, wie viele Narben immer wieder zu schmerzen anfangen, und auch, daß es eine Rückkehr im eigentlichen Sinn nicht geben kann. Es ist kein Wiederanknüpfen möglich an der Stelle, wo das Band grausam zerschnitten wurde, sondern höchstens der Weg in ein Land, das bei aller Vertrautheit der Sprache und der Landschaft auch ein fremdes Land geworden ist.

Vertrautes und Fremdes, Ermutigendes und Beängstigendes mischen sich und lösen sich oft ganz unvorhersehbar ab. Die Erwartung bzw. die Hoffnung, daß die nichtjüdischen Deutschen bereit und fähig wären, sich ehrlich und selbstkritisch mit ihrem Leben im Nationalsozialismus auseinanderzusetzen, wird in den meisten Fällen enttäuscht, aber gleichzeitig entstehen auch Begegnungen und Beziehungen, die als kostbar und unverzichtbar empfunden werden. Leiden an Deutschland wie auch langsam und stockend wiedergewonnenes Vertrauen: beides schafft eine spannungsvolle Existenz.

Domins Beschreibungen ihrer Rückkehr, die sie als das größte Erlebnis ihres Lebens bezeichnet, sind so aufschlußreich wie doch letztlich unbekannt geblieben. Gleich ihr ist eine Anzahl von Künstlern, die in der Ausübung ihres Berufes mehr oder weniger an die deutsche Sprache gebunden waren, zurückgekehrt und konnte zum Teil wieder Fuß fassen – zumindest beruflich. Die berühmten Schauspieler Curt Bois und Fritz Kortner gehören dazu wie auch die weniger bekannte und erst im letzten Jahrzehnt wirklich entdeckte und gelesene Schriftstellerin Grete Weil, deren eindrucksvolles Werk vor allem um die Themen Verfolgung und Traumatisierung kreist. Ein 1992 erschienener Band mit Erzählungen trägt den bezeichnenden Titel *Spätfolgen*. Der Politiker Herbert Weichmann (vormals USA) amtierte von 1965 bis 1971 als Bürgermeister von Hamburg und war 1968/69 Bundesratspräsident; Joseph Neuberger, Rückkehrer aus Israel, wurde Justizminister von Nordrhein-Westfalen. Theodor W. Adorno, Max Horkheimer, Ernst Bloch (1949 aus den USA in die DDR gegangen und 1961 in die Bundesrepublik übergesiedelt) und Hans Mayer (vormals Frankreich und Schweiz), um nur einige Namen zu nennen, prägten wesentlich die deutsche Geisteswissenschaft der Nachkriegsjahrzehnte. Hatte man ihnen im Nationalsozialismus das Deutschsein abgesprochen, um sie gleichsam als Auswurf zu beseitigen, waren sie nun wieder da, wurden bekannt und auch geachtet. Andere, wie die Schriftsteller Alfred Döblin und Hermann Kesten, stellten nach ihrer Rückkehr fest, daß ihnen ein Leben in diesem Land nicht mehr möglich war und emigrierten erneut. Hat man die Rückkehrer gefragt, wie es ihnen ergangen ist auf ihrem Weg nach Deutschland? Wollte man es wissen? Gefragt oder ungefragt gaben einige Auskunft, aber oft spärlich und spät – zumeist in autobiographischen Texten.

Insgesamt gesehen war das, was man nur sehr unvollkommen als Rückkehr bezeichnen kann, selten ein Thema – sowohl generell in der (bundes-)deutschen Gesellschaft der Nachkriegszeit als auch in der historischen bzw. zeitgeschichtlichen Forschung. Zwar gehört die Ermordung der europäischen Juden durch das nationalsozialistische Deutschland zu den am gründlichsten erforschten Phänomenen der deutschen Geschichte, und auch die Exilforschung hat zunehmend größeres Interesse gefunden, aber erst jetzt, kurz bevor die letzten Zeitzeugen aussterben, beginnen Historiker und auch Journalisten, sich mit der Rückkehr deutscher Juden aus dem Exil zu beschäftigen.

Vor 1933 lebten im damaligen Deutschen Reich ungefähr 570 000 jüdische Männer und Frauen. Zwei Drittel davon konnten früher oder später emigrieren bzw. fliehen, ein Drittel wurde ermordet. Von denen, die entkamen, kehrten nur etwa 14 000 bis 20 000 zurück. Diejenigen, die politisch engagiert waren, kamen oft schon bald nach Kriegsende, viele von ihnen ließen sich in der SBZ, später DDR nieder. Andere kamen wesentlich später, und auch jetzt noch, in den neunziger Jahren, übersiedeln vereinzelt Remigranten nach Deutschland, teilweise in jüdische Altersheime. Was hat die Rückkehrer, die nur eine winzige Gruppe der Geflohenen und Emigrierten bilden, zu der Entscheidung bewogen, wieder in Deutschland leben zu wollen? Durch welche Widerstände, innere wie äußere, mußten sie gehen? Es ist kein Geheimnis, daß sie von Schicksalsgefährten in ihren Emigrationsländern, von Familienangehörigen und Freunden mit Unverständnis und Ablehnung konfrontiert wurden, wenn es um die Entscheidung der Rückkehr ging: »Wie kannst du nur in das Land der Mörder gehen?« War es eine Schwäche, die sie nicht endgültig im Exilland leben ließ, eine Charakterschwäche gar, wie manchmal unterstellt wird? Oder eher die Stärke einer persönlich durchlittenen Entscheidung, die gegen die Argumente und Gefühle der Umwelt getroffen wurde? Was waren die Gründe?

Ablehnung und Vereinnahmung sind zwei der möglichen Reaktionen, die den Rückkehrern begegnen können. Vereinnahmung durch nichtjüdische Deutsche z. B., die versuchen, in irgendeiner Form ihr Schuldbewußtsein an den Mann bzw. an die Frau zu bringen, aber auch durch Politiker, die diese Gesellschaft dadurch »koschern« wollen, indem sie die Rückkehrer in ihrem Sinne benutzen: »So schlimm kann es doch wahrhaftig nicht stehen um Deutschland, wenn hier jetzt sogar wieder Juden leben wollen!« Denkbar ist auch ein naives »Verständnis« dafür, daß es eben die meisten Menschen irgendwann wieder »in die alte Heimat zieht«. Es hat nichts davon begriffen, wie ambivalent und paradox die Rückkehr der deutsch-jüdischen Remigranten in Wirklichkeit ist.

Die Gespräche, die ich mit 18 deutsch-jüdischen Männern und Frauen im Laufe eines Jahres geführt habe, hatten die jeweiligen Lebensläufe zum Inhalt. Diese spannen sich von einer als selbstverständlich empfundenen Existenz im Weimarer Deutschland über Verfolgung, Exil und Rückkehr. Die Protokolle dieser Gespräche sperren sich gegen vorschnelle Vereinnahmungen. Weder läßt sich auf ihnen die These aufbauen, daß Deutschland ein immer noch in beträchtlichem Umfang antisemitisch verseuchtes Land ist, noch die, daß es sich doch jetzt um ein rundum erneuertes, durch und durch demokratisches Gemeinwesen handelt. Immer wieder scheint zwischen den Zeilen oder auch ausdrücklich auf, daß positive Erfahrungen plötzlich überschattet werden können durch Irritierendes, Kränkendes oder als bedrohlich Empfundenes. Das Eis mag zwar die meiste Zeit tragen, aber es ist dünn.

Was an diesen Interviews verblüfft, ist die Vielfalt der Erfahrungen und Lebenssituationen, die Differenziertheit deutsch-jüdischen Lebens. Kurt Cohen z. B. stammt aus einem weitgehend von der nichtjüdischen Umwelt abgeschlossenen jüdischen Milieu, während die Familie von Malka Schmuckler und anderen bis zu einem Grad assimiliert war, in dem man beinahe schon vergessen hatte, daß man jüdisch war. Die Emigrationsländer (England, Belgien, Holland, USA, Chile, Argentinien, China, Israel, Südafrika) sind so unterschiedlich wie der individuelle Zeitpunkt der endgültigen Rückkehr (von 1947 bis 1987) und auch das Alter der Befragten (Jahrgang 1903 bis 1928). Leon Spierer verließ als Fünfjähriger Nazideutschland, während Walter Grünwald bei seiner Flucht bereits 35 war, erfolgreicher Geschäftsmann und Familienvater. Ein gemeinsamer Nenner der Gespräche ist gerade die Individualität des Entschlusses zur Rückkehr, der ganz eigenständige Weg, der gegen viele Widerstände von außen und auch gegen eigene Zweifel, die immer wieder auftauchten, behauptet werden mußte.

Die Gespräche dauerten etwa zwei bis drei Stunden und fanden bei den Interviewten zu Hause statt. Kennengelernt habe ich die Gesprächspartner durch Anzeigen in deutsch-jüdischen Publikationen, durch Zufall und durch Empfehlung. Die meisten Befragten waren schnell und in einem überraschenden Maße bereit, über wichtige Erfahrungen des eigenen Lebens zu berichten. Darunter war niemand, der selbst ein Konzentrations- oder Vernichtungslager erleben mußte; wahrscheinlich wäre in diesem Personenkreis die Gesprächsbereitschaft geringer gewesen. Alle hatten große persönliche Verluste erlitten, entweder von nächsten Angehörigen oder Verwandten aus dem erweiterten Familienkreis. Die meisten haben in den Jahren der Verfolgung auch mitmenschliche Haltungen seitens nichtjüdischer Deutscher erfahren, bis hin zu unverbrüchlichen Freundschaften. Viele sehen die Bundesrepublik positiver als manche Nichtjuden und schätzen den Zustand der Demokratie als durchaus vertrauenerweckend ein. Übereinstimmend wird aber der Graben beschrieben, der sie von nichtjüdischen Angehörigen der eigenen Generation trennt, bei denen nur sehr selten eine Bereitschaft zur offenen Auseinandersetzung mit der eigenen Vergangenheit gesehen wird. Gemeinsam ist diesen Texten auch, daß sie keine einfachen und damit bequemen Wahrheiten zulassen. Eine Gesprächspartnerin z. B. verdankt ihre Rettung einem SS-Mann, während Hartherzigkeit manchmal gerade dort erfahren wird, wo man sie nicht vermutet hätte. Nichts von den Verbrechen wird relativiert, aber doch angedeutet, daß die Trennungsnaht zwischen schwarz und weiß nicht immer so klar verläuft, wie wir uns das verständlicherweise wünschen.

Wie schmerzhaft die Wunden der Vergangenheit noch sind, die eben nicht wirklich vergehen kann, und wie vermessen es ist, von einer »Normalisierung« zu sprechen, zeigte mir die Reaktion von drei Gesprächsteilnehmern auf die fertigen Manuskripte, die ihnen vorgelegt wurden. Eine Frau, die erst 1991 zurückgekehrt war, hatte beschrieben, wie sie sich vor Jahrzehnten mit ihrer vormals besten Freundin wieder ausgesöhnt hat, von der sie in der Hitlerzeit verstoßen, später aber um Verzeihung gebeten worden war. Nun lehnte sie die Veröffentlichung ab, weil sie diese Beziehung nicht wieder aufs neue belasten wollte. Auch ein Pseudonym schien ihr nicht genug Schutz zu sein. Wie tief gehen solche Versöhnungen wirklich, wie tragfähig sind solche Freundschaften? Wie groß ist das Mißtrauen, das manchmal unter konventioneller Höflichkeit versteckt wird? Ein Mann, der aus politischen Gründen in die DDR, sprich Ostberlin, zurückgekehrt war, war tief erschrocken, als er das Manuskript las: die derartig konzentrierte Konfrontation mit dem eigenen Leben, mit sich selbst, traf ihn so hart, daß er eine Veröffentlichung nicht autorisierte. Bei einem weiteren Gesprächspartner, der seit 1956 wieder in Deutschland lebt, brachen bei der Besprechung des Manuskriptes plötzlich so starke Aggressionen gegen Deutschland und die Deutschen heraus, daß er das, was er im Interview geäußert hatte, als viel zu positiv empfand: »Im Grunde fühlte ich mich hier von Anfang an vollkommen allein gelassen!« – so sein bitteres Fazit. Sein Gefühl, es könne keine wirkliche Verständigung geben, und seine Aggression blieben auch nach mehreren längeren Gesprächen bestehen, so daß auch er den Text nicht zu Veröffentlichung freigeben wollte.

Diese Erfahrungen gehören dazu, wenn wir das Zusammenleben von Nichtjuden und Juden in Deutschland zum Thema machen: unter dem Anschein eines oft schon normal erscheinenden Miteinanders können Gräben aufbrechen, die unüberwindbar sind. Die Narben beginnen wieder zu bluten, nichts scheint wirklich geheilt.

Rückkehr und Fremde: in dieser Spannung leben die Remigranten zumeist. Es kostet eine ungeheure Menge Kraft, so leben zu können. Manche Gesprächspartner können diese Spannung zum Teil fruchtbar machen, indem sie sie positiv deuten und als Herausforderung annehmen, die eigenen Grenzen immer weiter auszudehnen. Viele haben es sich zur Aufgabe gemacht, aktiv an der Verständigung von Juden und Nichtjuden mitzuwirken. Alle sind auf ihre Weise von dem, was ihnen angetan wurde, gezeichnet – gezeichnet, aber nicht zerstört! Weil es sie gibt, stimmt auch der Satz nicht, daß das deutsche Judentum für immer verschwunden ist. In diesen Menschen existiert es sogar wieder in Deutschland, so klein die Zahl auch sein mag. »Vom deutschen Judentum sind doch nur Scherben geblieben«, sagt Edith Reifenberg sinngemäß, »aber es kommt darauf an, daß wenigstens die Scherben bewahrt und, wenn möglich, zusammengefügt werden!«

Die Gesprächsprotokolle sind Zeugnisse von Leiderfahrungen, aber auch von Mut und Lebenskraft. Einiges stimmt ermutigend und zuversichtlich, anderes verstört und erschreckt. Diese Frauen und Männer tauchen aus ihrer, vordergründig gesehen, normalbürgerlich erscheinenden Existenz auf und lassen uns teilhaben an ihren Biographien. Wenn sie von den fast übermenschlichen Herausforderungen sprechen, die sie zu bestehen hatten, geraten wir in den Bann ungewöhnlicher und, bei allem Schweren, faszinierender Lebensgeschichten. In ihnen zeigt sich die Zeitgeschichte wie in Splittern: am Ende steht kein vollständiges Bild vor uns, und ein allgemeingültiges und gesichertes Fazit zu ziehen, erweist sich als schwierig. Wie könnte es bei diesem Thema auch anders sein? Aber hier und da hat es vielleicht eine plötzliche Erkenntnis gegeben; wir begreifen ein kleines Stück mehr von der deutschen Geschichte und damit von uns selbst. Aber es geht auch um die Gegenwart: die immer wieder gebrochenen Lebenslinien der Rückkehrer geben ihnen eine andere, oftmals eine genauere Sicht auf dieses Land als sie diejenigen besitzen, die »immer schon dazugehört haben«. Es lohnt sich, diese Sicht zur Kenntnis zu nehmen und im Spiegel dieser Erfahrungen Deutschland und die Deutschen, Nichtjuden wie Juden, zu betrachten.

Rückkehr und Fremde, Begegnung und Abstand: es gibt keine

Lösungen für die tragischen Probleme deutsch-jüdischer Beziehung. Wenn wir das wahrnehmen und aushalten und den Mut haben, uns ehrlich umeinander zu bemühen, kann aber trotzdem etwas wachsen – auch wenn es vielleicht erst in Jahrzehnten seine Wirkung zeigt.

HELLMUT STERN

geb.: 1928 in Berlin
Rückkehr: 1961
Gespräch: 3. Dezember 1995, Berlin

Berlin – Harbin/China – Israel – USA – Berlin

Mein Vater war Gesangslehrer, meine Mutter Pianistin und Klavierlehrerin; die Familie sehr assimiliert, sehr deutsch. Der Vater bekam im Ersten Weltkrieg das Eiserne Kreuz Erster Klasse für besondere Tapferkeit, wurde gefangen in Rußland, verwundet, zurück durch halb Rußland, geflohen aus der Gefangenschaft, wieder rüber zu den deutschen Linien, dann wieder eingesetzt und im Soldatenrat. Er hatte eine Banklehre gemacht und es bis zum Prokuristen der Mitteldeutschen Kreditbank, nachher Commerz- und Diskontbank, gebracht. Er mußte sozusagen einen »anständigen Beruf« erlernen, wie man es damals nannte, aber er brauchte es auch wirklich, denn er mußte noch seine Mutter und beide Brüder ernähren. Aber seine große Liebe war die Musik respektive der Gesang, und in seiner Freizeit nahm er Gesangsunterricht am Konservatorium. Das war eigentlich ein Segen, denn in der Inflation 1929, am Schwarzen Freitag, ging alles kaputt. Er hatte übrigens noch sein eigenes kleines Bankgeschäft aufgemacht, aber ohne dauerhaften Erfolg. Er war seltsamerweise, obwohl er ja in der Bank war, überhaupt kein Geschäftsmann. Was ihm nun zugute kam, war sein Gesangsstudium, und er verlegte seine ganze Arbeit und auch Liebe in den Gesang, indem er Gesangsunterricht gab.

Meine Mutter kam aus sehr gutbürgerlichen Verhältnissen, altes Berliner jüdisches Bürgertum. Sie studierte am Stern'schen Konservatorium Klavier. Ein Onkel war Mitbegründer der AEG, zusammen mit Emil Rathenau. Ebenfalls aus dieser Linie war die berühmte Konzertagentur Hermann und Luise Wolff, ohne die das Berliner Philharmonische Orchester nicht zustande gekommen wäre. Ich sage dies ganz bewußt, weil ich in diesem Orchester ja später, bis vor kurzem noch, arbeitete. Das ist also das Umfeld, in das ich 1928 hineingeboren wurde. Meine Eltern ernährten sich beide vom Musikunterricht. Das ging auch ganz gut bis 1933: da wurden sie aus der Reichsmusikkammer ausgestoßen wie alle Juden. Und nun konnten sie nur noch Privatunterricht geben, aber auch der wurde immer spärlicher.

Meine Eltern haben keine besonders starke Beziehung zum orthodoxen, religiösen Judentum gehabt. Trotzdem fing mein Vater ungefähr um diese Zeit an, aushilfsweise in Synagogen als »Interimskantor« zu arbeiten, also nur zu den hohen Feiertagen, wenn ein großer Bedarf an Kantoren ist. In der Emigration hat er dann immer wieder versucht, diese Tätigkeit als Kantor auszuüben, aber das konnte er im Ausland kaum noch, weil man außerhalb Deutschlands einen ganz anderen Ritus hatte und er sich daran nicht gewöhnen konnte. Später wollte er von Religion überhaupt nichts mehr wissen, was am Ende seines Lebens sogar so schlimm wurde, daß man nicht einmal mehr die Floskel »Gott sei Dank« sagen durfte. Gott durfte überhaupt nicht erwähnt werden in seiner Gegenwart, selbst dann, wenn es in kritischer Art geschah! Da hat er sofort dazwischengesagt: »Den gibt's nicht!«

Meine Mutter hatte ebenfalls wenig Beziehung zum Judentum. Es gab in Deutschland das liberale Judentum, was ungefähr dem Verhalten der meisten Christen entsprach. Man stellte oft gleichzeitig Weihnachtsbaum und Chanukka-Leuchter auf, und das Versöhnungsfest war ein gesellschaftliches Ereignis. Die Herren hatten Zylinder auf, die Damen waren fein angezogen – wobei ich immer von den Liberalen spreche –, und man ist in die Oranienburger-, Prinzregenten- oder Fasanenstraße gegangen. Selbst die Nichtjuden ringsherum nahmen teil daran, denn in Berlin war es wirklich zu bemerken, wenn jüdische Festtage waren; das war fast so wie Weihnachten. Es gab ja auch viele Juden in Berlin, 170 000.

Meine Eltern haben sich selbstverständlich als gute Deutsche betrachtet. Das war nicht nur Heimat, sondern es war durchaus auch ein nationales Bewußtsein des Deutschtums dabei. Der Schock war natürlich umso größer, als dann passierte, was passierte. Aber da war mein Vater dann doch sehr konsequent. Er war politisch stark engagiert in der SPD und hat schon 1933 gesagt: »Das wird hier ganz furchtbar. Und nicht nur wir werden hier kaputtgehen, sondern ganz Deutschland wird kaputtgehen.« Das hat er immer wieder gesagt, woraufhin die Leute ihn auslachten. Der Verlauf der Jahre hat ihm natürlich recht gegeben, als das nun langsam bzw. eigentlich gar nicht so langsam eskalierte: die Verfolgung, die Erniedrigung, die Entmenschlichung und der Angriff auf die Menschenwürde, der sich vor aller Augen, also vor den Augen der ganzen Welt auf den Straßen Deutschlands vollzog. Er bemühte sich nun ohne jede Mittel, denn die hatten wir ja nicht, um eine Ausreise nach Palästina. Er wurde Zionist, und zwar ein sehr eifriger. Er wußte nichts vom Nahen Osten und war eher eine Art Herzl-Zionist, also ein aufgeklärter Sozialist, wenn man so will. Immer wieder hat er gesagt: »Wenn die Juden jetzt nicht eine eigene Heimstatt kriegen, dann wird es schlimm werden.«

Aus meiner Kinderzeit habe ich sehr viele Erinnerungen an Antisemitismus, denn der wurde ja zunehmend spürbar auf den Straßen. Die Art, wie ich das verarbeitete, ist vielleicht aus der Warte der Erwachsenen oder der Erfahrungen, die später gemacht worden sind, ein bißchen überraschend. Als Kind habe ich mich zunächst einmal sehr über diese schönen Uniformen gefreut, die auf den Straßen waren, und über die Musik, die Paraden und Aufmärsche der verschiedenen Gruppen, z. B. der Hitlerjugend. Das ist ja immer mit Spielmannszügen gegangen, und ich bin jedes Mal mitgelaufen, selbst wenn sie ihre antisemitischen Lieder gesungen haben. Das hat mich überhaupt nicht betroffen, weil ich es gar nicht auf mich bezogen habe. Oft habe ich meine Mutter gebeten, daß sie mir doch auch einmal so eine hübsche Uniform geben möge.

Den 9. November 1938 habe ich sehr stark erlebt und dem auch ein ganzes Kapitel in meinem Buch gewidmet. Es hatte einfach nicht geklappt mit der Auswanderung, und viele Leute begreifen nicht, daß es nicht so einfach war auszuwandern, denn die Westmächte oder die sogenannten Alliierten haben ja eine restriktive Einwanderungspolitik geführt und sich für mein Gefühl mitschuldig gemacht an dem, was passiert ist. Ich sage *mit*schuldig; das entlastet niemanden, aber es *be*lastet die anderen sehr, sehr stark!

Wir sind dann auf den letzten, auf den allerletzten Drücker weg und konnten nach China, in die Mandschurei entfliehen. Das Verhalten der Westmächte hätte zu unserem Untergang geführt, wie es bekanntlich millionenfach geschah. Es waren die Japaner, die es uns dann ermöglichten, nach China zu fahren. Das war das von Japanern besetzte China. Wie gesagt: die Westmächte sind streng nach Quote gegangen oder streng nach dem, was die Menschen als finanzielle Garantien für ihre Existenz mitbrachten. Die Engländer in Palästina verlangten tausend Pfund Sterling Vorzeigegeld, damit man überhaupt ein Zertifikat bekam! Davon haben wir noch nicht mal träumen können! Wir gehörten sozusagen zur Emigration der kleinen Leute. Viele, viele Menschen sind hier umgekommen, nur weil sie kein Geld hatten, weil sie sich's nicht leisten konnten wegzugehen! Das kommt nur selten richtig heraus in Publikationen und Gesprächen. Es waren immerhin 18000 Menschen, die dann nach Shanghai kamen. In Kovno in Litauen gab es einen kleinen japanischen Konsul, der tausende Durchreisevisa durch Japan ausgestellt hat, die gar keine Grundlage hatten – aber er hat's gemacht! Ein kleiner japanischer Konsul! Dieser so wenig besungene Held hieß Senpo Sugihara. Das, was die Großmächte nicht tun konnten, hat er einfach gemacht.

Mein Vater war bei meiner Geburt bereits 48 Jahre alt, ich bin aus zweiter Ehe, und nun kann man sich vorstellen: 1938 ist er 58 gewesen. Er hat noch versucht, auf Waldhorn umzusatteln, »umzuschichten«, wie das damals hieß, weil er hoffte, daß er damit vielleicht irgendwo noch etwas machen konnte. Es ging aber doch nicht mehr so. Mit Ach und Krach sind wir also gerade noch herausgekommen, nachdem wir verzweifelt versucht hatten auszuwandern und es nie klappte. Am 9. November 1938 dachten wir: »Jetzt ist es sowieso aus!«, aber zum Glück gab es da noch einen Ukas von Herrn Göring, der sagte: »Wer einen gültigen Paß und ein gültiges Visum hat, der kann raus«. Das hatten wir und sind dann elf Tage später, am 21. November, knapp herausgekommen. Termingemäß – nur, daß wir noch den Pogrom mitmachen mußten.

Als die Novemberpogrome passierten, war ich zehn Jahre alt. Morgens bin ich meinen normalen Weg in die Schule gegangen – wir wohnten an der Laubacher Straße, Ecke Südwestkorso –, bin zur Prinzregentenstraße gelaufen wie immer, und da sah ich schon die ersten Scherben. Ich bin an einem Musikgeschäft vorbeigegangen, das vollkommen zertrümmert war, und als ich dann zur

Schule kam, die hinter der großen, besonders schönen Prinzregentenstraßen-Synagoge lag, da brannte die Synagoge. Die Kinder standen davor, und die Lehrer versuchten, sie ruhig nach Hause zu schicken. Dann kam ein großer Lastwagen mit Hitlerjungen, die uns mit Steinen beschmissen. Ich habe auch einen Stein an den Kopf gekriegt, aber es war nicht so schlimm. Die Schule brannte auch. Ich bin dann nicht nach Hause gegangen, sondern in die Stadt gefahren mit der S-Bahn, die an der Kuppel der damaligen Fasanenstraßen-Synagoge vorbeigeht, zum Bahnhof Zoo. Ich bin in die Stadt gefahren, weil ich das Ganze mit Interesse verfolgt habe wie ein Beobachter, der sich das halt ansieht. Als ich in die Fasanenstraße kam, brannte auch dort die Synagoge. Auf dem Kurfürstendamm sah ich, wie die Leute hineinstiegen in die Vitrinen und Schaufenster, sich mit Ringen und Pelzen behängt und sich bedient haben. Es war ein ziemliches Chaos auf den Straßen. Ich bin dann irgendwann nach Hause gefahren. Meine Eltern waren versteckt, wie ich später erfahren hatte. Jedenfalls war keiner zu Hause, als die Gestapo kam und meinen Vater wohl abholen wollte. Da konnten sie aber nichts ausrichten. Irgendwann in der Nacht sind meine Eltern nach Hause gekommen, wo ich voller Angst alleine auf sie gewartet habe.

Die Beziehungen zu Nichtjuden wurden in dieser Zeit natürlich immer weniger, das ist klar. Das habe ich hauptsächlich dann empfunden, wenn die Kinder, mit denen ich immer gespielt hatte, nicht mehr mit mir spielen durften – andere durften aber wiederum. Es gab den Portiersjungen von gegenüber: der hat weiter mit mir gespielt, da gab's keine Hemmungen. Aber im Haus der Hauswartssohn, der hatte schon eine Pimpfeuniform an, und er durfte nicht mehr. Er selber hätte wohl nichts dagegen gehabt, aber sie hatten es ihm verboten. Ringsherum die Läden, wo man eingekauft hat, die waren alle ganz in Ordnung. Da haben wir eigentlich nichts gespürt. Im Gegenteil: hinter der Hand haben sie geschimpft, und es gab keinerlei Diskriminierung, bis zum Schluß nicht. Kurz vor unserer Abfahrt, zwei Tage davor, fanden wir lauter verschiedene Sachen: Körbe mit Lebensmitteln und auch Geld im Briefschlitz – kleine Summen, die wir ja gar nicht mitnehmen durften. Wir durften ja nur zehn Mark mit rausnehmen, pro Person! Und es war gut, daß wir das Geld nicht mitgenommen haben, denn es kam auf dem Brenner, auf der Fahrt nach Italien, die Leibesvisitation. Hätten wir eine Mark mehr gehabt, dann wär's schon wieder aus gewesen. Es gab also durchaus auch positive Erfahrungen. Zum Glück war ich ja auch in der jüdischen Schule. Die Mitschüler meines Jahrgangs, die in nichtjüdischen Schulen waren, also in normalen städtischen Schulen, die haben wohl doch noch einiges mehr mitbekommen, vor allem von Seiten der Lehrer, aber auch der Schüler. Die hatten's da oft besonders schwer.

Als ich dann hörte, wir gehen nach Shanghai, habe ich das als großes Abenteuer empfunden; es war ganz toll für mich! Es hat mir sehr viel Spaß gemacht, und ich habe die Reise sehr genossen, die exotischen Länder, wo man dann aussteigen durfte! Man durfte nicht überall aussteigen, weil man ja ein »J« im Paß hatte, und die Engländer haben dieses »J« durchaus akzeptiert und uns nicht von Bord gelassen. Wir waren auf einem normalen Dampfer, einem großen italienischen Schiff, und da gab es auch ganz normale deutsche Touristen. Die durften alle von Bord, aber nicht, wer das »J« drin hatte. Eine groteske Situation, daß die Nazimaßnahmen sozusagen von den Engländern mitgemacht wurden, während sie von den Japanern, die eine der drei Achsenmächte waren, nicht nur nicht mitgemacht wurden, sondern es war ja so, daß die uns sogar noch das Leben gerettet haben! Das muß man sich mal so richtig überlegen! Auf deutscher Seite wundern wir uns nicht, denn wenn hier ein wildgewordener Abschaum nach oben, an die Macht gelangt, dann kann einen gar nichts wundern. Aber daß die anderen das mitgemacht haben! Ich sag's mal so: das wäre alles nicht so gekommen, wenn da nicht dieser blinde, vielleicht blindwütige, Antikommunismus gewesen wäre, dem jedes Mittel recht war – selbst der Hitler! Das war eine ganz wichtige Komponente, daß man sagte: der wird schon das Bollwerk gegen den Kommunismus sein! Daß auf der anderen Seite ein genauso wildgewordener Abschaum nach oben gekommen ist und den Sozialismus verzerrt und vernichtet hat, ist ein Kapitel für sich.

Als dann der Krieg begann, sagte mein Vater: »Nee, die können diesen Krieg nicht gewinnen, das wird unmöglich!« Die anderen Emigranten haben wieder gesagt, mein Vater wäre ein Phantast: »Natürlich werden sie gewinnen, man muß doch nur mal sehen, wie sie durchmarschieren durch Europa!« Das war gleich zu Anfang.

Als wir ausgewandert sind mit dem Schiff, atmeten meine Eltern auf, daß wir nun endlich erstmal heraus waren aus dieser Hölle in Deutschland. Daß man die Heimat verloren hatte, daß man in eine absolut ungewisse Zukunft ging, war zweitrangig gegenüber der Tatsache, daß wir fliehen konnten und durchaus wußten, daß es um unser Leben geht, um das nackte Leben! Meine Mutter war 21 Jahre jünger als mein Vater. Mein Vater, der klein, aber unheimlich vital und robust war, bekam auf dem Schiff seinen ersten Angina-pectoris-Anfall, vermutlich aufgrund der Aufregung in Deutschland, denn daß das Ganze nicht in die Kleider gegangen ist, ist ja wohl klar. Diese Angina pectoris kam immer häufiger, und das wurde dann doch bedenklich. Als wir am 31. Dezember 1938 ankamen, da war er schon 59 Jahre alt, das darf man nicht vergessen. Meine Mutter war ja noch jung, damals 38.

Von Shanghai aus sind wir dann weiter in die Mandschurei gefahren, weil die Situation in Shanghai furchtbar war. Es waren 18 000 Flüchtlinge dort. Natürlich gab es Organisationen, die uns erstmal weiterhalfen, aber eine richtige Infrastruktur gab es noch gar nicht. Die Leute waren alle nicht darauf eingerichtet, so viele Flüchtlinge schnellstens aufzunehmen. Das war schließlich nicht so einfach. Wir hatten aber die Möglichkeit, daß wir nach Harbin weitergehen konnten. Harbin ist eine Stadt von heute ca. 4 Millionen Einwohnern im Nordosten Chinas. Es war eine russisch geprägte Stadt, in die wir da kamen. Es war gar nicht so leicht gewesen, ein Visum dafür zu bekommen, denn die Japaner hatten nur wenige Auserwählte hineingelassen, und die Auserwählten waren fast alles Ärzte, die dort gebraucht wurden. Wir kamen nun dahin und wurden von der russisch-jüdischen Gemeinde betreut. So wuchs ich dann auf: russisch draußen, zu Hause deutsch, und natürlich auch chinesisch und japanisch, denn die Japaner waren ja die Herren bis 1945, bis die sowjetische Armee für ein Jahr kam und von da an die chinesische kommunistische Achte Armee die Macht übernahm.

Da lebte ich also in diesem fernen Land, war in Deutschland geboren und habe verschiedene Sprachen gesprochen – als was habe ich mich da eigentlich gefühlt? Eigentlich so, wie ich mich auch heute noch fühle, sehr kosmopolitisch! Den Deutschen kriege ich aus mir nicht heraus, obwohl ich's manchmal gerne gehabt hätte.

Also, ich bin Deutscher, selbst wenn die anderen einen gar nicht mehr so sehen. Wie war das noch? »Der Emigrant Brandt«, hieß das damals mit Verachtung, als ich 1961 zurückkam. Also auch ich: ein Emigrant! Es hatte einen unangenehmen Beigeschmack – heute natürlich nicht mehr und bei der Nachkriegsgeneration schon gar nicht mehr. Obwohl: bei manchen vielleicht schon. Es gibt ja auch die neuen Nazis, nicht? Nee, ich bin überall zu Hause! Ich bin unter Russen zu Hause, habe einen großen russischen Bekanntenkreis, in dem ich mich bewege und werde von denen als einer der ihren voll akzeptiert. Die meisten wissen, daß ich Deutscher bin, aber wenn neue Leute dazukommen, dann wundern die sich immer, wie das möglich ist. Die können sich nicht vorstellen, daß ich kein Russe bin, weil ich akzentfrei spreche. Bei den Chinesen bin ich sehr gern gesehen. Sicher, die empfinden mich nicht als Chinesen, aber doch als jemanden, der ihnen sehr nahe steht. In Israel, wo ich später gelebt habe, bin ich natürlich Israeli. Aber ich habe auch in den USA gelebt und bin in Amerika Amerikaner, obwohl ich keinen amerikanischen Paß habe, sondern einen deutschen. Also, ich bin wirklich kosmopolitisch geprägt und freue mich, daß es so gekommen ist.

Manchmal liegt darin aber auch ein bißchen Vereinsamung, weil ich in all diesen Kreisen immer wieder auch das vorfinde, was sie alle gleich haben: nämlich die Unwissenheit über die anderen und auch manchmal einen primitiven Nationalismus. Das andere ist, daß ich merke, wie intolerant doch eigentlich alle sind.

In meiner eigenen Familie gab es keine Spannung, denn wir waren eine sehr enge Familie. Wir haben gehungert und gefroren, und es ging uns saumäßig, aber es gab eine große Harmonie und auch – Furcht ist vielleicht zu viel gesagt – viel Respekt vor meinem Vater mit seiner ganzen Dynamik. Meine Mutter und ich waren die Geldverdiener am Anfang. Mein Vater konnte kein Geld verdienen, und trotzdem war er der Herr im Haus. Er war sehr, sehr dynamisch, und es war preußische Disziplin, die bei ihm herrschte. Die Situation war so, daß ich mehrsprachig aufwuchs und mein Vater niemals die Sprachen lernen konnte. Er gab sich große Mühe, aber es ging nicht mehr. Er wurde ja nun 60, 70 Jahre. Er war fast 70 Jahre, als wir 1949 endlich aus China herauskamen und nach Israel gingen. Es war sehr schwer. Meine Mutter lernte ein bißchen

Russisch – Chinesisch überhaupt nicht. Ich mußte immer übersetzen, Zeitungen vor allem, denn es gab ja nichts anderes als die russischen Zeitungen. Und dann gab es natürlich meine eigene Erlebniswelt, die ich mit ihnen nicht teilte, aber das ist ja wie bei jedem anderen pubertierenden Menschen. Ich habe frühzeitig Geld verdienen müssen und in Kaschemmen gespielt, es ging ja wirtschaftlich drunter und drüber, und natürlich mußte ich wie jeder heranwachsende Mensch mein Leben selbst verarbeiten – mein eigenes, an dem die Eltern keinen Anteil hatten.

Ich habe auch einen Privatlehrer bekommen, der als Deutscher im Ersten Weltkrieg in russische Gefangenschaft geraten war, dort geblieben ist und geheiratet hatte. Nun war er im Zuge der allgemeinen Emigrationswelle aus Rußland, die vor der Roten Armee flüchtete, nach China gekommen. Wir hatten gar kein Geld für einen Privatlehrer, aber er war froh, wenn er bei uns mitessen konnte, und meine Mutter hatte dann mitgekocht für ihn. Von Beruf war er Lehrer. Er hat mir einen fabelhaften Unterricht in allen Fächern gegeben, vielleicht sogar einen besseren Deutschunterricht, als ich ihn in der Schule gehabt hätte.

Wir haben uns ja nur temporär in China aufgehalten. Wir hatten niemals vor, dort Wurzeln zu schlagen, das war für uns undenkbar! Wir haben elf Jahre dort verlebt, und elf Jahre haben wir jeden Tag gedacht: wie kommt man nur heraus? Eigentlich haben wir dort nichts zu suchen gehabt. Dann kam der Krieg und später der chinesische Bürgerkrieg, und die Grenzen waren zu. Als wir uns endlich bemerkbar machen durften, sind wir von einem Schiff der Vereinten Nationen abgeholt worden aus dem Hafen Tientsin. Nach Tientsin mußten wir uns erst einmal durchschlagen; es ist ja eine lange Reise dorthin. Es war nicht so einfach, denn es herrschte immer noch Bürgerkrieg, und die lokalen chinesischen Behörden wollten nicht, daß wir herauskamen. Wir waren am Ende der Welt und vollkommen vergessen. In einer Petition an Mao Tse Tung haben wir dann auf unsere Existenz im fernen Harbin hingewiesen, darauf, daß wir Emigranten aus Nazideutschland sind und jetzt in unsere neugegründete Heimat Israel fahren wollen. Damals hatten die Kommunisten ja noch Sympathie dafür. Als dann der Bürgerkrieg für die Kommunisten erfolgreich verlief und Shanghai genommen oder, wie sie es sagen, befreit wurde, durften wir uns einen

Zug bestellen. Der wurde bezahlt von den Geldern, die die Auflösung der Emigrantenhaushalte ergab; es waren ja ziemlich viele Ärzte dabei, die ihre Praxen aufgelöst hatten. Sie alle haben zusammengelegt, damit wir uns diesen Sonderzug mieten konnten. Damit kamen wir nach Tientsin, eine große Hafenstadt in China, und wurden dort betreut von Vertretern der Vereinten Nationen. Einen Monat mußten wir warten, bis ein Schiff kam und uns nach Israel brachte.

Von Auschwitz erfuhren wir, nachdem die Sowjetarmee einmarschiert war. Bis dahin konnten wir nichts wissen, denn wir hatten ausschließlich den Heeresbericht der deutschen und der japanischen Wehrmacht. So grotesk das klingt, aber wir haben genauso viel und genauso wenig erfahren wie die Leute in Deutschland und aus denselben Informationsquellen, dort hinten im fernen China. Der einzige Unterschied war, daß wir insgeheim Moskau abhörten, was sehr, sehr gefährlich war, lebensgefährlich, aber wir haben's gemacht. Mein Vater wollte das immer alles wissen, und so habe ich immer nachts mit meinem Vater, mit Kissen und Decken über dem Kopf, versucht, Moskau zu bekommen. Die Japaner machten Razzien, um zu sehen, ob Kurzwellen in den Radios eingebaut waren, was strengstens verboten war. Jemand hatte uns beigebracht, daß man mit einem Draht hören kann, und wir sind ja relativ nah an Rußland gewesen, am fernöstlichen Rußland. Nachts konnten wir immer die Nachrichten abhören, und da bekamen wir mit, wie die Deutschen immer mehr zurückgedrängt wurden. Als dann die Sowjets kamen, Ende 1945, da war auch bei uns der Krieg zuende, durch die Atombombe und die Kapitulation der Japaner.

Bei den Sowjets haben wir den Film *Die Einnahme Berlins* gesehen, und dann kamen schon 1946 DEFA-Filme. Es ist sehr interessant, wie schnell das kam. Schließlich hörten wir zum ersten Mal die Nachrichten über das, was passiert ist. Eigentlich konnten wir es gar nicht so richtig glauben, als das langsam einsickerte. Nach unserer Ankunft in Israel bekamen wir die ganze Wucht des Holocaust mit, denn wir trafen ja nun mit sehr, sehr vielen Menschen zusammen, die Auschwitz und andere Konzentrationslager überlebt hatten. Wir sahen die ersten Tätowierungen, die Auschwitznummern, auf den Armen. Das Wissen darüber vertiefte ich durch viele Gespräche mit den Menschen, die mir dann auch Einzelheiten erzählten. Ich arbeitete auch zusammen mit Menschen, die im Orchester in Auschwitz gespielt hatten, wo die Menschen gehängt wurden zu der Musik. Da bekam ich dann also das volle Ausmaß der Ereignisse mit. Im Verlauf der Jahre, als man immer mehr darüber gelesen und die Bilder gesehen hatte, verdichtete sich das alles noch. Ich bin später auch in Auschwitz gewesen, wobei Auschwitz ja sozusagen ein Sammelbegriff ist, denn in anderen Konzentrationslagern ist genauso Schlimmes passiert. Auschwitz-Birkenau als das größte Vernichtungslager ist im Bewußtsein der Menschen ein Synonym für den Schrecken. Ich beschäftige mich bis heute mit der Frage, welchen Gemüts-, welchen Geisteszustand ich damals hatte, als ich alles erfuhr, auch in Bezug auf Deutschland und die Deutschen. Innerlich waren wir sehr gespalten, denn das Deutsche haben wir aus uns nicht herausbekommen.

Insgesamt war ich sieben Jahre in Israel. Aus familiären Gründen sind wir dann weitergewandert nach Amerika. Auch dort haben wir das Deutsche in uns nicht abgelegt, trotzdem man die Einflüsse von außen sehr in sich aufgenommen hat, besonders ich, weil ich ja jung war. Ich bin immer sehr wach gewesen und aufgeschlossen für das, was um mich passiert.

Es ist ein Phänomen, denn ich habe immer wieder erfahren, daß es von den wenigsten geteilt wird, aber dennoch war es wirklich so: ich hatte meine Sehnsucht nach Berlin nie verloren. Ich finde es selber heute sehr komisch. Meine Eltern waren nicht ganz so sentimental Berlin gegenüber, denn als Erwachsene haben sie die Verfolgung und die Katastrophe doch anders mitbekommen als ich. Aber bei mir war die Sehnsucht nach Berlin die ganze Zeit da. Es ergab sich dann auch beruflich, daß ich in Berlin eine Anstellung gefunden habe, wie es sie in meinem Beruf als Orchestermusiker kaum eine zweite gibt, nämlich beim Berliner Philharmonischen Orchester. Bei meiner Sehnsucht nach Deutschland und Berlin war z. B. der Gedanke für mich wahnsinnig reizvoll, daß die Leute um mich herum Deutsch sprechen. Ich habe das besonders stark in Amerika erlebt, wenn ich Menschen getroffen habe, die gerade frisch aus Deutschland kamen. Das hat mich immer fasziniert, daß man einfach so in seiner Muttersprache reden kann!

Das andere ist die Stadt Berlin. Es war nicht Deutschland als Ganzes, es war Berlin, das mich immer wieder angezogen hat. 1955 war ich zum ersten Mal wieder dort, als Tourist mit Kollegen aus dem Israel-Orchester, in dem ich spielte. Wir sind damals nicht gleich nach Berlin gefahren, sondern hatten eine Konzerttournee in Europa, und diese Tournee wurde dann in England beendet. Danach hatten wir noch unseren Jahresurlaub von zwei Monaten, und den habe ich zusammen mit einigen anderen benutzt, um nach Berlin zu kommen. Wir hatten uns vorher deutsche Einreisepapiere besorgt. Es war ja so: wir sind alle ausgebürgert gewesen, aber jedes deutsche Konsulat hat uns natürlich sofort temporäre Papiere gegeben für die Einreise, auf denen stand, daß wir deutsche Staatsbürger sind. Wir hatten das noch in Israel übers englische Konsulat beantragt, das die Interessen Deutschlands vertreten hat, bevor 1965 die diplomatischen Beziehungen zwischen Israel und Deutschland aufgenommen wurden. Wir konnten ja beide Staatsbürgerschaften haben, und es war auch einfach eine Frage der Bequemlichkeit, denn mit dem Israelpaß konnten wir nicht so gut reisen. Eigentlich hatte man auch gar kein Geld für Reisen, aber nun waren wir einmal hier mit dem Orchester und konnten es dann doch bewerkstelligen, nach Berlin zu fahren. Das hatten wir schon in Israel geplant und uns vorher wohlweislich diese Papiere geholt. Damals war das noch kein emotionaler Schritt; das kam erst später, als ich meinen deutschen Paß in Chicago bekam.

Ich weiß noch, wie wir bei dem ersten Besuch auf der Wannsee-Brücke standen, denn wir wohnten in Wannsee. Einer von unseren Leuten hatte Freunde, die hier überlebt hatten; er war Nichtjude, sie Jüdin und eine bekannte Pianistin. Die holten uns vom Flughafen ab, und damit wir in ihrer Nähe waren – sie hatten eine Villa in der Conradstraße in Wannsee –, brachten sie uns in einer kleinen Pension am S-Bahnhof Wannsee unter. Da standen wir nun, diskutierten, und um uns herum unsere Heimat! Die anderen waren alle älter als ich, sie waren schon erwachsen gewesen, als sie Deutschland verließen. Also, da ging's nun los, da kamen die Tränen! Jede Straße, jeder Stein, jedes bißchen war ja erinnerungsträchtig, auch der Wannsee, denn meine Eltern gingen im Sommer mit mir auch in den Grunewald, und ich habe sogar noch Bilder davon: Schlachtensee und Wannsee und Krumme Lanke ... Das waren alles Begriffe und Orte, die mir sehr vertraut waren, selbst wenn ich mich nicht so ganz genau erinnern konnte. Auch mit der Klasse sind wir da oft im Wald wandern gegangen. In der ganzen Zeit der Emigration haben sich unsere Gespräche immer wieder um Erinnerungen an Wien und Berlin gedreht – es waren ja hauptsächlich Wien und Berlin, wo die Emigranten, die ich kannte, herkamen. Es gab starke Auseinandersetzungen darum, wo es denn schöner wäre: »bei uns« in Berlin oder »bei uns« in Wien – bis hin zu Schlägereien! Das hat's alles gegeben. Das Heimatgefühl war so stark bei uns allen, aber bei mir ganz besonders ausgeprägt. Als ich das erste Mal hier war, 1955, hätte man denken können: na ja, nun, vielleicht entspricht das nicht so ganz dem, was ich mir vorgestellt habe, denn ich bin ja schließlich als erwachsener Mensch zurückgekommen. Das Gegenteil war der Fall! So vieles hat mein Gefühl sogar noch verstärkt: der Duft der U-Bahn, der Geschmack der Gummibärchen ...! Dann der Umstand, daß meine Straße und das Haus, wo ich gewohnt hatte, noch bis auf den heutigen Tag stehen, Laubacher Str. 16. Mit Ausnahme eines Hauses Ecke Landauer hat alles überlebt, auch der Rüdesheimer Platz und die Landauer Straße, wo sozusagen meine »hunting grounds« waren. Das stand alles so, wie es gewesen war, auch die ganze Ecke Südwestkorso. Das alles hat meine Sehnsucht nach Berlin noch bestärkt, und da entwickelte sich auch schon dieser Keim, daß ich zurückwollte – sogar aus Israel, wo ich durchaus Fuß gefaßt hatte, im Orchester spielte und eigentlich zufrieden war. Trotzdem habe ich gemerkt, daß ich doch lieber wieder hier wäre.

Und dann haben wir dagestanden, nicht nur ich, und haben gesagt: wie sollen wir so etwas machen? Wohin? Was? Wir können doch nicht einfach zurückgehen, es gibt ja keine Existenzgrundlage! Schon 1955 ging es den Leuten in Deutschland oft viel besser als in Israel. Schon zehn Jahre nach dem Krieg! Wir haben hier Sachen gesehen, die wir in Israel gar nicht hatten: die schönen großen Radios und die Plattenspieler z. B., aber vor allem die Lebensmittel. Was es da alles schon wieder gab! Bei uns in Israel herrschte wirtschaftliche Not, ringsherum waren die Araber, und wir waren politisch und militärisch bedroht. Außerdem konnten wir nicht reisen, weil wir kein Geld hatten; es ging uns ganz schön dreckig. Und hier war das schon wieder alles sehr schön. Ich könnte mir vorstellen, wenn alles noch in Ruinen gewesen wäre, hätte ich vielleicht nicht mehr dieses Gefühl des Zurückkehrenwollens gehabt. Und es war so schön, daß die Menschen Deutsch sprachen ringsherum! Ich kann ja nun eine Menge Sprachen, Hebräisch, Russisch, Chinesisch, Japanisch, Englisch, und fühle mich auch gut in den Sprachen, heute mehr denn je. Aber meine deutsche Sprache, meine eigene Muttersprache nun ringsherum zu hören und vor allem auch Berlinerisch!

Zu den nichtjüdischen Deutschen hatten wir zunächst nicht so viel Kontakt. Die Leute waren alle nett und höflich, wenn sie hörten, daß wir Emigranten aus Israel waren. Zumindest äußerlich hatten wir da nichts Negatives gemerkt, aber der Kontakt zu den Menschen war ja nur ganz oberflächlich. Wenn man heute in ein fremdes Land kommt und als Tourist im Hotel wohnt, da merkt man doch kaum, wie es dort wirklich ist. Dann stöberte ich alte Bekannte auf. Der eine war der Portiersjunge von gegenüber; der hat überlebt und ist dann Polizist geworden nach dem Krieg. Die Eltern, die Portiersleute, haben mich aufgenommen, fast als ob nichts gewesen wäre. Das hatte für mich natürlich einen Beigeschmack, aber ich habe eben verdrängt. Die waren lieb und nett, genau wie damals, als ich noch ein kleiner Junge war. Dann gab es noch ein paar Menschen, enge Freunde meiner Eltern, die in der sogenannten Illegalität überlebt hatten, nun natürlich wieder normal lebten und auch teilweise wieder in Amt und Würden waren. Einer war früher beim Justizministerium gewesen, wurde dann natürlich rausgejagt und war jetzt wieder beim Innensenator eingesetzt, in ziemlich hohen Funktionen. Er hat mich sehr, sehr lieb empfangen und mir später sogar Geld vorgestreckt für die Reise aus den USA zurück nach Deutschland.

Damals, also 1955, bin ich erstmal wieder zurück nach Israel gefahren. 1956 ging ich nach Amerika, wohin meine Eltern bereits weitergewandert waren. Nun kamen die amerikanischen Jahre. Die waren hauptsächlich beruflich geprägt, und ich kann eigentlich nichts Besonderes darüber sagen. 1961, als ich mich als Musiker nicht mehr wohlfühlte in Amerika, wollte ich sehen, wie die beruflichen Bedingungen in Europa für mich waren und gleichzeitig meinen Heimatgefühlen nachgehen, die ja immer noch bestanden, auch in Amerika. Ich habe im Stillen gedacht: »Na, vielleicht geht's doch!« In der spielfreien Zeit bin ich dann nach Berlin gekommen, d. h. ich wollte eigentlich nach Europa, und weil Europa bei mir immer in Berlin anfing, wollte ich erstmal sehen, was in Berlin los ist.

In gewisser Weise war ich immer noch ziemlich deutsch. Mein Vater hatte immer Wert darauf gelegt, daß ich die deutsche Literatur schon in jungen Jahren lese, und so habe ich dann aus eigenem Antrieb, weil ich gerne lese, die gesamte deutsche Literatur kennengelernt. Die haben wir auch in China gehabt, denn teilweise hatten wir unsere Bücher mitnehmen können, unseren Goethe, Heine, Schiller und Eichendorff.

1961 bin ich also von Amerika nach Deutschland gekommen und hatte natürlich wie immer meine Geige dabei. Zufällig fand ich die Gelegenheit, im Berliner Philharmonischen Orchester beim offiziellen Probespiel mitzumachen, das gerade stattfand, und ich wurde akzeptiert und bekam die Stelle bei den Ersten Geigen, obwohl ich 14 Konkurrenten hatte. Anschließend fuhr ich nochmal zurück nach Amerika, um meine Sachen dort zu regeln. Vor allem für meine Eltern war das ein großer Triumph, denn mein Vater und auch meine Mutter gehörten vor unserer Auswanderung dem Publikum der Philharmoniker an. Mein Vater war furchtbar stolz, daß ich nun gerade hier in dieses Orchester kam. Berliner Philharmonisches Orchester, das war ein Wort, das bei uns einen geradezu magischen Klang hatte, auch noch in der Emigration. In diesem Augenblick gab es auch überhaupt keine Bedenken, daß der Sohn zurückkehrt nach Deutschland, sondern was nun wirklich überwog, war die Tatsache, daß ich ins Berliner Philharmonische Orchester kam! Unser Beruf greift ja nun tief hinein in alles. Das ist ja nicht so, wie wenn man in ein Büro geht und abends nach Hause kommt und abschaltet. Die Musik und der Beruf waren wirklich die Hauptsache, denn was unsere Existenz bestimmt hat, war nicht in erster Linie, daß wir Juden waren, sondern daß wir Berufsmusiker waren. Trotzdem kann es natürlich manchem als fragwürdig erscheinen, wenn jemand nach Deutschland zurückgeht. Für mich war also a) der Beruf erstmal sehr wichtig, b) das nach wie vor bestehende Heimatgefühl für Berlin, also ich war glücklich, wieder nach Berlin kommen zu können, und c) gab es aber auch die nüchterne Erwägung, daß wir nicht immer so weitermachen können, daß der Antagonismus weiter bestehen bleibt. Man darf nicht vergessen, daß schon wieder junge Menschen herangewachsen waren. Nehmen wir ruhig meine Generation: die haben sich ja auch noch nicht schuldig gemacht, die meisten jedenfalls nicht, denn sie waren ja alle noch Kinder, als die Nazis an der Macht waren. Die konnte ich ja nicht für schuldig erklären, so daß ich denen offen entgegentrat und mir sagte: die haben nichts Böses getan. Was die anderen, die ja auch noch alle da waren, betrifft, da muß ich zugeben: ich habe vieles verdrängt, wollte es wahrscheinlich nicht wissen und habe zunächst einmal, wenn ich so auf der Straße ging oder im Verkehrsmittel saß oder mit dem Publikum zusammen war, niemals etwas Böses gesehen. Und die Menschen, die ganz normalen Menschen, waren ja auch sehr nett, vor allem in dem Kreis, in dem man sich bewegte. Das war der Kreis der Musikliebhaber, das Publikum.

1962 lernte ich meine Frau kennen. Damals war sie gerade Azubi in der Verwaltung des Berliner Philharmonischen Orchesters. Eines Nachmittags stand ich im Vorraum der Jesus-Christus-Kirche in Dahlem, wo das Orchester gerade eine Schallplattenaufnahme machte, und durfte nicht hinein, weil ich noch im »Probejahr« war. Damals war es so, daß man erst das Probejahr überstehen mußte, um an Aufnahmen mitwirken zu können. Ich wollte wenigstens zuhören, mußte aber bis zu einer Pause warten. Neben mir wartete ein hübsches, blondes junges Mädchen, das dem Dirigenten ein Telegramm überbringen sollte. Im Flüsterton, weil es bei den Aufnahmen natürlich sehr ruhig zugehen mußte, fing ich mit ihr ein Gespräch an. Schließlich haben wir uns zum Kaffeetrinken verabredet, und wenn man beim Kaffeetrinken nicht aufpaßt, dann kann halt passieren, was auch tatsächlich passiert ist: im November 1962 heirateten wir. 1963 kam unsere Tochter und 1967 unser Sohn zur Welt. Meine Frau war schon vor unserem Kennenlernen aus der Kirche ausgetreten, und die Tatsache, daß ich Jude war, kümmerte sie wenig. Im Laufe der Zeit wurde ihr deutlich, daß Judesein etwas anderes ist, als nur einer Religionsgemeinschaft anzugehören. Ich erklärte ihr, daß ich – im Gegensatz zu ihrem Kirchenaustritt – aus dem Judentum nicht einfach »austreten« könne, obwohl ich ebenfalls nicht gläubig bin. Natürlich hätte ich die Jüdische Gemeinde verlassen können, aber nach all dem, was geschehen ist, kam das für mich nicht in Frage, da ich die Juden nicht nur als Religionsgemeinschaft begreife, sondern als Schicksalsgemeinschaft, aus der man nicht »austreten« kann. Das war der Grund dafür, daß ich davon überzeugt war, daß die Familie einen klaren und geschlossenen Standpunkt beziehen muß in der Frage, wohin sie gehört. Meine Frau und ich wurden uns einig darüber, daß das auch für unsere Kinder sehr wichtig wäre. Meine Frau entschied sich ziemlich rasch und meldete sich zum Unterricht in der Jüdischen Gemeinde an, was für die Aufnahme in die Jüdische Gemeinschaft Voraussetzung ist. Das war durchaus eine Belastung, denn die zuständigen Gremien machen es denen, die sich formal zum Judentum bekennen wollen, nicht gerade leicht. Es hat über ein Jahr gedauert, bis es endlich so weit war. 1972 haben wir dann zum zweiten Mal Hochzeit gefeiert, diesmal unter der *Chupa* in der Jüdischen Gemeinde. Es war schon sehr lustig, wie hinter dem Brautpaar deren Kinder, die achtjährige Tochter und der fünfjährige Sohn, in die Trauzeremonie einbezogen wurden – ganz zum Vergnügen unserer zahlreichen Gäste!

Unsere Kinder wuchsen also als Juden heran, wenn auch ohne den Gottesglauben, der für viele dazu gehört. Das klingt vielleicht paradox oder sogar fast schizophren, aber so ist das nun einmal mit uns Juden. Es gibt eben viele Weisen, sich als Jude zu verstehen. Jedenfalls ist es so gekommen, daß meine Tochter nach Israel auswanderte und dort eine Familie gegründet hat. Mein Sohn studiert noch und interessiert sich in letzter Zeit immer mehr fürs Judentum, was früher so nicht der Fall war.

Wenn ich an die ersten Jahrzehnte nach meiner Rückkehr denke, so muß ich sagen: ja, ich habe natürlich verdrängt. Manches Mal habe ich mir gedacht: na, der ist jetzt, sagen wir mal, 60 Jahre alt, der war also durchaus erwachsen in der Nazizeit, und wer weiß, was der wohl gemacht hat? Und dann habe ich mir gleich gesagt: »Ja, aber vielleicht tu ich ihm Unrecht, vielleicht war das sogar einer, der im Widerstand war« – obwohl: solche sah man ja nur ganz wenige. Ich habe nie gefragt, ich konnte es nicht – dann hätte ich ja wirklich nicht zurückkommen können. Wenn ich von jedem einzelnen hätte wissen wollen, wie er sich unter den Nazis verhalten hat, dann hätte ich hier nicht leben können. Das ging nicht. Ich habe mir dann so eine Philosophie zusammengebastelt, daß ich eben in ein neues Deutschland gekommen bin und daß man mithelfen muß, dieses neue Deutschland, ich sag's ein bißchen pompös, mit aufzubauen. Indem man die Hand reicht, indem man sagt: »Ich habe unter der Intoleranz gelitten und muß dann aber auch selber tolerant sein und den anständigen Menschen in Deutschland helfen weiterzukommen.« Das ist alles richtig gewesen. Ich sag's sogar heute noch, obwohl ich natürlich heute die Dinge ein bißchen differenzierter sehe und ein bißchen mehr Distanz habe. Man sieht die Dinge doch in einem anderen Licht, aber das heißt nicht, daß ich Konsequenzen daraus ziehe. Manchmal, wenn man wieder irgendwo etwas liest und wenn es einem so ein bißchen hochkommt, dann sag' ich mir: »Ach, verdammt noch mal!« Aber wohin denn? Es gibt kein wohin. Ich kann nicht noch einmal auswandern, es wäre zu schwer. Manchmal taucht so etwas auf, aber ich muß offen sagen: gar nicht so sehr, daß ich mich als Jude hier etwa bedrängt fühlte. Nein, es ist so die allgemeine Lage, es ist so ein Gefühl des Unwohlseins heute, auch in Berlin, gerade jetzt. Das teile ich doch mit vielen Menschen hier! Wenn ich jung wäre, würde ich sagen: »Das, was sich jetzt in Berlin abspielt, diese ganzen Baustellen z. B., das ist ja nur gut so, das ist alles richtig.« Nur: ich habe nur noch die Unbequemlichkeiten davon, die Bequemlichkeiten werde ich nicht mehr erleben, denn das wird noch zwanzig Jahre dauern, ehe das steht, was jetzt gebaut wird. Die Unbequemlichkeiten sind wirklich sehr groß, und es macht keinen Spaß mehr, jetzt in Berlin zu leben, finde ich.

Ich bin politisch aktiv und nehme auch teil am öffentlichen Leben, aber ich muß sagen: auch politisch macht's mir keinen Spaß, was so abläuft. Da sehe ich doch heute die Dinge differenzierter. Aber zur gleichen Zeit sehe ich, daß es woanders auch nicht etwa Zuckerlecken ist. Ich fahre öfter nach Rußland und bemühe mich da ein bißchen um Hilfe für Musiker. Was da abläuft, ist haarsträubend. In Israel bin ich auch öfter: tja, auch dort gibt es eine Menge Gründe, warum ich nicht mehr dahin zurückgehen würde, also *for good*. Sicher: daß ich meine Zeit weiterhin zwischen den Ländern teile, das ist klar. Nach Amerika fahre ich auch. Ich habe noch meine alte Schwester dort und sehr, sehr viele Freunde, in fast allen Großstädten, und ich habe Amerika auch sehr gerne. Aber dort wieder leben wollen? Weiß ich nicht! China natürlich nicht – ich war jetzt gerade auch wieder in China. Was dort läuft, ist überwältigend, aber auch abstoßend. Der Boom, der dort jetzt herrscht, ist zwar faszinierend in seiner, sagen wir mal, materialistischen Nacktheit – und das ganze unter dem Mäntelchen des Sozialismus, das ist das Allerlustigste dabei –, aber dort wieder leben wollen? Auch nicht. Also bleibe ich in Berlin.

Ich weiß nicht, ob Deutschland wirklich vollständig mit dem Nazigeist gebrochen hat. Der Nazigeist ist, wenn man so will, überall. Wir haben erlebt, was in Israel passiert ist, der Mord an Rabin: für mich ist das Nazigeist mit anderen Vorzeichen. Man muß kein Deutscher sein, um Nazi zu sein. Ich meine: das Wort »Nazi« hat durchaus auch lokale Bedeutung, ist besetzt mit Ideologie, Herrenmensch und Völkermord. Das ist schon mehr oder weniger auf Deutschland beschränkt, aber diese Art der Ideologie haben wir jetzt auch in Jugoslawien erlebt, auch wenn ich das nicht vergleichen kann. Trotzdem ist es doch zumindest für die Menschen, die das erlebt haben, durchaus gleich, denn wir haben alle Komponenten des Furchtbaren, der Verblendung, was bis zum Völkermord an den Moslems führte. Die Möglichkeiten sind nicht so vorhanden gewesen, wie sie vielleicht hier waren, aber die ganzen Komponenten sind da. Und wir erleben es in Israel heute: es ist nur eine kleine militante Gruppe, aber das reicht ja! Letztlich sind die Neonazis in Deutschland auch nur eine kleine militante Gruppe, die bis jetzt noch nicht mal so weit gegangen sind, aber das heißt ja nicht, daß sie es nicht noch tun werden. Also, was die Frage nach einem »neuen Deutschland« betrifft, so sage ich, daß hier der Neonazismus oder das, was offenbar unausrottbar in den Geistern der Menschen spukt, wenn die richtigen Voraussetzungen gegeben sind, nicht stärker ist als anderswo. Die richtigen Voraussetzungen: das ist zuerst einmal die wirtschaftliche Not, das sind Perspektivlosigkeit und Hoffnungslosigkeit. Auf diesem Nährboden wachsen überall auf der Welt diese extremen Verhaltensweisen. In Deutschland hat das natürlich einen anderen Beigeschmack nach dem, was war. Das verstehe ich, das ist richtig. Aber ich kann es nicht gelten lassen, wie es Leute im Ausland bei jeder Art von faschistischen oder nazistischen Vorkommnissen benutzen: »Da haben wir's! Das sind sie wieder!« Genauso umgekehrt: manche sind hier doch sehr, sehr glücklich, daß es Juden waren, die Rabin umgebracht haben, weil man da mit dem Finger drauf zeigen kann: »Siehste, die sind auch nicht besser!« Man empfindet eine kleine Genugtuung, nicht? Gegen beides wehre ich mich aber! Wenn jemand aus dem Ausland Deutschland so pauschal angreift, dann verteidige ich selbstverständlich Deutschland und sehr sogar, weil ich darin die Ungerechtigkeit erkenne, die mich immer aufgeregt hat – ob's nun uns Juden betroffen hat oder andere. Ich sage dann immer wieder: »Das gleicht sich alles aus, nur mit umgekehrten Vorzeichen! Siehst du, so werden wir Juden von den Unverbesserlichen behandelt, und nun tut ihr genau dasselbe! Ihr werft damit auch die Menschen zurück, die sich ehrlich bemühen und redlich und anständig sind. Die werden alle in einen Topf geschmissen, wenn ihr sagt: ›die Deutschen!‹ Und das geht doch nicht!«

Ich lebe ja unter »diesen Deutschen«, und ich kenne in meinem Bekanntenkreis eigentlich nur anständige Deutsche, die gegen jeden Extremismus und Nationalismus sind. Ich kenne eine Reihe von Deutschen, die das Wort »deutsch« nicht mal mehr in den Mund nehmen wollen und die sich ihres Deutschtums schämen. Das teile ich nicht! Ich sage: warum denn? Man braucht umgekehrt aber auch nicht stolz darauf zu sein, daß man Deutscher ist oder Russe oder Jude oder was weiß ich. Ich sehe keinen Grund, darauf stolz zu sein, aber stehen sollte man dazu! Es geht gar nicht anders. Ich bin nun mal der, der ich bin! Und die anderen sind auch die, die sie sind. Und man muß sich auseinandersetzen mit der eigenen Vergangenheit, mit der eigenen Geschichte, und muß sehen, daß man irgendwie zusammenfindet.

Und es *ist* doch auch sehr viel geschehen! Mein Gott, wenn ich überlege, das deutsch-französische Verhältnis oder das deutsch-polnische! Ich war vor kurzem in Krakau, in Auschwitz, und war erstaunt, wie die Menschen nett und freundlich sind, auch wenn sie wissen, daß man aus Deutschland kommt. Es gab überhaupt keinen Antagonismus, wenigstens habe ich das nicht so empfunden. Es ist doch wirklich Erstaunliches geschehen! Nur, wenn jetzt mal was Gegenteiliges passiert, dann regen wir uns auf, zu Recht natürlich, aber man muß es doch in der richtigen Dimension sehen. Das Positive wiegt schwerer. Noch ist das eine Demokratie mit all ihren Schwächen, und solange diese Demokratie funktioniert, gibt es eine Auseinandersetzung mit ihren extremen Seiten, mit den Rändern sozusagen. Das ist nun mal so. Wir haben's in Amerika ja genauso gehabt, und ich habe unter der Diskriminierung der Schwarzen genauso gelitten – so, wie ich darunter leide, daß viele Schwarze militante Antisemiten sind oder Anti-Weiße –, was sich wiederum aus dem Verhalten ergibt, das man ihnen gegenüber gezeigt hat. Das ist ja der Teufelskreis, der überall durchbrochen werden muß, und da sehe ich doch eine Menge guter Anzeichen, auch wenn es immer wieder Rückfälle gibt, das ist klar. Gerade in Deutschland glaube ich: solange wir wirtschaftlich noch in einigermaßen guten Verhältnissen leben, wird diese Demokratie auch weiter funktionieren. Wehe uns und wehe allen anderen, wenn man heute vom Besitzstand starke Abstriche machen müßte, was ja bis jetzt immer noch nicht so richtig geschehen ist. Es gibt aber Anzeichen dafür. Wenn z. B. im sozialen Netz scharfe Eingriffe gemacht werden, dann ist es durchaus möglich, daß es Turbulenzen gibt, und wie diese Turbulenzen dann ausgehen, gerade in Deutschland: davor hätte ich schon Angst. Es hat gar nichts zu tun mit Mißtrauen Deutschland gegenüber – es ist die Angst vor der Schwäche der Demokratie, daß sie einen wirtschaftlichen Niedergang nicht aushalten würde. Aber ich glaube nach wie vor, so schwer es im Augenblick auch ist, daß es noch funktioniert, und daß es auch bergauf gehen wird. Wenn vor allem die Persönlichkeiten da sind, die das durchführen! Das ist ein großes Thema: auch die Demokratie braucht Führung, es hilft nichts! Basisdemokratie ist etwas Schönes, aber sie kann nicht führen, sondern allenfalls richtungsweisend sein.

Die Aufgabe, die ich mir selbst ein bißchen gestellt hatte, nämlich den Teufelskreis im Verhältnis von Juden und Nichtjuden zu durchbrechen, war wohl nur möglich um den Preis, daß ich auch verdrängen mußte. Aber Verdrängen ist letztlich ein anderes Wort für Überlebenskunst. Es ist ja, psychologisch gesehen, negativ besetzt. Wenn man sagt, man verdrängt etwas, wird es ins Unterbewußtsein verdrängt, und auf irgendeine Art manifestiert es sich dann. Die Psychiater bemühen sich ja, das Verdrängte wieder herauszuholen, um dadurch etwas zu heilen. Aber auf der anderen Seite ist Verdrängen letztlich doch Überleben. Jeder Mensch verdrängt irgendwas, nicht? Was hätte ich denn erreicht, wenn ich nicht verdrängt hätte?

Ein Beispiel: 33 Jahre war ich im Berliner Philharmonischen Orchester, zeitweise an führender Position, als Orchestervorstand, und habe somit mit Herrn von Karajan ein sehr enges Verhältnis gehabt. Ich kam hierher und wußte überhaupt nichts von Karajan, außer dem Musikalischen. Später dann erfuhr ich, daß er in der Partei war. Er glaubte wohl, das damals machen zu müssen. Ich wurde des öfteren gefragt: »Sag' mal, wie kannst du eigentlich mit so einem Mann leben?« Mein Verhältnis zu ihm war zu Anfang ohne jede Vorurteile. Das Urteil, das ich mir dann aufgebaut habe durch das ziemlich vertraute Verhältnis, hatte eigentlich nichts mit seiner Vergangenheit zu tun, sondern mit seinem Wesen. Und dieses Wesen entsprach in Teilen – ich sage ganz bewußt: in Teilen – dem Bild, das man sich draußen von ihm machte. Er war nicht nur so, er war auch anders – wie wir alle auch. Und dann erfuhr ich also in zunehmendem Maße von seiner Verstrickung damals. Zu Anfang, als ich das hörte, habe ich es nicht glauben wollen, und wenn ich heute zurückblicke, dann war dieses Nichtglauben-Wollen Verdrängen-Wollen. Denn ich *mußte* mit ihm zusammenarbeiten! Ich konnte jetzt nicht sagen: »So, aha! Mit so einem arbeite ich nicht, kommt gar nicht in Frage!« Dann wäre meine Existenz auf dem Spiel gewesen. Hier treffen sich also plötzlich Dinge, die man, wenn man sie analysiert, doch ein bißchen kritisch betrachten sollte. Z. B. könnte man sagen: »Ja, und was waren die ganzen kleinen Leutchen in Deutschland? Was haben die letztlich gemacht? Sie waren Mitläufer, und hätten sie nicht mitgemacht, wären sie in ihrer Existenz bedroht gewesen. Und nun sagst du genau dasselbe!« Das heißt, ich habe nichts weiter getan, als was tausende und abertausende kleine Mitläufer auch getan haben. Plötzlich gibt es da so eine seltsame Nähe, und deshalb kann ich nicht in Bausch und Bogen verurteilen.

Es gibt genug Leute, beispielsweise in Israel und Amerika, die es mir sehr übel genommen haben, daß ich mich für Karajan eingesetzt hatte, weil sie ihn ganz oberflächlich klischeehaft verdammt und verurteilt haben. Das konnte ich nicht, und das kann ich *überhaupt* nicht! Niemals! Denn ich weiß auch um die eigenen Schwächen, ich weiß eben auch um die eigene Neigung, Dinge zu verdrängen, die einem unangenehm werden könnten. Wer mit sich selber leben will, der verdrängt eben auch, das ist nun mal so. Nur, daß man sich mit zunehmendem Alter dieser Dinge mehr bewußt wird, während ich's damals nicht so bewußt gemacht habe. Wenn ich aber heute höre, daß irgendetwas passiert ist, dann verdränge ich nicht mehr, das streite ich nicht mehr einfach ab. Dagegen versuche ich mich auf meine Art und Weise nach Möglichkeit zu wehren. Ich gebe ein kleines politisches Beispiel: wo *haben* denn die Nazis nach 1945 Unterschlupf gefunden? Die Vialons, die Globkes und die Oberländers, die Kiesingers und die Filbingers und wie sie alle heißen! Damals habe ich es gar nicht so wahrgenommen. Selbst die Namen, die ich eben aufgezählt habe: die gab's ja alle, als ich 1961 zurückkam, aber ich habe es gar nicht so mitgekriegt! Ich konnte ja damals nicht gleich in die Innenpolitik einsteigen, hatte ja keine Ahnung, kannte keine Namen. Das kam erst sukzessive. Ich mußte ja erstmal darauf hingewiesen werden, ich wußte nicht, was Herr Filbinger gemacht hatte, wer Herr Oberländer war und Herr Globke. Das kam ja erst allmählich. Und dann? Ja, da habe ich auch nichts weiter getan. Aber heute schreie ich »halt!«, und das ist vielleicht der kleine Unterschied. Aber auch das ist keine Heldentat, denn mit mir schreien ja genug andere auch – leider nicht die, die hätten schreien *sollen.*

Trotz allem: es hat sich unter dem Strich unbedingt gelohnt. Daß ich nach Deutschland zurückgekehrt bin, das bereue ich überhaupt nicht, denn alleine schon beruflich hat es mir sehr viel gebracht. Es hat mir auch Wohlstand gebracht, denn bis dahin habe ich überhaupt nichts gehabt. Im Philharmonischen Orchester haben wir gut verdient – nicht zu Anfang, aber dann doch. Ich habe gut verdient und konnte mir einen bescheidenen Wohlstand aufbauen und kriege jetzt eine anständige Rente, von der ich, wenn ich ein bißchen klüger wäre, sehr gut leben könnte. Aber ich bin nicht klug genug, und deshalb geht das Geld alles weg.

Ich habe teilweise herrliche Zeiten erlebt, beruflich gesehen: große Zeiten, hohe Zeiten sozusagen. Ich kenne Gott und die Welt, eben in meiner Welt, und habe Anerkennung gefunden, auch Ablehnung natürlich, mir Freunde gemacht, Feinde gemacht – alles, was man will. Ich kann das eigentlich nur bejahen, daß ich das nicht bereue. Ich hätt's wahrscheinlich draußen nicht so weit gebracht, wie ich es hier gebracht habe – also sehr bescheiden, aber immerhin.

Anmerkung:

Die Neuauflage der im Text erwähnten Autobiographie von Hellmut Stern ist 1997 im Berliner Transit Verlag unter dem Titel *Saitensprünge* erschienen.

KURT COHEN

geb.: 1916 in Hamburg
Rückkehr: 1948
Gespräch: 15. Januar 1996, München

Hamburg – Belgien – München

Meine Eltern sind gebürtig aus Ostfriesland, mein Vater aus Neustadt-Gödens, meine Mutter aus Leer. Vor langen Jahren, nach dem Krieg, war ich mal in Neustadt-Gödens und habe da den kleinen jüdischen Friedhof gesehen, auf dem meine Vorfahren liegen. Meine Vorfahren sind über viele Generationen ostfriesische Juden gewesen.

Meine Mutter ist eine geborene Müller. Von beiden Seiten her, also von Cohen und Müller, hatte ich Verwandte in Norderney, in Weener an der holländischen Grenze, Emden, Wilhelmshaven und in der Nähe von Leer. Wir sind, wie man so sagt, eine deutsch-jüdische Familie.

Mein Vater ist zur See gefahren früher. Es gab ein einziges Bild von ihm, aber ich habe es leider nicht mehr. Im Ersten Weltkrieg ist er fast völlig erblindet und hat dann keinen Beruf mehr ausgeübt. Man mußte ihn auf der Straße führen, und ich erinnere mich, daß auch ich meinen Vater auf der Straße geführt hatte. Ich mußte dann immer beim Trottoir sagen: rauf, runter. Daran erinnere ich mich wie heute. Er hat wahrscheinlich ein bißchen silhouettenhaft erkennen können, aber er war erblindet, das ist gar keine Frage. Meine Mutter ist nie berufstätig gewesen.

Orthodox waren wir nicht, absolut nicht. Wir haben die Feiertage vielleicht nicht gehalten, aber wir haben gewußt: heute ist Schabbat, heute ist ein Yom Tov. In diesem Sinne waren wir also sehr bewußt jüdisch. Außerdem meine ganze Ausbildung natürlich. Mit neun kam ich ins Waisenhaus, weil meine Mutter gestorben war; zwei Jahre später starb mein Vater. Im Waisenhaus bin ich ganz religiös erzogen worden. Später war ich auf einer jüdischen

Schule, der Talmud-Thora-Realschule, später Oberrealschule, am Grindelhof. Ich war also vom Anfang bis zum Ende in einer jüdischen Schule. Im Gebäude des Waisenhauses am Papendamm gab es sogar eine Synagoge, die auch von anderen Leuten besucht wurde. Ich habe mich absolut als jüdisch empfunden. Ich bin auch so organisiert gewesen: erst in der zionistischen Jugendbewegung, und später war ich in der Pfadfinderjugend des Makkabi-Sportverbandes. Ob ich mich auch als Deutscher gefühlt habe, war überhaupt keine Frage gewesen, das hat keine Bedeutung gehabt für mich.

Als Kind oder Jugendlicher habe ich nie Antisemitismus gespürt in Hamburg, aber ich habe auch keinen Kontakt gehabt, ich hatte nicht einen einzigen nichtjüdischen Freund! Ich habe gar keinen gekannt, weil ich ja auf einer jüdischen Schule war. Der erste Kontakt, den ich mit Nichtjuden gehabt habe, war im Lichthaus Mösch. Das war eine jüdische Lampenfirma, die es in Hamburg und Berlin gab. Dort habe ich von der »Hansischen Hochschule für Bildende Künste« aus das Handwerkliche gelernt. Ich wollte Metallkunsthandwerker werden, was aber durch die Nazizeit natürlich nicht zu Ende gegangen ist. Da war also ein Herbert Traube beschäftigt, und als die Nazizeit gekommen ist, hat er meine Bücher übernommen, um sie aufzubewahren. Ich hatte eine kleine Bibliothek mit Büchern jüdischen Inhalts. Er hat sie in Gewahrsam genommen, der Herbert Traube. Das war der erste engere Kontakt mit einem Nichtjuden. Später dann gab es noch den Mann, der mich aus Deutschland herausgeschmuggelt hat. Das war eine ganz wichtige Sache, die mich stark geprägt hat. Ich habe auch später noch gute Erfahrungen gehabt mit Deutschen; damit meine ich jetzt Nichtjüdische.

Als Hitler an die Macht kam, hat sich für mich als Jugendlichen gar nichts geändert am Anfang. Im Makkabi habe ich auch Handball gespielt, und ich erinnere mich, daß wir noch im Sommer 1938 ein Punktspiel gegen den Polizeisportverein gemacht haben, in der Polizeikaserne Bundestraße. 1938 – in einer Zeit also, in der es ja schon sehr viele antijüdische Gesetze und Maßnahmen gegeben hat!

Verbindung zu Nichtjuden hatte ich auch durch meine Schwester Paula, die schon in den siebziger Jahren in Hamburg verstorben ist, die in Hamburg geblieben war. Sie hatte einen Nichtjuden geheiratet, einen Adolf Schmidt. Da hat es überhaupt keine Rolle gespielt, daß der Nichtjude war. Es war nicht erwähnenswert. Er war der Mann meiner Schwester, das war alles! Er ist kurz nach meiner Schwester gestorben und wurde ebenfalls auf dem jüdischen Friedhof in Hamburg-Ohlsdorf beerdigt. Dort gibt es ein Grabfeld für Leute aus Mischehen. Meine Schwester und mein Schwager sind also beide zusammen auf dem jüdischen Friedhof beerdigt. Meine Schwester hat sich, glaube ich, nominell taufen lassen in der Nazizeit, damit in ihren Papieren nicht »jüdisch« stand, sondern »evangelisch«. Da stand dann also »evangelisch« und »gebürtige Cohen«!

Eigentlich habe ich erst in der »Kristallnacht« gemerkt, daß es gefährlich wird für die deutschen Juden. Wie durch ein Wunder bin ich verschont geblieben. Ich habe am 8. November Geburtstag, konnte aber damals aus irgendeinem Grund nicht feiern. Deswegen bin ich am 9. November zu einem Freund gegangen, Horst Rosenberg, um das nachzuholen. Er hat auf der Rothenbaumchaussee zur Untermiete gewohnt bei einer alten Dame, Frau Benezra, Türkin jüdischer Herkunft. Er hat auf einem Zimmer mit einem Adolf Pelzig gewohnt, der von polnischen Eltern herkam, aber in Hannover gelebt hat. Die sind drei Wochen vor der »Kristallnacht« abgeschoben worden nach Polen. Er ist einer der bekanntesten Künstler in Israel geworden, »Perli« haben wir ihn genannt. Ich glaube, er lebt heute in Jerusalem. Es ist an diesem Abend spät geworden, und da habe ich bei dem Rosenberg übernachtet – das Bett war halt leer von dem Perli. Das war am 9. November, und am 10. November 1938, an einem Donnerstag in der Frühe, hat's geklingelt und zwei Männer sind gekommen. Wir haben ja keine Ahnung gehabt, daß in der Nacht die Synagogen gebrannt haben; das haben wir erst später erfahren! Die Männer haben die Papiere vom Horst kontrolliert und hin und her gemacht, und dann gesagt: »Wegen der Papiere müssen Sie noch mitkommen!« Wir haben überhaupt nicht gewußt, was los ist! Dieser Horst Rosenberg hat mir dann seine Brieftasche zur Aufbewahrung gegeben. Der ältere von den Gestapobeamten hat noch gefragt: »Ist das bei dem denn auch sicher?« »Ja, das ist ein Freund von mir, er kann das aufbewahren.« Die sind mit ihm weg, und mich haben sie nicht kontrolliert! Ich bin dann weg aus der Wohnung und sehe an der Ecke Grindelhof einen Bekannten mit einem Mädel und einem Mann. Den Mann habe ich nicht gekannt, und deshalb bin ich auf 20 Meter Entfernung stehengeblieben, einfach aus Höflichkeit, weil ich den Mann ja nicht kannte. Schließlich geht der mit meinem Bekannten weg. Ich gehe zu dem Mädel und sehe, daß es weint. »Was ist denn los?« »Ja, der hat gefragt, ob er Jude ist, und da mußte er gleich mitkommen!« Und ich, weil ich aus Anstand stehengeblieben bin, bin wieder entkommen!

Unterwegs habe ich dann meine Vettern getroffen. Die kommen mir im Auto entgegen und halten an und sagen: »Was läufst du herum, bist du verrückt geworden? Man verhaftet uns doch alle!« Da ist mir erst so langsam alles aufgegangen. Ich bin dann zu den Eltern von dem Horst Rosenberg, habe denen Bescheid gesagt und dann weiter zu meiner Schwester nach Eppendorf, von wo ich diese Frau Benezra anrief. Da habe ich erfahren, daß die Männer von der Gestapo eine Stunde später nochmal da waren und gesagt haben: »Da war doch noch ein Jude!« Damit war ich gemeint – aber da war ich schon nicht mehr da!

Ich bin dann noch ein paar Tage bei meiner Schwester in Eppendorf geblieben und dann zurück zu der Frau Benezra. Ich habe ja gewußt, deutsche Bürokratie, da kommen sie nicht wieder hin, da waren sie ja schon. Ich habe dann weiter bei ihr gewohnt und dort den bekannten Rundfunksprecher Willi Hahn getroffen; das war aber, glaube ich, sein Künstlername. Außerdem war dort eine jüdische Krankenschwester. Die hat gesagt, sie habe da einen Bekannten, einen Vorarbeiter im Hamburger Hafen fürs Ein- und Ausladen, »Schauermanns-Vice«. Sie hat es organisiert, daß dieser Bekannte mich herausbringen wollte. Ich weiß heute noch das Haus, wo er gewohnt hat. Wie die Straße heißt, habe ich im Moment vergessen, aber ich weiß genau, wo das Haus steht, und wenn ich in Hamburg wäre, könnte ich es heute finden.

Damals wurde es klar, daß wir in Deutschland nicht bleiben können, daß es gefährlich wird. Es war eine Selbstverständlichkeit, daß ich diesen Weg jetzt gehen würde! Ich kann nicht sagen, daß ich mich gefürchtet habe und den Eindruck gehabt habe: »Jetzt mußt du fliehen, sonst schnappen sie dich!« Es war zwangsläufig der Weg, den ich gehen mußte, so als ob ich geführt würde! Ich habe mich herausschmuggeln lassen auf der »Glengarry« am 24. November, zwei Wochen nach der »Kristallnacht«. Das Schiff ist von China gekommen und hat in Hamburg Trockeneier gelöscht. Eigentlich sollte es nach England gehen, ist dann aber umdirigiert worden und nach Antwerpen gegangen. Ein Freund von mir, Walter Nathan, ist mit dem gleichen Schiff herausgeschmuggelt worden. Wir waren unten im Bunker. Zwischen den Süßwassertanks und der Bordwand war ein Zwischenraum; in dem haben wir gelegen.

Der Mann, der uns geholfen hat, hat sich nichts dafür bezahlen lassen, nicht einen einzigen Pfennig! Verwandte von ihm, Schwager und Schwägerin, haben Juden herausgebracht nach Dänemark, sind geschnappt worden und haben – so weiß ich heute – acht Jahre Zuchthaus gekriegt. Da hat er mit seiner Frau eben weiter Juden und Kommunisten herausgeschmuggelt aus Deutschland! Von Geld war überhaupt nicht die Rede, absolut nicht. Wir haben zehn Mark bei uns gehabt. Da stand die Todesstrafe drauf, wenn man mehr hatte und geschnappt wurde. Zehn Mark durfte man haben, das war alles. Er hat jedenfalls den Krieg überlebt. Ich habe noch von Belgien aus unseren Fluchthelfern ab und zu Pakete geschickt nach Deutschland. Leider habe ich den Namen absolut vergessen! Aber ich habe 1946, als ich meine Schwester das erste Mal wieder besucht habe, die Frau in der Hochallee besucht, wo sie in einem Haushalt gearbeitet hat. Wahrscheinlich habe ich ihn auch noch getroffen, genau weiß ich es nicht mehr.

Nachdem wir also die Flucht heil überstanden hatten, sind wir an Land gegangen. Das ist auch so ein Kapitel gewesen! Wir wußten: wenn wir bestimmte Klingelzeichen hören, dann sind wir an Land. Um vom Schiff zu kommen, mußten wir am Kapitän vorbei. Da stand also der Käpt'n. Wir hatten uns, so gut es ging, matrosenmäßig angezogen, haben mit der Hand an der Mütze gegrüßt und sind vorbei. Der war wahrscheinlich froh, daß er uns los war, nachdem er uns gesehen hat, und da sind wir ganz schnell herunter vom Schiff. Auf einmal steht dort ein SA-Mann; wenigstens haben wir das gemeint! Zuerst haben wir einen Riesenschreck gekriegt, aber dann hinter dem Mann ein Häuschen gesehen, wo »Douane – Tol« dranstand, also »Zoll«. Das war also ein Zollbeamter; die hatten eine ähnliche Mütze wie die von der SA. Das war ein Schreck! Vom Hafen sind wir dann weiter in die Stadt und haben uns durchgefragt bis zur Kiewitstraat in der Nähe vom Hauptbahnhof. Das war die Diamantengegend; die ganze Gegend um die Diamantenbörse herum war jüdisch. Da gab es ein Kommittee für Flüchtlinge, und durch die sind wir dann auch unterstützt worden, bis ich schließlich schwarz gearbeitet habe in einer Lampenfirma. Ich habe in der Leuwerikstraat bei einer Familie Katz gewohnt. Die haben ein Geflügelgeschäft gehabt und sind aus Portugal gekommen, obwohl sie keine portugiesischen Juden waren. Ich glaube, sie sind später nach Portugal zurückgegangen.

Nachdem die Deutschen einmarschiert waren, sind wir interniert worden und kamen in ein Flüchtlingslager. Das war in Merxplas, weiter nördlich, nach Holland zu. Merxplas war eine Vagabundenkolonie. Später sind wir dann nach St. Cyprien in ein Lager gekommen. Da hat man uns gefragt, ob wir bereit sind, für die französische Armee zu kämpfen, und je nach der Antwort sind wir eingeteilt worden. Ich war in einer Baracke, die sich bereiterklärt hatte, gegen die Nazis zu kämpfen. Gegenüber von uns war die Baracke der »Reichsdeutschen«, wie wir sie genannt haben. Das waren die, die erklärt hatten, nicht gegen Deutschland zu kämpfen. In dem Lager war z. B. auch der Philip Auerbach interniert. Er war später hier in München der Präsident des Wiedergutmachungsamtes und ist durch Selbstmord geendet. Außerdem war noch ein berühmter deutscher Boxer interniert, dessen Namen ich vergessen habe. In unserer Baracke, der Baracke der Freiwilligen, wollten wir nichts mit Deutschland zu tun haben.

Ich weiß nicht recht, ob es in dieser Zeit so etwas wie Heimweh gegeben hat. Was soll ich sagen? Es gab vielleicht ein unwohles Gefühl in der Fremde, denn man war ja nicht zu Hause. Aber in Antwerpen wurde man schnell integriert unter den Juden. Es gab ja sehr viele Juden, ich glaube, in Antwerpen allein an die 40 000 Flüchtlinge! Da habe ich später auch meine Frau kennengelernt. Daß ich mal nach Deutschland zurückgehen würde, wenn das mit den Nazis vorbei ist, daran habe ich nie gedacht. Das war kein Thema! Das einzige, was man im Sinn gehabt hat, war, sein Leben zu verbessern, aber Rückkehr nach Deutschland? War gar kein Thema. Ich habe in der Gegenwart gelebt und nicht zurückgedacht an Deutschland.

Im Internierungslager in St. Cyprien ist nach drei Monaten Typhus ausgebrochen. Das Lager war auf dem Strandboden und lag zum Meer hin offen. Da bin ich dann gleich übers Meer geflüchtet und bis Toulouse gekommen. Als ich knapp zwei Tage in Toulouse war, bin ich umgekippt: Sumpfmalaria. Drei Wochen habe ich in einem Krankenhaus gelegen. Vor Schwäche konnte ich nicht auf den Beinen stehen, buchstäblich! Später bin ich dann entlassen worden und habe in einem Asyl in Montauban Juden mit riesigen Überseekoffern getroffen, die von der »St. Louis« kamen, diesem Flüchtlingsschiff, das gezwungen worden war, wieder umzukehren nach Europa. Nirgends hat man diese Leute reinlassen wollen, und in Holland, Belgien und Frankreich hat man sie dann verteilt. Über Paris bin ich zurück nach Belgien, und in Belgien hat man von 1940 bis 1942 den Juden überhaupt nichts getan. Das Land war zwar besetzt von den Deutschen, aber bis 1942 war alles in Ordnung. Im August 1942 mußten Juden sich in Judenregister eintragen, auf der deutschen Kommandatur in Brüssel. Ich habe hin und her überlegt, aber ich mußte mich eintragen, sonst wäre ich ja Deutscher gewesen und hätte Soldat werden müssen! Abgesehen von meinem Namen! Nachdem das Judenregister erstellt war, hat die Besatzung gewußt, wer Jude ist, und dann hat man uns weggeschickt. Im September 1942 sind wir in das Zwangsarbeiterlager Dannes bei Boulogne gekommen.

Wir wurden bewacht vom SD, von dem wir dann immer herausgeführt worden sind zur Arbeit. Empfangen hat man uns so: der Kommandant hat sich vorne auf ein Podest gestellt und mit uns, wir waren etwa 1000 Mann, ein antisemitisches Lied einstudiert. Ich weiß den Inhalt noch: Gott soll uns wieder durchs Meer führen wie beim Auszug aus Ägypten und dann das Meer über uns zusammenschlagen lassen. Das war der Text dieses Liedes. In meinem Bekanntenkreis bin ich später bekannt geworden als fluchtbedürftig. Ich habe mir also gesagt: das ist nichts für mich! Nun konnte ich aber von der Arbeitsstelle am Atlantikwall nicht türmen, weil das Küstengebiet evakuiert war, und ich konnte ja nicht als Zivilist durch die Gegend laufen, weil es da ja gar keine Zivilisten mehr gab! Also habe ich mich in der nächsten Frühe einfach in eine andere Arbeitsgruppe geschmuggelt, die Bäume gefällt hat in einem Waldgrundstück. Tagsüber waren wir der Wehrmacht übergeben. Bei der Arbeit sind wir von gewöhnlichen Soldaten bewacht worden. Da war ein Soldat aus Magdeburg darunter, ein verhältnismäßig kleiner Mann. Die haben ja selbst kaum was zu futtern gehabt, aber er hat uns morgens ein bißchen Brot mitgebracht und dann hat er Zigaretten verteilt: »Hier, rauch 'ne Zigarette! Geh auf die Seite, in den Wald rein!« Der hat uns sehr anständig behandelt, dieser Magdeburger! Nach zweieinhalb Wochen bin ich von dort getürmt und nach Belgien zurück. Damals war ich schon verheiratet. Sechs Wochen später bin ich mit der Frau meines Freundes Max Bromet zurück zum Lager, um meine Freunde zur Flucht zu veranlassen. Bei dieser Gelegenheit bin ich kontrolliert worden. Wenn man nicht nachweisen konnte, daß man in einem kriegswichtigen Betrieb gearbeitet hat, wurde man deportiert als Zwangsarbeiter nach Deutschland. »Wo arbeiten Sie?« war die erste Frage. Das war in Maubeuge, in einem kleinen Raum im Bahnhofshäuschen. Ich stehe also gegenüber vom Fenster, und der fragt mich, wo ich arbeite. Und da sehe ich draußen, das kann man sich nicht vorstellen, einen Lastwagen stehen mit der Aufschrift *Lindemann & Co.* Er hat mit dem Rücken zum Fenster gestanden, und da habe ich gesagt: «Ich arbeite bei *Lindemann & Co.* auf dem Flughafen.« Ich habe natürlich gewußt, daß die deutschen Firmen dort auf dem Flugplatz arbeiten.

Bevor wir befreit worden sind, habe ich bei der Firma ELBAU gearbeitet, *Elsaß-Lothringische Bau AG.* Die haben in Belgien Eisenbahnschienen demontiert, die sie in Rußland gebraucht haben. Der Vorarbeiter hat eine »Organisation Todt«-Uniform getragen, aber nur dann, wenn er auf einem Amt zu tun hatte, sonst ist er immer in Zivil gegangen. Er war von der Wehrmacht als Ingenieur beurlaubt für diese Demontage, und ich war ein bißchen seine rechte Hand wegen der Sprache, falls er mal auf dem Amt irgendetwas zu erledigen hatte. Wir wurden dann ins Zwangsarbeiterlager Dannes verschickt, von wo ich nach zwei Wochen getürmt bin. Mit meinem gefälschten belgischen Paß bin ich wieder zu ihm gekommen – ich wußte ja, woran ich bei ihm war. Zwei Wochen vorher war ich als Cohen da und kam nun als Paul Driessens wieder. Er hat kein Wort gesagt, hat sich den Mund abgewischt, hat gesagt: »Arbeiten!« Der hat auch irgendwie mein Leben gerettet, und nicht nur meins. Ich habe den einen gehabt, der mich aus

Deutschland herausgebracht hat, den Ingenieur bei der ELBAU, und dann den, ich möchte sagen: harmlosen Soldaten bei der Zwangsarbeit, der aus Magdeburg, der uns so anständig behandelt hat. Das sind die drei gewesen, weshalb ich nicht sagen kann: »die Deutschen«. Das ist fast so wie mit den paar Gerechten in der Bibel: weil es die noch gab, wurde das Land dann doch nicht vernichtet. Das erinnert mich jetzt daran, wie treffend, wie wahrheitsgetreu das dort erzählt wird! Es ist tatsächlich so; mir ist es jedenfalls passiert. Ich werde nie sagen: »die Deutschen«, ich habe eben auch andere kennengelernt.

Durch viele Zufälle habe ich also überlebt in Belgien. Aber daß zur selben Zeit so viele Juden ermordet, vergast worden sind, habe ich damals nicht geahnt. Nach der »Kristallnacht« hatte ich aber schon eine schreckliche Erfahrung gemacht. Ich habe mehrere Brüder gehabt, die Anfang 1939 nach England gegangen sind; ein Vetter meiner Mutter hat sie aus Deutschland herausgeholt. Aber ein Bruder, Herbert, 20jährig ... Am Donnerstag nach der »Kristallnacht« war ich ja bei meiner Schwester, und mein Bruder Herbert hat Berufsschule gehabt. Nachdem wir gewußt haben, was los ist, wollten wir, daß er schnell von der Berufsschule zu meiner Schwester kommt. Ich habe in der Berufsschule angerufen, ob man ihm freigeben könne, weil meine Schwester schwer krank sei. Sie habe niemanden, der sich um sie kümmert. Man hat gesagt: »Gut, geben wir ihm frei.« Wir haben darum gebeten, daß man ihm sagen soll, er möge doch dringendst, auf dem kürzesten Weg zur Schwester kommen, weil es sehr eilig sei. Statt den kürzesten Weg zu nehmen, ist er zu sich nach Hause in die Dillstraße gegangen. Vor der Haustür haben zwei Gestapobeamte gestanden; man wollte ihn holen, wie man den Horst Rosenberg geholt hat. Sie haben gewartet, bis er nach Hause kam, und dann haben sie ihn eben geschnappt. Er ist nach Sachsenhausen gekommen und dort ermordet worden. Meine Schwester hat noch eine Postkarte von ihm gekriegt, wo er schreibt, man soll ihm eine Fahrkarte nach Shanghai besorgen. Nach Shanghai konnte man ja auswandern, weil es von den Japanern besetzt war und man kein Visum brauchte. Ich bin in Hamburg herumgelaufen und habe verzweifelt versucht, eine Fahrkarte zu kriegen – ohne Erfolg. Am 5. Dezember 1938 hat meine Schwester ein Telegramm bekommen, unterschrieben vom

Lagerkommandanten, daß mein Bruder tot sei. 20jährig ist er umgekommen. Da habe ich schon gewußt, was meinem Bruder geschehen ist. Ich wollte die Postkarte und das Telegramm nach Yad Vashem schicken, aber ich muß sie verlegt haben. Vielleicht finde ich sie noch, ich muß im Keller gucken.

Im Fernsehen waren jetzt viele Berichte darüber, daß der israelische Staatspräsident Ezer Weizmann die Gedenkstätte Sachsenhausen besucht hat. Ich habe gehört »Sachsenhausen« und mußte sofort an meinen Bruder denken. Mir sind gestern Abend dermaßen die Tränen gekommen, das kann sich keiner vorstellen. Mich regt es jetzt noch sehr auf, wenn ich das Wort »Sachsenhausen« höre. Einen 20jährigen Bruder! Ich kann's nicht verwinden, ich kann's einfach nicht verwinden! Daß ich im Fernsehen die Bilder gesehen habe, den Eingang zum Lager, damit werde ich nicht fertig. Ich habe eine Schwester gehabt, die nach Amsterdam ausgewandert ist mit ihrem Mann und zwei kleinen Kindern. Von Antwerpen aus habe ich noch Verbindung gehabt mit ihr. 1943 ist sie ins Baltikum gekommen – man hat von der Familie nie wieder etwas gehört. Sie ist auch umgekommen, meine Schwester. Das sind natürlich Erinnerungen, die einen mitnehmen. Man wird nicht fertig damit bis an sein Lebensende. Wenn die Rede darauf kommt, so wie gestern im Fernsehen, und Bilder von Sachsenhausen gezeigt werden, dann bewegt mich das so stark. Dann ist es sehr schwer. Gestern konnte ich nicht mehr.

Die Befreiung habe ich am 3. oder 4. September 1944 in Charleroi erlebt. Wir haben dort schwarz gewohnt, meine Frau und ich. Meine Tochter ist im April 1943 geboren, und man hat uns für sie eine Pflegefamilie in Marienbourg vermittelt, die Familie Paul Lambert. Die haben ein Sägewerk gehabt und waren sehr reich. Damals gab es Aufrufe in Belgien, man solle die Kinder aus den Städten wegbringen, die stark bombardiert würden. Auf dem Land sollte man die Kinder aufnehmen, um sie aus den gefährdeten Gebieten herauszukriegen. Später, nach ein paar Monaten, sind die Lamberts einmal nach Charleroi gekommen, mit meiner Tochter Annette: »Wir müssen das Kind zurückbringen, man fängt an zu munkeln, daß es ein jüdisches Kind ist.« Als die bei uns waren in Charleroi, ist gerade ein Riesenbombardement losgegangen, und da haben sie gesagt: »Nein, das Bombardieren ist noch gefährlicher.

Wir nehmen sie wieder mit!« Bis zur Befreiung ist sie dann dort geblieben. In Belgien haben tausend jüdische Kinder überlebt, deren Eltern umgekommen sind, weil sie in Klöstern und anderswo versteckt waren. Meine Tochter ist da nicht mitgezählt, weil wir ja überlebt haben.

Endlich kam die Befreiung. Die Amerikaner waren schon an die französisch-belgische Grenze gekommen, und wir haben gewußt, es dauert nicht mehr lange, dann sind sie bei uns. Wir sind dann immer an eine Straßenecke in unserem Viertel gegangen, haben da gestanden und gewartet. Wir haben die Deutschen abziehen sehen, Richtung Osten, Richtung Deutschland. Zuerst kam die SS, bestens motorisiert, mit Lastautos und allem möglichen. Am nächsten Tag haben wir dann die Wehrmacht gesehen. Ich erinnere mich an einen älteren Wehrmachtssoldaten, der ein Rad geschoben hat. Die sind sozusagen getrippelt gekommen, nicht motorisiert wie die SS. Nun, wir haben gewartet und gewartet, und dann sind die ersten Amerikaner gekommen, die ersten Panzer. Ich erinnere mich an zwei Panzer, vorne so ein bißchen abgerundet, worauf je ein deutscher Offizier saß, sozusagen als Trophäe.

Wir haben nur noch Erleichterung gespürt in diesem Moment! Ich möchte mal sagen, unsere Augen haben gestrahlt. Ich habe einen Pappkarton hochgehalten, auf den ich »Juif« geschrieben hatte. Ich weiß noch, wie wir da gestanden haben am Blech des Pissoirs an der Straßenecke. Ein amerikanischer Soldat, ein Jude, hat uns begrüßt; wahrscheinlich hat er mein Schild gesehen. Ziemlich schnell bekam ich eine neue Carte d'Identité, auf der als Nationalität »allemand (non ennemi)« angegeben war. Bei den Amerikanern habe ich zuerst als Dolmetscher gearbeitet und später als »Manager of the Town Major-Office« in Mons. In der Praxis hieß das, daß ich im Grunde die Funktionen des Stadtkommandanten hatte, denn ich konnte per Unterschrift z.B. Unterkünfte für die Amerikaner requirieren und deutsche Kriegsgefangene zu Ausbesserungsarbeiten heranziehen. Ich war einer der ganz wenigen Nichtamerikaner, die solche Befugnisse hatten.

Ich weiß, was Deutschland mir angetan hat, deshalb sage ich mir: ich bin nicht zurückgekehrt, sondern ich bin hier hängengeblieben. Meine Frau und ich wollten nach Amerika auswandern, und von Belgien aus war das ein bißchen langwierig. Man hat zuerst

Leute aus Deutschland genommen, die sogenannten »Displaced Persons«.*
Wir haben gesagt, dann gehen wir eben nach Deutschland; meine Frau hatte hier auch noch Geschwister, die die KZ überlebt haben. Ich bin nicht nach Hamburg gegangen. Wenn ich Rückkehrer gewesen wäre, wäre ich ja nach Hamburg gegangen. So bin ich hierher gekommen, ins DP-Camp Kloster Attel, dann nach Garbersee, gleich daneben. Das ist in der Nähe von Wasserburg am Inn. Später sind wir dann nach Feldafing und Föhrenwald gekommen, beides DP-Lager.

Als ich das erste Mal über die deutsche Grenze gegangen bin, 1946, da habe ich von Belgien aus meine Schwester in Hamburg besucht. Übergesiedelt bin ich erst 1948. Ich weiß, daß ich beim ersten Besuch ein mulmiges Gefühl hatte, als ich mit dem Zug nach Hamburg gefahren bin. Ich habe ein bißchen, wie soll ich sagen, wie eine Muschel einen Panzer um mich herum gehabt. So bin ich mir vorgekommen auf der Fahrt durch Deutschland. Ich kann es schlecht beschreiben: wie durch einen Tunnel, durch einen großen Schlauch habe ich mich bewegt. Es war zwischen mir und den Deutschen und Deutschland eine Art Puffer. Das war nicht mehr mein Land, ich gehörte nicht dazu, und ich wollte auch nicht dazugehören! 1948 sind wir nach Deutschland gegangen, weil wir gesagt haben: jetzt gehören wir auch zu den DPs, jetzt können wir schneller in die USA emigrieren. Das war im März. Im Mai 1948 ist Israel gegründet worden, da haben wir unseren Plan geändert: wir wollten nicht mehr nach Amerika, sondern nach Israel. Israel hat aus der ganzen Welt Jugendliche zum Kämpfen gerufen, und Geschwister meiner Frau sind auch nach Israel gegangen, zum Militärdienst. Wir konnten aber nicht gehen, weil meine Tochter und mein Sohn noch zu klein waren, und man hat ja keine Leute mit Kindern genommen. Der Krieg in Israel war bald zu Ende, und die Geschwister meiner Frau haben geschrieben, wir sollten noch nicht kommen, es gäbe keine Wohnungen. Das war ja logisch, es sind ja

* Nach 1945 hielten sich ca. 8,5 Millionen Menschen, die während des Zweiten Weltkriegs von den deutschen Besatzungsbehörden bzw. von der SS verschleppt oder deportiert worden waren, als »Displaced persons« (DP) im ehemaligen deutschen Reichsgebiet auf und wurden teils von der UNO in sogenannten DP-Lagern betreut.

so viele rübergegangen. Da haben wir dann abgewartet. 1950 ist meine Frau schwer krank geworden. Meine Frau hatte von der Verfolgung die Lunge beschädigt und die 1950 in Heidelberg dann operiert worden; die eine Seite der Lunge ist ihr entfernt worden. Da konnten wir natürlich nicht auswandern. Dadurch bin ich sozusagen hängengeblieben, deshalb sage ich, ich bin nicht zurückgekehrt.

Wenn ich an meine Schwester Paula denke, die ich 1946 besucht habe: die hat auch Glück gehabt! Zum Schluß wollte man ja auch Juden deportieren, die in Mischehen lebten, und meine Schwester hat schon einen Platz gehabt bei Deutschen, wo sie untertauchen konnte. Es ist aber nicht dazu gekommen, weil die Engländer über Holland, über Arnheim, dann sehr schnell vorgedrungen und nach Deutschland gekommen sind. Mein nichtjüdischer Schwager hat absolut zu meiner Schwester gestanden, absolut! Das ist gar keine Frage, gar kein Problem gewesen! Bei ihm war das selbstverständlich. Das ist ja alles noch normal gegangen bei ihr. Sie hat mit ihrem Mann, der im Hafen beschäftigt war, außerhalb von Hamburg gewohnt. Ihre beiden Töchter, meine beiden Nichten, leben nicht mehr in Deutschland; die eine ist in den USA und wohnt in Seattle, die andere ist in Dänemark. Die sind aber erst später weg.

Mein ältester Bruder Joseph war in Ägypten, in Abukir, bei der Air Force. Erich und Alfred sind von einem Bruder meiner Mutter nach England geholt worden. Erich lebt nicht mehr, er ist vor zwölf oder 13 Jahren gestorben in Manchester. Der Alfred, das ist der jüngste Bruder, der ist noch heute in London. Die heißen bis heute Cooper. Sie mußten ihren Namen ändern, weil man nicht erkennen sollte, daß sie aus Deutschland stammen. Diese beiden Brüder sind als englische Soldaten über Sizilien bzw. Holland gekommen; jedenfalls sind sie beide als Besatzer in Deutschland gewesen.

Ende der vierziger Jahre bin ich, wie gesagt, in Deutschland hängengeblieben. Da habe ich angefangen, im Büro zu arbeiten, erst im JOINT,* dem *American Jewish Committee*, dann für die Kultusge-

* Abkürzung für: *American Joint Distribution Committee* (›gemeinsamer amerikanischer Verteilungsausschuß‹); wurde in den USA im Jahr 1914 zur Unterstützung der jüdischen Opfer des Ersten Weltkriegs gegründet und war während des Zweiten Weltkriegs die internationale Zentralorganisation aller jüdischen Wohlfahrtsverbände.

meinde in der Sozialabteilung, später bei der Zentralwohlfahrtsstelle der Juden in Deutschland. Die Jüdische Sozialabteilung für ganz Bayern habe ich geleitet und später dann dieses jüdische Lokal aufgemacht.

Die Staatsbürgerschaft ist auch so ein Thema! Als ich gekommen bin, hat man mir gesagt, ich solle die deutsche Staatsbürgerschaft annehmen – wir sind ja ausgebürgert gewesen. Ich habe das abgelehnt und keine deutschen Papiere gehabt bis Anfang der fünfziger Jahre, als die deutschen Pässe herausgekommen sind. Da hat man mich nicht gefragt. Ich mußte ja einen Ausweis haben, also hat man mir einen deutschen Paß »verpaßt«. Vorher hatte ich ihn abgelehnt, da wollte ich ihn nicht haben! Und als ich den Paß dann hatte, war gar nichts da an Gefühlen! Ich fühle mich nicht besonders deutsch und kenne sowieso nur einen deutschen Juden, der ab und zu hierher ins Club-Restaurant kommt. Die anderen, das sind alles osteuropäische Juden. Es gab damals keinen anderen Kreis. Ich kann nicht sagen, daß ich mit Nichtjuden nichts zu tun haben wollte, daß ich mich bewußt ferngehalten habe. Ich habe gar keine Gelegenheit gehabt, welche kennenzulernen. Entweder war ich im DP-Lager oder habe in jüdischen Einrichtungen gearbeitet.

An unangenehme Erfahrungen mit Nichtjuden nach dem Krieg kann ich mich im Moment nicht erinnern, nicht daß ich wüßte. Da müßte ich länger nachdenken. An der deutschen Politik war ich damals, und bin es eigentlich heute noch, vollkommen desinteressiert! Ich gehe zwar wählen, und ich sage ehrlich, ich wähle die SPD, aber das ist alles! Ich wähle die SPD eigentlich mehr aus Antipathie den anderen gegenüber.

Ich habe ein Leben mit Berührung zu jüdischen Leuten gewählt. Das heißt aber nicht, daß ich keine Beziehung zu Nichtjuden wollte. Ich fühle mich sehr stark als Jude und bin stolz darauf, sage ich ganz ehrlich. Daß wir verfolgt wurden, hat mich noch stolzer und noch bewußter jüdisch gemacht. Natürlich weiß ich nicht, wie es ohne das gewesen wäre. Ich habe das Gefühl, die Verfolgung hat mich sehr stark ins innere Judentum gedrückt.

Das Wichtigste ist bei mir absolut das Judentum! Ich würde mich heute auch nicht mehr als »deutschen Juden« bezeichnen, sondern als einen in Deutschland geborenen Juden, sagen wir mal so. Aber deutscher Jude? Das ist mir unwichtig. Wenn man mich fragen würde, wer bist du, würde ich sagen: ich bin Jude. Ich würde nicht sagen: ich bin Deutscher. Wie gesagt, die jüdische Identität hat sich durch die Verfolgung noch verstärkt, und ich achte auch in meiner Familie sehr darauf. Ich habe zwei Enkel, mein Sohn hat zwei Söhne. Der eine ist 19, der andere neun, wird im nächsten Monat zehn. Ich lege Wert darauf, daß sie sich als Juden fühlen. Ein Beispiel: mein ältester Enkel ist nach meinem Bruder genannt, der in Sachsenhausen ermordet wurde. Bei uns ist es so, daß die Kinder nach Toten benannt werden. Meine Enkel interessieren sich beide für jüdische Themen. Ich weiß z. B., daß der Kleinere, er heißt Pascal und mit zweitem Namen Erich, nach meinem Bruder, der in England gestorben ist, daß der samstags zur ZJD in die Prinzregentenstraße geht. Das ist die »Zionistische Jugend Deutschlands«. Auch der ältere hat das gemacht.

Ich begrüße es eigentlich, daß die jüdischen Gemeinden hier jetzt wieder wachsen, daß es statt 30000 Juden jetzt schon 60000 sind. Da sage ich: immerhin! Es freut mich insofern, daß ich nichts davon halte, daß Juden in Rußland sind oder in Polen. Ich habe das Empfinden als hiesiger Jude, daß die Russen und noch viel mehr die Polen stark antisemitisch sind. Diesen Antisemitismus habe ich in Deutschland nach dem Krieg nicht erlebt.

Wenn ich ein Fazit ziehe, dann bin ich einverstanden damit, daß ich in Deutschland geblieben bin, weil meine Gefühle, trotzdem ich hier bin, stark nach Israel gerichtet sind. Hier kann ich ruhig meine pro-israelischen Gefühle entwickeln. Ich bin nur froh, daß ich z. B. nicht in Polen bin oder in Rußland, schon gar nicht in Polen. Mir als Jude gefällt an Deutschland, daß das Jüdische und das Judentum und das Judesein hier kein Problem darstellen. Das Empfinden habe ich. Wenn ich manche jüngere Leute so sehe, dann muß ich sagen: dann ist doch alles in Ordnung! Ich persönlich habe hier von keinem etwas gehört, woraus hervorgehen könnte, daß Juden oder das Judentum hier ein Problem wären. Es gefällt mir, daß ich hier leben kann als Mensch – ich will nicht sagen, als Deutscher oder als Jude, sondern als Mensch! Mir kommt es so vor, als ob es in Deutschland vornehmlich wichtig ist, daß alle betrachtet werden als Menschen. Wenn ich diese Republikaner sehe, dann mißfällt mir das natürlich, aber auch in Rußland gibt es einen Schirinowski, der teilweise jüdischer Herkunft ist. Ich will nicht sagen, daß mir diese Entwicklung bei den Rechten Angst macht, aber ich hatte gehofft, daß es sich hier nicht entwickeln kann und entwickeln wird. Wenn ich Übergriffe oder Friedhofsschändungen sehe oder wie in Lübeck den Anschlag auf die Synagoge: das berührt mich natürlich sehr stark. Was mich hauptsächlich berührt dabei ist, daß ich es schmerzhaft finde, daß nicht mehr gegen die gemacht wird. Wenn ich so einen Kohl sehe: ich habe noch nie gehört, daß er was gegen Rechte gesagt hat. Ich meine nicht, daß er nicht gegen Rechte ist, aber daß er mal gewettert hat, habe ich noch nicht gehört!

Mir ist hier wichtig in Deutschland, daß ich nicht gesagt bekomme: »du bist Jude«. Der eine ist katholisch, und ich bin jüdisch, und der eine ist Deutscher, und ich bin Deutscher. Nicht: das ist der Deutsche, und ich bin der Jude. Das ist mir wichtig, und da habe ich auch das Gefühl, daß das hier so ist. Allerdings wünsche ich mir, wie gesagt, daß man mehr gegen Rechtsradikale tut. Ich blühe richtig auf, wenn ich mal mitbekomme, daß der Staat sich gegen Rechte wendet. Auch die Synagoge in Lübeck: wenn ich sehe, wie viele sich darüber aufregen, habe ich schon ein gutes Gefühl. Aber sonst ist mir wichtig, daß man mich einfach als Mensch zur Kenntnis nimmt – nicht den Juden.

Vor Jahren war es einmal so, daß ich ständig von einer Frau antisemitische Anrufe gehabt habe. Nicht Sau-, sondern Schweinejude hat sie gesagt. Ich habe eine Fangschaltung machen lassen und die Telefonnummer und den Namen gekriegt – aber dann doch nichts gemacht. Schade. Warum ich nichts unternommen habe, weiß ich auch nicht! Heute ärgere ich mich darüber. Neben meinem Bett habe ich noch die Briefe liegen, also die Benachrichtigungen, wer das war. Ich ärgere mich heute noch, und ich begreife es gar nicht! Ich habe wochenlang, monatelang diese antisemitischen Anrufe gekriegt. Es war ständig. Aber warum ich da nichts gemacht habe, geht mir nicht in den Kopf hinein. Wenn ich heute so überlege, in Sekundenschnelle hätte ich etwas unternommen! Als ob ich gelähmt war! Wozu habe ich eine Fangschaltung gemacht, wenn ich nichts unternommen habe? Das war 1988. Ein anderes Mal, das ist schon ziemlich lange her, bin ich nachts mit dem Bus nach Hause gefahren, bis zur Endstation. Da war noch so ein junger Kerl im Bus, und es hat geregnet. Beim Aussteigen hat er »*Sau*judenwetter!« oder »Sau*juden*wetter!« gesagt – die Betonung weiß ich nicht mehr genau. Ich habe damals eine Bemerkung gemacht: »Was soll dieser Blödsinn, bist wohl nicht ganz normal« – irgend so etwas habe ich gesagt. Das ist aber das einzige Mal, daß mir das passiert ist. Das habe ich nicht als Meinung der Durchschnittsbürger genommen, auch die Anruferin nicht. Ich kann nicht sagen: in Deutschland ist das so! Mein Sohn hat vor kurzem Geburtstag gehabt. Er hat hier eine Riesenfete gehabt, und auch vom Supermarkt, wo wir einkaufen, und von der Reinigung waren Leute da und haben mitgefeiert. Es geht doch eigentlich nur um Sympathie oder Antipathie. Und ich finde ja auch längst nicht jeden Juden sympathisch.

EDITH REIFENBERG

geb.: 1902 in Posen
Rückkehr: 1959
Gespräch: 12. Februar 1996, Neustadt/Weinstraße

Berlin – Südafrika – Neustadt/Weinstraße

Ich stamme aus einer alten deutschen jüdischen Familie, die im Osten, in Posen ansässig war. Meine Mutter war die siebte Tochter eines Schnapsfabrikanten, Julius Prochownik, der 1816 eine Schnapsfabrik in Posen gegründet hat. Seine Familie stammt aus Krakau. Es gibt Unterlagen, daß ein Prochownik im Jahr 902 in Krakau zum König gewählt wurde, aber als Jude konnte er es nicht annehmen.

Mein Vater hat praktisch bei meiner Mutter eingeheiratet, aber sie hatte nicht nur Geld, sondern war auch sehr hübsch. Ich muß sagen, er war ein sehr sozialer Arbeitgeber und außerdem überzeugter Anhänger der SPD. Dahinein bin ich geboren worden, als einziges Kind. Ich bin bestimmt nicht verwöhnt worden, weil meine Mutter sehr streng war. Sie hatte sehr hohe Moralbegriffe. Mein Vater war hochmusikalisch und hat sehr gut Klavier gespielt – und ich dann auch –, während meine Mutter mehr der bildenden Kunst zugetan war und mich schon früh mit nach Berlin geschleppt hat, in die Museen und Ausstellungen. Ich hatte dadurch natürlich ziemlich viel Ahnung von Kunst, war aber selbst nie künstlerisch tätig, weil ich im Grunde viel zu faul war, um mit meinen Händen irgendwas zu machen. Auch später war es so, daß ich z. B. nie Handarbeiten gemacht habe, bis heute nicht.

Was das Judentum betrifft, war mein Vater liberal eingestellt und meine Mutter eher traditionell. Von unserem Haus konnte man auf die Reformsynagoge gucken, die ganz nahe lag. Es war so, daß die ganze Verwandtschaft nach dem Gottesdienst immer zu uns zu Kaffee und Kuchen kam. Ich lag dann immer aufgeregt am Fenster und hab's weitergemeldet, wenn die ersten Leute aus der Synagoge kamen und der Gottesdienst zu Ende war. Meine Mutter hatte aber auch überhaupt nichts dagegen, wenn mich das Dienstmädchen – polnisch und natürlich gut katholisch – mit in die Kapelle nahm, dort mit mir saß und von Jesus erzählte, was sie sehr eifrig getan hat. Damals hatte ich noch keine Ahnung von dem Deckengemälde in dieser Kapelle, das drei Juden in schwarzen Kaftanen und mit langen Bärten zeigt, die mit riesigen Messern auf Hostien eingestochen haben. Wenn meine Mutter das gewußt hätte, hätte sie über meine Kirchenbesuche bestimmt anders gedacht. Wir haben also bewußt jüdisch gelebt, und bis heute ist es so, daß ich kein Schweinefleisch esse. In heißen Ländern gab es ja auch gute gesundheitliche Gründe, kein Schweinefleisch zu essen, und das haben die eben vor 5000 Jahren schon gewußt.

Ich bin dann in die höhere Schule gegangen, wo es am Anfang noch eine Art Numerus Clausus für jüdische und für polnische Schülerinnen gab; zehn Prozent durften jüdisch sein. Später wurde das allerdings abgeschafft, aber ich habe mich damals den polnischen Mädchen nahe gefühlt – wahrscheinlich, weil wir beide, Polen und Juden, als eine Minderheit angesehen wurden. Wir haben auch alle gut Polnisch gesprochen, aber kulturell gesehen war meine Familie ganz deutsch. In der Schule habe ich mich oft genug gelangweilt, weil ich die Schulbücher oft schon ausgelesen hatte und unter der Bank dann die Groschenhefte unserer Dienstmädchen verschlang. Aber eigentlich bin ich ganz gerne hingegangen. Am besten war ich in Deutsch, und seitdem ich Lesen gelernt hatte – schon sehr früh – verschlang ich so ziemlich alles Gedruckte, was ich bekommen konnte.

Dann kam der Erste Weltkrieg – damals wußte man noch nicht, daß es der erste war, daß noch einer hinterherkommen würde. Am 9. November 1918 wurde Posen dann polnisch. Der Pianist Padrewski, der gerade auf einem Gastspiel da war, stand auf einem Balkon vom polnischen Hotel und rief: »Posen gibt man euch nicht! Nehmt es euch!« Und so geschah es dann auch: die Polen nahmen sich Posen. Die deutsche Schule mußte schließen, was für uns die Folge hatte, daß wir schon in der Unterprima unser Abitur gemacht haben, eine Art »Notabitur«.

Weil wir doch so gute »deutsche Staatsbürger jüdischen Glaubens« waren, wollten wir auch in Deutschland leben. Wir haben dann hin und her überlegt, bis mein Vater seine Schnapsfabrik verkauft hat und wir nach Berlin gezogen sind, nach Schöneberg, in die Gegend vom Bayerischen Platz. Leider mußte das Geld, was wir für die Schnapsfabrik bekamen, erst durch die polnische Inflation und dann nochmal durch die deutsche, bis fast nichts mehr übrig war.

In Berlin mußte ich mir natürlich überlegen, was ich weiter machen wollte. Eigentlich hatte ich ja vor, Chemie zu studieren, aber als ich dann mit meinem Anliegen an die Humboldt-Universität gegangen bin – damals war das noch die Friedrich-Wilhelm-Universität –, da haben die nur gesagt: »Was, Sie wollen Chemie studieren, als Frau? Ausgerechnet?« Also habe ich mich erkundigt, welches Studium mit am schnellsten geht und dann mit dem Studium der Nationalökonomie angefangen, weil das nur acht Semester gebraucht hat. Es gab natürlich noch nicht viele Studentinnen, zumal in solchen Fächern, aber die einzige war ich nicht. Wir waren, glaube ich, insgesamt sieben Studentinnen unter den vielen Studenten, die oft schon älter waren, weil sie ja im Krieg gewesen sind.

Im Studium habe ich mich ziemlich bald auf das Thema konzentriert, welchen Einfluß die Werbung auf die Frau als Käuferin hat und auch meine Diplomarbeit darüber geschrieben. Aber schon während ich studierte, habe ich Kontakt zu einem Verlag aufgenommen und dort stundenweise gearbeitet. Und 1923 schließlich haben mich zwei ziemlich einflußreiche Bekannte aus der SPD, in der ich aktiv war, auf etwas ganz Neues aufmerksam gemacht: »Du, da gibt's jetzt was Neues am Potsdamer Platz, den Rundfunk! Geh doch da mal hin!« Das hat mich natürlich sofort interessiert, bin da hingegangen – Vox-Haus hieß das, am Potsdamer Platz, Ecke Potsdamer Straße – und habe mich da vorgestellt. Ich bin einfach reingegangen, hab' gesagt: »Guten Tag, ich bin die Edith Sternberg, und ich möchte bei Ihnen anfangen!« Und es hat tatsächlich geklappt! Irgendetwas muß denen an mir gefallen haben – vielleicht, daß ich frech war. Meine Aufgabe wurde es, in Frauensendungen zu sprechen, wofür ich aber noch Sprechunterricht genommen habe. Damals war es ja so, daß die ganze Haushaltsführung sich völlig geändert hat: Dienstmädchen konnte sich kaum noch einer leisten, und es kamen die ersten modernen Haushaltsgeräte auf: Bügeleisen, elektrische Herdplatten. Da mußte dann z. B. erklärt werden, welche Töpfe man für elektrische Kochplatten brauchte, nämlich welche mit ganz glatten Böden, aber auch, wie man die neuen Tropenfrüchte behandelt, die gerade aufkamen, wie man Früchte einweckt usw. Später kam dann auch der Eisschrank auf, und es war nun nicht mehr nötig, sich zweimal in der Woche Trockeneis ins Haus liefern zu lassen. Also, moderne Haushaltsgeräte waren eigentlich das wichtigste Thema, und es kam auch gut an. Später habe ich in den Sendungen aber auch über meine Reisen erzählt. Ich hatte schon ein eigenes Auto, was damals ziemlich ungewöhnlich war, und fuhr als Frau alleine durch Europa, was ebenfalls aus dem Rahmen fiel. Reisen, die ins Ausland gingen, waren ja überhaupt noch eher selten. Darüber habe ich also im Rundfunk gesprochen.

Als ich mein Diplom in der Tasche hatte, bin ich dann zum Ullstein-Verlag gegangen, und zwar zur Handelsredaktion des Zeitungsverlages. Es gab zwei große Zeitungs-Verlage in Berlin, Mosse und Ullstein. Ullstein brachte die *Vossische Zeitung* heraus, die *Berliner Morgenpost* und die *B. Z. am Mittag*, mit großen Buchstaben und großen Schlagzeilen, eine Vorläuferin der *BILD-Zeitung*, aber mit Niveau. Die *Morgenpost* wurde immer »Zeitung des verheirateten Werkmeisters« genannt. Für die Ullstein- Zeitungen habe ich also über wirtschaftliche Themen geschrieben.

Ich habe damals ein ziemlich aktives und erfolgreiches Leben geführt und war eigentlich richtig glücklich in Berlin, obwohl das mit den sogenannten »goldenen zwanziger Jahren« natürlich so nicht stimmt. Es gab einfach zuviel Not und Elend, gerade in der Großstadt. Es ist ja bekannt, daß es wirtschaftlich gesehen sehr schlechte Zeiten waren. Und trotzdem war da auf der anderen Seite diese unglaubliche Vielfalt auf kulturellem Gebiet, moderne Literatur, Schauspieler, die einfach großartig waren und von den Leuten geliebt und verehrt worden sind – es gab wirklich alles. Und das war mein Element! Ich habe immer versucht, mich auf dem Laufenden zu halten darüber, was es gerade wieder Neues gab, aber das war gar nicht so einfach bei all der Fülle. Da gab es z. B. eine hervorragende Zeitschrift, *Der Sturm*, deren Herausgeber ich gut kannte. Das war der Herwarth Walden, der ein paar Jahre mit Else Lasker-

Schüler verheiratet war. Sie hat übrigens ziemlich männlich gewirkt, so als ob sie das Heft in der Hand hatte. Später haben sie sich ja scheiden lassen. Also, ich kann sagen, ich war mittendrin und das, was man eine emanzipierte Frau nennen kann. Den Begriff gab's damals auch schon, aber nicht die »Emanze«.

An irgendwelche Spannungen zwischen Juden und Nichtjuden in Berlin kann ich mich eigentlich nicht erinnern. Die gab es nicht, schon gar nicht in der Zeitungswelt, wo ja viele Juden gearbeitet haben. Aber die Nazis waren schon da, auch wenn sie noch nicht an der Macht waren. Es gab *Mein Kampf* von Hitler, in dem im Grunde schon alles drin stand, es gab die Reden der Nazis, und das hat man natürlich schon aufmerksam verfolgt. Der Franz Ullstein hat uns einmal zusammengerufen und uns gesagt: »Wenn das eines Tages mal wahr wird, was der Hitler da schreibt und was er sagt, dann ist das mein Ende. Dann ist das aber nicht nur mein Ende, sondern auch euer Ende.« Trotzdem haben wir es doch für ziemlich unwahrscheinlich gehalten, daß die Nazis mal an die Macht kommen. Als die Stimmung bei den Leuten dann doch allmählich immer mehr zugunsten der Nazis tendierte, habe ich mich mit dem Gedanken beschäftigt: was machst du, wenn es mal so weit ist?

Nach der Machtergreifung war die Lage natürlich schnell klar. Am Tag nach dem Reichstagsbrand, der war am 27. Februar 1933, habe ich meine Koffer gepackt, die eigentlich schon bereit standen. Ich bin nach London zu Verwandten gefahren, denen ich mal Geld geborgt hatte, ziemlich viel Geld. Das habe ich mir zurückgeholt, weil ich es jetzt dringend brauchen konnte. Auch Freunde von mir sind in dieser Zeit schon geflohen, in die Schweiz oder nach New York.

Ich war darauf vorbereitet gewesen, eines Tages vielleicht fliehen zu müssen. Politisch stand ich links, war Sozialistin und überzeugte SPD-lerin, Mitglied der »Liga für Menschenrechte« und der »Freunde des Neuen Rußland«. Meine Eltern haben mich manchmal aufgezogen: »Du bist ja eine schöne Sozialistin mit deinem eigenem Auto!« Um an Demonstrationen teilzunehmen z. B. war ich wirklich zu bürgerlich; sowas fand im Osten Berlins statt, aber nicht im bürgerlichen Westen, wo wir wohnten. Aber das hat nichts daran geändert, daß ich überzeugte Sozialistin war, und das bin ich heute noch. Mit so einer politischen Haltung war es klar, daß man nicht bleiben konnte. Ich bin von zuverlässigen Bekannten aus der NSDAP gewarnt worden, daß ich auf einer »schwarzen Liste« stehe, und daß das eben bedeutet, ich müßte mit einer Verhaftung rechnen. Da gab's dann keine Wahl, und ich bin nach London gefahren. Wo ich schon mal da war, habe ich mir zuerst die Stadt angeschaut und bin dann von Southampton aus mit dem Schiff nach Westafrika gefahren. Dort habe ich mir viel Zeit gelassen, diese so vollkommen fremde Welt auf mich wirken zu lassen. Man muß sich vorstellen, daß dies damals noch das »alte Afrika« war, ohne Touristen, mit nur sehr wenig Einflüssen der sogenannten Zivilisation. Die Fotos und die Berichte, die ich von dieser Reise angefertigt und nach Deutschland geschickt habe, sind leider nie dort aufgetaucht; ich weiß nicht, wo sie geblieben sind. Aber es bleiben ja immerhin noch die Erinnerungen an die Eindrücke von damals, an das ursprüngliche Afrika.

Von Port Gentil aus bin ich dann den Ogowe-Fluß hinaufgefahren, weil ich Albert Schweitzer in Lambarene in seinem Urwaldhospital besuchen wollte. Schweitzer war ein guter Bekannter von meinem Vater; die beiden haben sich Briefe über die Bachschen Fugen geschrieben. Irgendwann hatte er mir einmal gesagt: »Wenn du mal in Not bist, dann komm zu mir!« Das habe ich also gemacht und bin eine Zeitlang in Lambarene geblieben, wo Schweitzer mich, so kann man sagen, moralisch aufgerüstet hat. Das habe ich auch sehr gebraucht in meiner Lage. Ich war allein aus Deutschland weggegangen und hatte meine Eltern krank zurückgelassen. In Berlin habe ich einen Freund gehabt, der an der Charité als Arzt gearbeitet hat, und wir beide hatten den Plan, uns gemeinsam selbständig zu machen mit einer Privatklinik – er als Arzt, ich als Managerin. Wir hatten sogar schon ein Grundstück ausgesucht für die Klinik, in Frohnau, direkt neben dem Buddhistischen Haus. Wir fühlten uns beide zum Buddhismus hingezogen und wollten also dort unsere Privatklinik aufbauen. Mein Freund ist nach New York emigriert, ich bin geflohen, und so hatte sich alles zerschlagen. Er hat später dann, 1947, Selbstmord verübt; »ich kann das Leid der Menschen nicht länger auf mich nehmen«, hat er in seinem Abschiedsbrief geschrieben. Es war also viel in Scherben und ich brauchte Zuspruch, um damit fertigzuwerden.

27 Jahre lang bin ich in Afrika geblieben. Zuerst ging's nach Südwestafrika, was ja unter dem Protektorat Südafrikas stand, aber noch ziemlich deutsch geprägt war. Besonders traf das auf Windhoek zu, wo es deutsche Straßennamen gab und deutsches Bier und eine Menge »guter Deutscher«, die eigentlich ganz froh waren, daß die Weimarer Republik vorbei war und sich irgendetwas Neues anbahnte – vielleicht etwas Monarchistisches? Ich konnte wirklich nur staunen und habe mich gefragt, ob diese Leute hinter dem Mond lebten und wirklich nichts von dem mitbekamen, was sich in Deutschland abspielte. Für mich klangen die Nachrichten aus Deutschland natürlich trostlos: die Briefe meiner Eltern waren kläglich und deprimiert, Ullstein hatte zugemacht, keiner wollte meine Artikel und Aufnahmen mehr veröffentlichen. Meine Eltern haben in ihren Briefen angedeutet, daß sie nicht mehr leben wollten, weil sie überhaupt keine Zukunft mehr sahen. Schlimm war für sie auch, daß es keine sozialistische Partei mehr in Deutschland gab, denn auf die hatten sie ihr Leben lang alles gesetzt. 1934 haben sie sich dann tatsächlich das Leben genommen. Ich besitze noch den Abschiedsbrief meiner Mutter, der sehr liebevoll war. Es war immer klar zwischen uns gewesen, daß ich unbedingt weiterleben sollte und mich nicht an ihr Unglück und ihr Schicksal binden sollte.

In Südwestafrika mußte ich allmählich sehen, daß ich Geld verdiente und habe dann durch die Vermittlung eines Bekannten mein Glück beim Goldschürfen versucht. Wir waren ein paar Leute, die irgendwie versuchten, ein Unternehmen zu gründen und Gold zu gewinnen, mitten in der Wildnis. Das ging aber leider grandios daneben, woraufhin ich mit meinem alten Buick weitergefahren bin nach Südafrika, nach Johannesburg. Da habe ich dann zuerst eine Stellung angenommen bei einem Ehepaar, dessen etwas zurückgebliebenen Sohn ich versorgen sollte. Die sind bald zu einem längeren Aufenthalt bei Verwandten in Rhodesien abgereist und haben mir gekündigt. Aber es war trotzdem eine gute Gelegenheit gewesen, mich neu einzukleiden, Englisch zu lernen und wieder neuen Mut zu fassen. Abends hatte ich immer noch Kurse besucht in Erster Hilfe, Kinderpflege usw. und verschiedene Prüfungen darin gemacht. Dann war ich Zofe bei einer reichen jungen Dame, die ziemlich schnell nach England heiratete. Bei einem sehr lieben, schon sehr alten jüdischen Ehepaar, das aus Magdeburg stammte, habe ich dann einen Verwandten von ihnen kennengelernt, Hans Reifenberg, der in Berlin als Radiofachmann beim Rundfunk und später bei der Reichspost gearbeitet hatte. Wir waren beide nicht mehr ganz jung, wir waren beide allein, beide Emigranten, und haben dann recht schnell beschlossen zusammenzubleiben. Wir haben 18 Jahre lang eine gute Ehe geführt, bis mein Mann leider sehr früh, 1952, gestorben ist.

Ich habe lange Zeit überhaupt nicht daran gedacht, eines Tages wieder nach Deutschland zurückzukehren. Nach drei Jahren habe ich die südafrikanische Staatsbürgerschaft angenommen, und alles lief auf englisch. Auch mein Mann und ich haben englisch miteinander gesprochen, aber gestritten haben wir uns auf deutsch, weil das da viel leichter ging. Nein, in diesen Jahren habe ich wirklich nie daran gedacht zurückzukehren! Es gab ja auch keine Verbindungen mehr nach Deutschland. Meine Eltern waren tot, und die Kontakte zu meinen nichtjüdischen Bekannten in Berlin waren alle abgebrochen. Nach dem Krieg kam mal ein Brief von einer Bekannten, die ich von Berlin her kannte. Sie wollte, daß ich ihr einen guten Leumund schreibe, also daß sie kein Nazi gewesen ist. Ich habe ihr gar nicht geantwortet, weil ich ja nicht wußte, was sie gemacht hat und was nicht.

Mein Mann und ich waren inzwischen nach East London gezogen, hatten dort ganz gute Stellungen gefunden und uns eingelebt. Ich habe dann noch einen dreijährigen Hochschulkurs in Hygiene gemacht, meine Stellung im Kaufhaus aufgegeben und fing an, an Schulen für Nicht-Weiße, also Mischlinge und Inder, Hygiene zu unterrichten. Später hat mein Mann sich dann mit einem kleinen Radiogeschäft selbständig gemacht. Er ist mit 48 Jahren an Herzversagen gestorben. Eigentlich hat er die Emigration nie verkraften können; er hat getrauert um seine verlorene Existenz in Berlin, um Familienangehörige, die in verschiedenen KZ umgekommen sind, um Deutschland, um Europa. Was mich betrifft, so habe ich nie gehaßt; das konnte ich einfach nicht. In gewisser Weise hatte ich Deutschland abgeschrieben, als ich 1933 wegging, aber ich wollte doch unterscheiden zwischen Deutschen und Nazis. Darum habe ich mich immer bemüht.

1959 habe ich die erste Entschädigung aus Deutschland bekommen, und mit diesem Geld bin ich gleich nach Europa geflogen und drei Monate lang kreuz und quer herumgereist. Nachdem mein Mann gestorben war, hatte ich das Radiogeschäft zwar allein weitergeführt, aber es machte mir keinen richtigen Spaß. Im Grunde habe ich mein Leben in Südafrika jetzt ziemlich langweilig gefunden. Ich hatte das Gefühl, daß ich immer gegeben und gegeben und nichts zurückbekommen habe. Ich meine das jetzt nicht auf der menschlichen Ebene, weil mich die Arbeit mit den Farbigen, den Mischlingen, die Kurse, die ich da gegeben habe, natürlich bereichert haben, menschlich bereichert. Aber geistig gesehen war ich wie ausgetrocknet, weil mir die geistige Nahrung gefehlt hat; das ist mir furchtbar abgegangen. Mir hat einfach Anregung gefehlt, nachdem mir nach dem Tod meines Mannes das Alltagsleben ziemlich langweilig und leer geworden ist. Ich habe meinen europäischen kulturellen Hintergrund auch nach so vielen Jahren sehr klar gespürt. Nach wie vor war ich Europäerin – ich möchte nicht sagen: Deutsche, aber doch Europäerin, mit deutschsprachigem Hintergrund und entsprechenden kulturellen Wurzeln. Und die Kultur, die zu diesem Hintergrund gehört, hatte ich in diesen letzten Jahren in Südafrika vermißt, ich war voller Sehnsucht danach!

Ich bin dann also über Kairo, wo wir glücklicherweise drei Tage Aufenthalt hatten und ich mir also auch noch Kairo angucken konnte, nach Düsseldorf geflogen. Am Niederrhein hatte ich noch einen alten Freund aus Berliner Tagen, der auch in dem Kreis um Herwarth Walden war. Den habe ich also besucht und mir von ihm Düsseldorf und Köln zeigen lassen. In Deutschland und in den anderen Ländern, in denen ich in diesen drei Monaten herumgereist bin, habe ich mich aufgesogen wie ein Schwamm, es war unbeschreiblich: jeden Abend ins Theater, Museen, Kultur ... Den letzten Pfennig hab' ich ausgegeben dafür, und es war mir völlig egal!

Auf dieser Reise kam mir auch schon der Gedanke, nach Deutschland zurückzukehren, und sehr schnell wurde der Wunsch immer stärker. Mein Rechtsanwalt in Köln, mit dem ich wegen der Entschädigung zu tun hatte, machte mich darauf aufmerksam, daß ich als die Witwe eines früheren höheren Post-Fachmanns nicht nur dessen Pension bekommen würde, sondern daß ich auch über ihn krankenversichert sei. Damals war ich fast 60, und so war allein schon diese Altersabsicherung ein wichtiger Punkt, um an eine Übersiedlung nach Europa zu denken.

Ich war ja nicht nur in Deutschland, sondern auch in anderen Ländern, aber besonders in Deutschland fand ich natürlich das Verhalten der Menschen interessant. Oft habe ich bei mir gedacht: »Ach, ihr schwindelt alle!« Keiner war dabei, niemand hat etwas von Hitler gehalten, im Gegenteil, alle fühlten sich von den Nazis bedroht und konnten nur deshalb nichts machen ... So war das ja nun nicht gewesen! Aber für mich war damals die Kultur wichtiger, und der habe ich mich voll und ganz gewidmet.

Wenig später bin ich auf Dauer umgesiedelt. Was hatte ich denn noch in Südafrika, was mich hielt? Da war das Grab von meinem Mann, da waren ein paar Freunde, deren Kinder aber zum großen Teil auch schon wieder ausgewandert waren, nach Amerika, nach Australien, nach Kanada. Die hatte ich zum Teil mit aufgezogen, aber sie waren ja nun auch weg. Familienangehörige hatte ich nur in London und Chicago; die konnte ich also auch leichter von Europa aus besuchen als von Südafrika, wenn ich das wollte – aber meine Beziehungen zu denen waren sowieso nicht sehr eng. Ich habe mir gedacht: »Wo ich lebe, ist doch eigentlich egal. Dann kann ich auch dahin gehen, wo ich mich kulturell zu Hause fühle, wo ich finanziell abgesichert bin, wo ich krankenversichert bin.« Es hat dann gar nicht mehr lange gedauert nach meiner Reise damals, und ich bin übergesiedelt, mit einem holländischen Dampfer in Rotterdam angekommen. Da hat dann schon ein Volkswagen auf mich gewartet, den ich in Südafrika bestellt und bezahlt hatte, und mit dem bin ich erstmal losgezogen, nur mit meinem Handgepäck, denn die anderen Sachen hatte ich solange bei einem Spediteur untergestellt. Ich bin also losgezogen, wußte noch gar nicht, wo ich mich nun niederlassen sollte und bin durch Belgien, Frankreich, Norditalien und die Schweiz gefahren. In Hamburg habe ich dann südafrikanisch-deutsche Freunde wiedergetroffen, die mittlerweile dort lebten, und sie versuchten, mich zu überzeugen, daß Hamburg doch der richtige Platz für mich wäre: ziemlich international, kulturell offen, sehr anregend. Da habe ich gedacht: »Warum eigentlich nicht?« Nach zwei Tagen hatte ich schon eine kleine Wohnung ein bißchen außerhalb von Hamburg, in Ahrensburg.

Das politische Klima in Deutschland war damals davon geprägt, daß die Adenauer-Regierung an der Macht war, und das war nicht so mein Fall. Aber ich hatte ja keine Ahnung mehr von den politischen Zuständen in Deutschland, und da hab' ich gedacht: »Halte dich erstmal zurück.« Die Situation in Europa überhaupt fand ich nicht sehr erfreulich, besonders in Spanien und in Portugal, wo es ja damals noch Diktaturen gegeben hat, und den de Gaulle in Frankreich konnte ich überhaupt nicht leiden. Daß Adenauer damals so belastete Leute wie Globke eingestellt und mit denen eng zusammengearbeitet hat, das kann ich einfach nicht verstehen, das ist mir völlig unbegreiflich, und es hat mich auch sehr gestört. Ich muß sagen, die 68er habe ich sehr begrüßt, die fand ich sehr erfreulich, weil sie das politische Klima doch sehr aufgebrochen haben. Überhaupt war es mit der jungen Generation viel leichter, weil ich natürlich bei den Älteren immer Vorbehalte hatte – die wird man nicht mehr richtig los. Obwohl die Leute, auch die älteren, zu mir persönlich immer freundlich gewesen sind. Aber die Vorbehalte bleiben trotzdem, und eigentlich spricht man ja auch nicht ehrlich darüber. Also, es hat Jahre gedauert, bis ich mich politisch einigermaßen eingelebt hatte.

Auf jeden Fall fand ich Hamburg schön, fühlte mich wohl und bin sofort auch wieder aktiv geworden, hab' Englischkurse in der Volkshochschule gegeben und viele, viele Vorträge über Südafrika gehalten – im Laufe der Jahre über 500 Vorträge. Das südafrikanische Konsulat hat mich bei diesen Aktivitäten sehr unterstützt, und so habe ich neben den Vorträgen auch immer wieder Ausstellungen über Südafrika organisiert, insgesamt zehn. Nach ein paar Jahren bin ich aber noch einmal umgezogen. Ein Arzt hat mir in Hamburg damals gesagt: »Sie in Ihrem Alter, müssen Sie eigentlich in diesem Klima leben? Können Sie es nicht einrichten, daß Sie dahin ziehen, wo es trockener und ein bißchen wärmer ist?« Da habe ich mir dann die Weinstraße ausgesucht und wohne nun schon lange hier in dieser Wohnung, in Neustadt. Frankreich ist nah, das Elsaß ist nah, und es gab wieder mal eine Menge Neues zu entdecken.

Die Frage, was ich denn heute als meine Heimat betrachte, macht mich oft sehr still. Ich kann sie nicht beantworten. Heimat ... Manchmal quält mich schon die Frage: »Was bin ich eigentlich?« Ich würde nicht so einfach sagen: ich bin Deutsche, obwohl ich den deutschen Paß habe. Die deutsche Kultur habe ich immer geliebt und auch im Grunde nie aufgehört, sie zu lieben, aber das Land, die Menschen? Das war doch etwas anderes. Ich würde sagen, eine richtige Heimat habe ich nicht mehr. Ich bin Europäerin.

Die deutsche Staatsbürgerschaft habe ich eigentlich direkt nach meiner Übersiedlung nach Hamburg bzw. Ahrensburg beantragt und sie auch ganz schnell bekommen. In einer sehr schönen kleinen Feierstunde wurde uns der Paß überreicht. Wir waren zu zweit: einer, der in England gelebt hatte, und ich. In diesem Moment war ich sogar etwas stolz und habe mich gefreut, auch deshalb, weil es so schnell ging und ohne Probleme; es hat nur einen Antrag gebraucht. Hitler hat mich ausgebürgert, und nun hatte ich wieder den deutschen Paß.

Gestört hat mich aber in Deutschland, daß die Nazizeit eigentlich nicht wirklich aufgearbeitet worden ist. Es gibt Leute, die ich ziemlich aufgeschlossen und fortschrittlich finde, und trotzdem weiß ich von denen, daß die in der Nazizeit auch mit dabei waren. Aber das wird verdrängt. Wenn man davon spricht, dann wird das oft »die schlimme Zeit« genannt, und man verdrängt es. Gut, mit der Zeit ist mein Mißtrauen natürlich kleiner geworden, schon dadurch, weil die Leute, die wirklich mitgemacht haben damals, gestorben sind. Und mit den Generationen, die nachgekommen sind und ja auch bei ihren Eltern nachgefragt haben: was war damals? – mit denen fand ich es nie schwierig. Ich habe wohl festgestellt, daß viele in der Schule nichts über den Nationalsozialismus gehört hatten. Das wurde also nicht nur bei den Eltern und Großeltern totgeschwiegen, sondern auch in der Schule. Das ist heute ja doch etwas anders.

Was mich ziemlich beschäftigt ist, daß die Leute fast nichts mehr übers Judentum wissen. Das deutsche Judentum gibt es ja fast nicht mehr, es sind ja nur noch Scherben da, und diese Scherben jüdischen Lebens müssen gerettet werden. Deshalb finde ich es auch so wichtig, daß wir in Deutschland die jüdische Einheitsgemeinde behalten und uns nicht noch weiter aufsplittern in Reformgemeinden und orthodoxe Gemeinden usw. Es gibt doch nur noch ein paar Juden hier, und da muß man sich zusammenschließen. Die Leute, z. B. aus meinem Musikkreis, fragen mich natürlich aus übers Judentum. Ich sage immer: heute bin ich eine viel bessere Jüdin als irgendwann sonst in meinem Leben, weil ich so oft übers Judentum gefragt werde und dann ja auch antworten will. Extra deswegen habe ich eine kleine Bibliothek zum Judentum zusammengestellt, damit ich nachschauen kann, wenn ich gefragt werde.

Das Wichtigste ist die Toleranz, finde ich, und die muß man immer wieder vorleben. Ich versuche deshalb immer, mich dafür einzusetzen, wie ich das auch schon in Südafrika oder Hamburg gemacht habe, indem ich z. B. Ausländerkindern Nachhilfeunterricht gegeben habe. Und hier besuche ich Menschen, die niemanden mehr haben, in Heimen z. B. Ich finde, das sollte eine Pflicht für uns Ältere sein. Leider merke ich jetzt aber doch etwas, wie ich nicht mehr so kann, wie die Kraft manchmal nicht mehr reicht, das zu tun, was ich eigentlich tun will. Das ist halt der Lauf des Lebens, aber schwierig finde ich es trotzdem.

Was die Politik betrifft, so bin ich da nicht sehr glücklich. Seit meinem 17. Lebensjahr bin Mitglied der SPD, und vor ein paar Jahren bin ich dafür noch geehrt worden, daß ich so lange schon dabei bin. Aber ich muß sagen, daß das eigentlich nicht mehr viel mit der Partei von damals zu tun hat, so wie die SPD heute in Deutschland ist. Ich stehe immer noch zu den Grundgedanken der SPD, aber die Partei ist doch mittlerweile leider, leider etwas ganz anderes.

Ich glaube, die Rückkehr nach Deutschland war eigentlich das Beste, was ich tun konnte. Auf jeden Fall habe ich das Gefühl, immer noch ein aktives und interessantes und anregendes Leben zu führen. Es ist wohl der Kontakt zu der Jugend, der mich so lebendig hält. Ich werde ja von Zivildienstleistenden betreut, und die besuchen mich oft auch dann noch, wenn sie bei mir schon längst aufgehört haben. Für die und für andere junge Leute bin ich manchmal so etwas wie eine Ersatz-Großmutter, und es ist eher so, daß Menschen bei mir etwas abladen als umgekehrt. Und für mich ist das ein bißchen der Ersatz dafür, daß ich keine eigenen Kinder habe. Dann habe ich hier den Musikkreis mit sehr netten Leuten, jüngeren Leuten, und ich kann immer noch etwas tun, um aufzuklären. Vor ein paar Jahren ist ein Fernsehfilm über mein Leben gedreht worden. Dafür sind wir nach Posen gefahren, nach Berlin, nach Südafrika, und auch hier in Neustadt haben wir natürlich gedreht.

Zu diesem Film ist es durch einen Zufall gekommen. Es gibt ein Buch mit dem Titel *Exil der kleinen Leute*. Darin erzählt eine deutsche Jüdin, die nach Südafrika emigriert ist, daß da noch die Löwen auf der Straße herumgelegen haben und ähnliches mehr. So ein Quatsch, Löwen gab's auch damals schon lange nicht mehr! Ich bin dann zu Professor Benz nach Berlin gefahren, der das Buch herausgegeben hat, und wollte dem einfach sagen, daß das so nicht stimmt. Eigentlich hatte der nur 20 Minuten für mich eingeplant, aber aus den 20 Minuten wurden drei Stunden. Er hat mich zum Essen eingeladen und wohl gemerkt, daß ich ganz gut reden kann, und dann hat er mich an einen Redakteur vom WDR vermittelt, der schließlich mit mir den Film gemacht hat. Der heißt *Ein deutsches Schicksal: Edith Reifenberg* und ist in allen dritten Programmen gelaufen. Wir sind auch auf dem Friedhof gewesen, wo meine Eltern begraben sind. Der Grabstein steht noch, fast wie durch ein Wunder, obwohl ringsherum alles durch Bomben zerstört worden ist! Da gibt es jetzt auch die Zusicherung, daß er erhalten werden soll. Er steht auf einem Friedhof im Osten Berlins. Diesen Grabstein zu sehen hat mich aber nicht so stark bewegt wie man das vielleicht annehmen könnte. Ich persönlich stehe auf dem Standpunkt: Gräber sind nur Orte. Die Menschen, um die es da geht, die behalte ich in meinem Herzen, in meiner Erinnerung.

RUTH K.

geb.: 1928 in Hagen
Rückkehr: 1948
Gespräch: 6. Mai 1996, Köln

Köln – Eastbourne – Köln

Mein Vater ist Jude gewesen, meine Mutter ursprünglich Christin; später ist sie zum Judentum übergetreten. Ich kann mich nur noch schwach an meine Großeltern väterlicherseits erinnern, da ich mit zehn Jahren nach England gekommen bin. In Hagen in Westfalen bin ich geboren. Meine Eltern sind zuerst für kurze Zeit nach Gelsenkirchen gezogen, dann nach Essen und schließlich nach Köln. In Köln bin ich in die jüdische Schule in der Lützowstraße gekommen und dort vom sechsten Lebensjahr bis zur »Kristallnacht« geblieben. Ich hatte auch noch einen Bruder, der aber leider nicht mehr lebt.

Mein Vater kam aus einem sehr frommen Haus. Er selber war nicht fromm, sonst hätte er keine Christin geheiratet. Meine Mutter ist zwar aus der Kirche ausgetreten damals, aber erst nach dem Krieg übergetreten. Vor dem Krieg ging das ja nicht. Der Schabbat wurde nicht gefeiert, aber die hohen jüdischen Feiertage immer. Die Synagoge in der Roonstraße bestand ja damals auch schon, und wir waren Mitglieder der Kölner Gemeinde. In Gelsenkirchen und Essen war ich noch zu klein, da kann ich mich an nichts mehr erinnern, außer daß ich in Essen in den Kindergarten gegangen bin. Ob meine Eltern da Mitglied der jeweiligen Gemeinde waren, weiß ich nicht. Aber in Köln kann ich mich erinnern, die Gottesdienste immer besucht zu haben, mit meinem Bruder und meinen Eltern. Meine Mutter ist mitgegangen. Sie sollte eigentlich schon vor dem Krieg übertreten, aber damals gab es Schwierigkeiten. Sie hätte dann in eine andere Stadt fahren müssen, weil man zum guten Schluß ja bei drei Rabbinern übertreten muß, und das war damals mit sehr großen Schwierigkeiten verbunden. Da hat meine Mutter mit dem Einverständnis meines Vaters darauf verzichtet. Sie haben dann gesagt – man wußte ja nicht, was die Kriegsjahre bringen würden: »Wenn wir uns nach dem Krieg wiederfinden, dann wird das eben nachgeholt.« Und so war es dann auch.

Meine hauptsächlichen Erinnerungen an die Nazizeit sind die an die »Kristallnacht«, weil wir zufällig in der Mozartstraße gewohnt haben und die Rückseite der Synagoge direkt vor unserer Wohnung lag. Mein Bruder, der drei Jahre älter war, und ich haben dann beobachtet, wie die Nazis auf die Synagoge geklettert sind, und ich erinnere mich noch ganz genau, daß ich damals zu meinen Eltern gesagt habe, als einer versuchte, bis zur Spitze zu kommen, um den Davidsstern herunterzuholen: »Hoffentlich bricht er sich das Genick!« Das waren so meine Gedanken, aber leider ist das nicht geschehen. Dann haben wir natürlich den Brand gesehen – und in derselben Nacht sind wir auch schon weg aus Köln. Aufmärsche, die in Köln stattgefunden haben, habe ich in schwacher Erinnerung, aber viel mitbekommen habe ich eigentlich nicht. Ich weiß nicht, ob meine Eltern das von uns ferngehalten haben, aber als kleines Kind habe ich mir auch nicht groß den Kopf darüber zerbrochen.

Wir hatten hauptsächlich zu jüdischen Familien Kontakt, vor allem durch die Gemeinde. Auch meine Spielkameraden habe ich in der Gemeinde gehabt. Der Kontakt zur Familie meiner Mutter, die ja nichtjüdisch war, war gut. Wenn meine Großeltern mütterlicherseits nicht gewesen wären, wären wir heute alle nicht mehr am Leben. Meine Mutter und mein Bruder sind ebenfalls in Hagen geboren; mein Vater in Hessen, in Bad Vilbel. Meine Großeltern sind in Hagen geblieben und hatten dort eine sehr große Wohnung. Als wir in der »Kristallnacht« bei Nacht und Nebel aus Köln herausmußten – wir haben ja alles stehen- und liegengelassen –, waren sie dadurch in der Lage, uns aufzunehmen. Mein Vater hatte sehr große Schwierigkeiten mit seiner Familie, weil die alle aus sehr frommem Haus stammten und gar nicht damit einverstanden waren, daß er eine Christin heiratete, aber er hat sich durchgesetzt. Meine Großmutter väterlicherseits ist sehr jung, schon mit 42 Jahren, gestorben, lange vor dem Krieg. Mein Großvater hatte einen Bauernhof in der Nähe von Bad Nauheim, in einem Dorf mit Namen Oberbrandenburg. Als Kinder haben wir ihn sehr oft besucht, auch zusammen mit meiner Mutter, obwohl er zuerst sehr gegen diese Heirat war. Nachher hat er sich aber damit abgefunden und zu meiner Mutter ein gutes Verhältnis gehabt. Er war so fromm, daß wir, wenn wir ihn besucht haben, an separaten Tischen gegessen haben. Er hat nicht mit uns an einem Tisch gegessen! Mein Großvater war jüdischer Religionslehrer und ist gestorben, als ich vier oder fünf Jahre alt war. Meine Großeltern mütterlicherseits haben den Krieg überlebt; mein Großvater ist 90 geworden, meine Großmutter sogar 97.

Mein Vater hat zu lange gezögert mit der Ausreise aus Nazideutschland. Sehr viele Mitglieder aus seiner Familie sind schon 1932 oder 1933 nach Amerika ausgewandert, ein Teil auch nach Israel. Mein Vater hatte schon sämtliche Papiere in der Tasche, um nach Amerika auszuwandern und wollte uns nachkommen lassen. Wir wußten ja nicht, was wirklich auf uns zukam. Er hat dann immer wieder gesagt: »Ach, es wird schon nicht so schlimm werden. Ich warte noch ein bißchen, und vielleicht brauche ich nicht weg.« Er hat so lange gezögert, daß es nicht mehr möglich war, als er sich endlich entschlossen hatte. Es ging kein Schiff mehr nach Amerika, weshalb er dann hierbleiben mußte. Kurz nachdem wir nach Hagen geflüchtet waren, wurde er zur Zwangsarbeit verpflichtet und ist dann später nach Theresienstadt gekommen. Mittlerweile hatte es meine Mutter durch eine christliche Organisation arrangiert, daß ich nach England geschickt wurde. Mein Bruder sollte mit, und es wurde nach England geschrieben, ob jemand bereit sei, uns beide zusammen aufzunehmen. Die Dame, bei der ich später wohnte, hat dann geschrieben, sie wäre nur bereit, ein Mädchen aufzunehmen; zwei wären ihr zuviel, und sie wolle auch keinen Jungen. Da meine Mutter nicht wollte, daß wir in England getrennt wurden, hat sie darauf verzichtet, meinen Bruder mitzuschicken, und deshalb bin ich alleine gefahren. Ich kann mich noch sehr gut an den Abschied am Bahnhof erinnern. Wir hatten noch ungefähr sechs Monate in Hagen gelebt, bis dann mein Bruder in ein Salzbergwerk bei Fulda kam, wohin er zwangsverpflichtet wurde. Die Situation wurde bedrohlich, und da ist meine Mutter mit mir nach Köln zum Bahnhof gefahren – Köfferchen gepackt und weg. Kein großer Abschied, das ging alles schnellschnell. Meine Mutter konnte sogar noch mit mir auf den Bahnsteig gehen, was bei den folgenden Transporten aufhörte. Die Nazis haben gesagt, daß zuviel lamentiert und geweint würde auf den Bahnsteigen. Sie hatten Angst, die umstehenden Menschen würden rebellisch, wenn sie das alles mitbekämen. Deshalb haben die das abgestoppt und die Züge nur noch um Mitternacht abfahren lassen, damit keiner mitkriegte, was sich da abspielte. Es ging alles so rasend schnell, daß man als Kind überhaupt keine Gelegenheit hatte, groß darüber nachzudenken, was da geschah. Ich habe nur gefragt: »Warum, weshalb?« Da wurde mir gesagt: »Das ist nur vorübergehend, vielleicht ein halbes Jahr, das dauert nicht lange.« Sie hatten ja auch alle angenommen, daß das nicht so lange dauert. Da war ich auch schon unterwegs, Mitte Juli 1939 mit dem vorletzten Kindertransport.

Von Hoek van Holland fuhren wir dann nach England. Der ganze Zug war voll von diesen Kindern, vom Säugling bis zu ungefähr 14-, 15jährigen. Wir fuhren nachts rüber mit der Fähre und kamen in England zuerst in einen großen Raum, wo es etwas zu essen gab. Wir saßen praktisch da wie Vieh, das auf einen Abtransport wartet. So sehe ich das heute, vielleicht ein bißchen verbittert. Wir haben da gesessen und gewartet, und dann hieß es: die und die dahin, und die und die dahin! Dann kam die Dame, die sich für mich schon vorher interessiert hatte, um mich abzuholen. Verständigen konnten wir uns nicht. In der Lützowstraße hatte ich im letzten Schuljahr ein bißchen Schulenglisch gehabt, aber damit konnte man sich nicht unterhalten. Aber sie hat ja gesehen, was los war. Ich war natürlich todunglücklich und hatte Heimweh noch und noch, und die Verständigung war das größte Problem. Aber sie war so lieb und nett, diese Dame, daß sie ein österreichisches Flüchtlingskind aufgenommen hatte, welches Deutsch und Englisch sprach, damit ich mich nicht so einsam fühlte und jemanden hatte, der mit mir Deutsch sprechen und außerdem übersetzen konnte. Aber als Kind lernt man eine Sprache viel schneller als ein Erwachsener, und innerhalb von drei Monaten klappte es mit meinem Englisch.

Ich habe in Eastbourne gewohnt; das ist ein Seebad an der Südküste, ein sehr schöner Ort. Die Dame, die mich aufgenommen hat, war eine Witwe, eine Christin. Ich war nicht so fromm erzogen worden, daß mich das irgendwie gestört hat. Ich bin auch heute nicht fromm. Durch die verschiedenen Schicksalsschläge, die ich inzwischen erlitten habe, bin ich sehr liberal eingestellt. Ich bin traditionsbewußt, aber nicht fromm.

Mit den englischen Juden habe ich keine sehr guten Erfahrungen gemacht, und da bin ich nicht die einzige. In Eastbourne gab es auch eine jüdische Gemeinde, und die Dame wollte mich nach ein paar Monaten, als ich schon genug Englisch sprach, dort einführen, damit ich mich nicht so einsam fühlte. Ich wurde empfangen mit den Worten: »Das ist aber sehr nett, daß du kommst. Hoffentlich fühlst du dich wohl hier. Auf Wiedersehen!« Das war mein Kontakt mit dem Judentum in England! Die haben sich überhaupt nicht gekümmert! Die meisten Kinder sind nicht privat untergekommen, und wenn, dann haben sie es nicht sehr gut gehabt. Sie sind oft sehr ausgenutzt worden von den englischen Juden. Wenn die sich mehr um mich gekümmert hätten, wäre ich vielleicht in England geblieben, obwohl das nicht das Ausschlaggebende dafür war, daß ich zurückgekommen bin. Der Kontakt war also gleich Null.

Ich bin nicht christlich erzogen worden in England, obwohl diese Dame einmal den Versuch gestartet hatte, mich konfirmieren zu lassen. Da bestand aber noch briefliche Verbindung zu meiner Mutter, und die hat gesagt: »Nein, das kommt überhaupt nicht in Frage!« Kurz danach brach die Korrespondenz ab, weil keine Post mehr transportiert wurde. Die Dame war auch damals schon nicht mehr ganz jung, als ich nach England kam; sie war 57. Sie hatte selbst zwei Söhne, die schon verheiratet waren; eine Tochter war mit fünf Jahren gestorben. Das hat sie nie überwunden und wollte mich an Stelle ihrer Tochter aufnehmen. Das war wohl auch der Punkt, warum sie nur ein Mädchen haben wollte und nicht noch einen Jungen dazu. Das wußte ich zu dem Zeitpunkt aber natürlich noch nicht. Sie hätte es gerne gesehen, wenn ich Christin geworden wäre, aber massiv auf mich eingewirkt hat sie nicht. Als ich dann später nach Deutschland zurückging, war sie sehr enttäuscht. Sie hatte schon für mich vorgesorgt für die Zeit nach ihrem Tod. Sie war sehr gut gestellt; finanziell fehlte es an nichts, und ich habe eine erstklassige Schulausbildung genossen. Ich habe ein sehr schönes Zuhause gehabt; ich kann mich da über nichts beschweren. Schwierig wurde es gegen Ende des Krieges, als Hitler sein letztes Geschütz auffuhr, mit dem er England vernichten wollte, die V1- und die V2-Waffen. Da wir an der Südküste lebten, haben wir viel davon mitbekommen. Das waren die kleinen unbemannten Flugzeuge, die so laut knatterten in der Luft. Wenn der Motor ausging, wußten wir: »Jetzt müssen wir in Deckung gehen!« Dann kamen die runter und explodierten, aber man wußte nie, wo.

Als der Kontakt zu meiner Familie abbrach, war das für mich sehr schwer. Ich wußte ja gar nicht, was hier überhaupt passierte. Es hat ja zum Schluß noch die ganz kurzen Nachrichten gegeben übers Rote Kreuz, diese 25 Worte, die man schreiben durfte. Das war noch bis 1941 oder 1942 möglich, und dann brach der Kontakt vollkommen ab. Als Kind kann man das aber vielleicht besser verkraften als ein Erwachsener. Man denkt nicht so sehr nach. In der Schule hatte ich einen sehr netten Freundeskreis. Es war eine sehr schöne Schule. Wir haben auch viel Sport getrieben, und vielleicht war ich durch all das ein bißchen abgelenkt. Damals hat man ja überhaupt in England nicht so viel mitgekriegt vom Krieg, und als Kind erst recht nicht. Ich habe dann das *Commercial College* besucht, einen Büroberuf gelernt und angefangen zu arbeiten. Als der Krieg zu Ende war, bin ich in England geblieben. Ich wußte nicht, wo meine Eltern mittlerweile waren und hatte nicht die geringste Ahnung, was sich in Deutschland abgespielt hatte. Dementsprechend konnte ich auch nichts unternehmen, um meine Eltern wiederzufinden. Bei den Engländern galt ich als Deutsche, obwohl ich mich gar nicht mehr so fühlte. Ich hätte die englische Staatsangehörigkeit angenommen, aber ich war noch zu jung dafür, denn die konnte man erst mit dem 21. Lebensjahr annehmen. So lange habe ich nachher dann aber nicht mehr gewartet.

Meine Mutter hatte, wie ich später erfahren habe, eine Zeitlang in Hagen gelebt bei ihren Eltern. Sie sind dreimal ausgebombt worden und haben nachher praktisch nur noch in Bunkern gelebt – aber leben konnte man das wohl auch nicht gerade nennen. Meiner Mutter war es nahegelegt worden, sich von ihrem jüdischen Mann scheiden zu lassen, was sie nicht getan hat. In Hagen hat sie über gute Freunde, die es ja auch noch gab, erfahren, daß sie verhaftet und ins KZ verschleppt werden sollte. Daraufhin ist sie mit ihren Eltern in ein ganz kleines Dörfchen bei Menden im Sauerland, in der Nähe von Iserlohn, geflüchtet, wo meine Großeltern meine

Mutter dann versteckt gehalten haben. Böspede heißt das Dorf. In einem alten Schulgebäude haben sie zwei oder drei Zimmer bewohnt, und so unwahrscheinlich es klingt: im selben Haus war ein Hauptquartier der Nazis. Es ist nichts herausgekommen, wobei das Dorf natürlich nichts wissen durfte. Über Freunde sind sie dorthin gekommen und haben unter sehr viel Angst, weil sie die Nazis im Haus hatten, ausgeharrt bis nach dem Krieg, als dann die englische Besatzung kam. Irgendwie kam dann auch mein Bruder zurück. Er war ja in einem Salzbergwerk gewesen, wobei meine Mutter nie gewußt hatte, ob er noch lebte. Auch von meinem Vater, der ja nach Theresienstadt gekommen war, wußte sie nichts. Wie mein Bruder meine Mutter ausfindig gemacht hat, kann ich nicht sagen. Komischerweise hat mein Bruder nie viel über seine Erlebnisse gesprochen; anscheinend wollte er nichts mehr davon wissen. Da er ein bißchen Englisch sprechen konnte, hat meine Mutter auf ihn eingeredet, sich an einen englischen Soldaten zu wenden, was streng verboten war, damit der einen Brief an mich weiterleitete. Sie hatte von mir nur eine Adresse in England und wußte natürlich nicht, ob ich da noch lebte. Mein Bruder hat sich erst nicht getraut, weil das unter Strafe gestellt war, denn man durfte mit der Besatzung ja kein Wort wechseln. Nachher hat er es aber dann doch geschafft. Die waren sehr nett und haben für meine Mutter einen Brief nach England geschickt; selber konnte man 1945 noch keine Briefe schicken. So bekam ich das erste Lebenszeichen. Ich war natürlich sprachlos. Sie hat geschrieben, daß sie noch nichts über meinen Vater wüßte. Der hat sich dann ebenfalls später eingefunden. Es muß 1946 gewesen sein, als er dann auch nach Böspede gekommen ist – schwerkrank. Er lag auf Leben und Tod im Krankenhaus, was ich zu dieser Zeit schon über Briefe erfahren habe. Da wurde mir dann geschrieben, ob ich es nicht doch ermöglichen könnte, wenigstens vorübergehend nach Deutschland zu kommen; sie wüßten nicht, ob er überlebt. Ich habe dann mein Möglichstes getan, und es hat sage und schreibe drei Monate gedauert, bis ich die Genehmigung bekam, nach Deutschland zu fahren. Die Engländer ließen da nicht groß mit sich reden. Vier Wochen durfte ich bleiben. So habe ich dann 1947 – ich glaube, es war im April – zum ersten Mal Deutschland wiedergesehen.

Mittlerweile hatte sich mein Vater zum Glück wieder erholt und war zu Hause, so daß ich die vier Wochen dort bei meinen Eltern in diesem kleinen Dorf verbracht habe. Danach habe ich mir allerdings gesagt: »Nie wieder Deutschland!«, nachdem ich gesehen hatte, was sich hier abspielte, und mittlerweile ja auch vieles erfahren hatte, was man drüben in England gar nicht erfahren konnte. Es stand in Köln praktisch kein Stein mehr auf dem anderen. Wenn ich allein an meine erste Fahrt durch Deutschland denke! Es war schrecklich, ich kannte mich hier überhaupt nicht mehr aus! Ich mußte über Köln und Hagen ins Sauerland fahren. Ich hatte damals meine deutsche Sprache vollkommen verlernt und konnte kein Wort Deutsch mehr, nichts! In England war ja damals die deutsche Sprache verpönt. Ich kam also am Deutzer Bahnhof an und wußte nicht weiter; sämtliche Brücken waren kaputt. Ich wußte nur, daß ich zum Kölner Hauptbahnhof mußte – aber wie? Ich konnte ja nicht durch den Rhein schwimmen! Mir half dann der sogenannte Schwarzmarkt. Ich hatte englische Zigaretten dabei und englischen Kaffee, und damit kam ich überall durch. Mit einer Fähre bin ich über den Rhein zum Hauptbahnhof gefahren und dort in einen Zug nach Hagen gestiegen. Ich hab' es schließlich bis in dieses Dorf geschafft, und es war natürlich ein frohes Wiedersehen. Meine Mutter hatte mich mit meinem Bruder im Bahnhof von Hagen erwartet und mich über den Lautsprecher ausrufen lassen, aber nicht daran gedacht, daß ich ja kein Deutsch mehr sprach. So haben wir uns dann verpaßt, weil ich nicht verstanden habe, was da ausgerufen wurde. Es war schon mit Aufregung verbunden, dieses Wiedersehen: mein Bruder aus der Zwangsarbeit, meine Mutter aus dem Versteck, mein Vater in Theresienstadt befreit, ich kam aus England und fühlte mich damals nicht mehr als Deutsche – es war schon ein schweres Schicksal für uns gewesen! Das Traurige an diesen ersten vier Wochen war, daß ich mich nur mit meinem Bruder ein bißchen unterhalten konnte; wenn ich mit meinen Eltern sprach, mußte das erst übersetzt werden. Das war bitter, zumal ich wußte, daß ich nur vier Wochen Zeit hatte und wieder nach England mußte. Ich wollte aber damals auch zurück und dachte, daß wir uns ja gegenseitig besuchen könnten, wenn das Reisen wieder gestattet und einfacher sein würde. Für meine Familie war aber klar, daß sie in Deutschland bleiben wollte. Mein Vater hatte sich zwar einigermaßen erholt, dann einen Schlaganfall gehabt, und es wäre ihm gar nicht möglich gewesen, ins Ausland zu gehen. Um nach Amerika auszuwandern, hätte er die Sprache erlernen müssen, wobei meine Mutter ja auch kein Englisch sprach. Mit dem Iwrit in Israel wäre es noch schwieriger gewesen, und dafür waren sie schon zu alt. Wir hatten noch Verwandtschaft in Jerusalem; davon existiert noch eine Kusine, die anderen sind leider mittlerweile verstorben. Die haben natürlich gesagt: »Wie kann man in Deutschland leben? Das gibt es doch nicht!« Ich hatte dann eigentlich vor, nach Israel zu gehen, machte aber einen Rückzieher, als ich hörte, daß ich als Soldatin eingezogen würde, sobald ich israelischen Boden betrete. Da ich genug hatte vom Krieg, habe ich mir gesagt: »Das muß nicht sein.« Daraufhin brach der Kontakt zu unserer israelischen Verwandtschaft ab, weil die kein Verständnis dafür hatten. Als mein Mann noch lebte, haben wir diese Verwandten besucht. Sie waren zwar sehr nett und lieb, aber doch ein bißchen distanziert. Es gibt genug jüdische Emigranten, die in andere Länder gegangen sind und gesagt haben: »Wie kann man bloß wieder nach Deutschland kommen?«

Mein Vater hat sehr wenig von Theresienstadt erzählt, ganz, ganz wenig. Theresienstadt galt ja als das sogenannte Vorzeigelager der Nazis. Es sind genug Verbrechen dort geschehen, aber man kann es vielleicht doch nicht direkt mit Lagern wie Auschwitz vergleichen. Aber die Deportation nach Auschwitz hat natürlich gedroht, und Theresienstadt ist fünf vor zwölf befreit worden. Über das, was mein Vater im Lager erlebt hat, hat er nicht gerne gesprochen. Selbst mein Mann hat mir sehr wenig über seine eigene Geschichte erzählt, obwohl ich ihn öfter gefragt habe; nachher habe ich es allerdings gelassen. Mein Mann war in verschiedenen Lagern, in Groß-Rosen, in Görlitz, im Warschauer Ghetto – insgesamt fünf Jahre. Er ist 1938 schon nach Polen ausgewandert, um sich in einem Hachscharah-Lager auf Palästina vorzubereiten.*
Das war sein Ziel, aber durch den Einmarsch in Polen hat das nicht mehr geklappt, und so ist er praktisch von einem Lager zum anderen gewandert. 21 Familienangehörige von ihm sind im KZ geblieben, und das sind natürlich Sachen, worüber man nicht gerne

* Hachscharah-Lager: Von der zionistischen Organisation eingerichtete Lager, in denen Auswanderer nach Palästina auf das ländliche Leben vorbereitet wurden.

spricht. Bis auf zwei Brüder, von denen einer leider 1973 bei einem Autounfall in Jugoslawien gestorben ist, sind alle anderen im KZ umgekommen. Nach dem Krieg hat mein Mann auf dem jüdischen Friedhof in Bocklemünd, wo seine Großmutter schon ihr Grab hatte, eine Gedenktafel anbringen lassen für seine Familienangehörigen. Wo der Vater umgekommen ist, ist gar nicht bekannt. Ich spreche nicht gerne über diese Dinge, da sonst die Gefühle mit mir durchgehen.

Ich habe eigentlich keinen Haß auf Deutschland gehabt, als ich das erste Mal hier war. Man konnte sie ja nicht alle über einen Kamm scheren, sie waren ja nicht alle Nazis. Es hat ja z. B. sehr viele Deutsche gegeben, die meiner Mutter geholfen haben. Meine Mutter hat bitterböse Erlebnisse gehabt mit Nazis, aber von anderer Seite hat sie auch wieder Hilfe gehabt, sonst hätte sie den Krieg nicht im Versteck überleben können. Man wurde ja sehr schnell verraten. Ich weiß nicht, ob man das Haß nennen kann, wenn ich damals gesagt habe: »Für mich kommt Deutschland nicht mehr in Frage.« Daran, daß ich dann doch herübergekommen bin, war eigentlich nur meine Familie schuld. Es ist so viel geschehen damals in diesem Land! Vielleicht war es doch Haß, was ich gefühlt habe, obwohl ich es damals nicht so genannt hätte.

In diesem kleinen Dorf wußten alle: »Jetzt kommt die Tochter von Familie Frank nach Hause.« Die haben mich alle empfangen wie Gott-weiß-was, aber das war mir gar nicht recht. Ich war doch nur ein normaler Mensch, der zu den Eltern wollte! Gesprochen habe ich eigentlich nur mit den Besatzungssoldaten. Eigentlich war es denen ja streng verboten, mit Deutschen zu sprechen, aber sie wußten, daß ich aus England kam, und da haben sie sich mit mir unterhalten. Mit anderen konnte ich gar nicht sprechen, weil ich die Sprache verlernt hatte.

Die Beziehung meiner Familie zu den Leuten im Dorf war ganz phantastisch, und zwar aus dem einzigen Grund, damit mein Vater nur ja für alle gutsprechen sollte bei der Entnazifizierung. So sah das damals aus. Die meisten der Dorfbewohner waren im Krieg alles andere als judenfreundlich – mehr möchte ich mich dazu nicht äußern.

Zu dem Schulgebäude gehörte ein Garten, und meine Familie hatte sich sowohl im Krieg wie nach dem Krieg mit Hilfe des Gartens selber verpflegt. Sie hielten auch Tiere im Garten, z. B. Kaninchen, und auch ein Schwein lief da herum. Gemüse haben sie angebaut so gut es ging, aber gehungert haben sie auch. Zu kaufen gab es ja nichts im Krieg. Nach Kriegsende hatte meine Mutter sich zu erkennen gegeben, und da war auf einmal alles da. Es sind ja fast alles Bauern gewesen in dem Dorf, und Essen gab es genug. Sie wurden richtig hofiert, aber man wußte nicht, ob man dieser Freundlichkeit trauen konnte. Ich war sowieso sehr mißtrauisch am Anfang. Auch heute noch bin ich etwas mißtrauisch, wenn ich mich mit der älteren Generation auseinandersetze. Heute gibt es ja keiner mehr zu, was er damals gemacht hat. Deshalb lebe ich etwas zurückgezogen. Ich habe zwar auch sehr netten Kontakt zu christlichen Leuten, aber ich bin von Natur aus etwas skeptisch veranlagt und glaube auch nicht alles, was man mir erzählt – vor allem nicht bei der älteren Generation, die ja immer sagt: »Wir waren ja nie Nazis! Wir haben auch nichts gewußt.« Das Wort »KZ« war für die ein Fremdwort, und das konnte ich nur schwer glauben.

Sechs Monate nach meinem ersten Besuch bin ich dann ganz nach Deutschland zurückgekommen, und zwar nur aus einem Grund: diese sechs Monate, die ich noch in England gelebt habe, wurde ich täglich von meinen Eltern mit Briefen bombardiert, anders kann ich es nicht nennen: »Komm zurück, komm zurück! Du mußt zurückkommen, du bist unsere einzige Tochter, wir wollen doch schließlich, daß die Familie wieder zusammen ist!« Sie konnten es nicht verkraften. Nach sechs Monaten habe ich mich schließlich breitschlagen lassen. Ich saß zwischen allen Stühlen: in England zog die Dame an mir: »Bleib bei mir! Ich bin sonst ganz allein!« Es war von ihr vielleicht ein wenig egoistisch gedacht, obwohl sie sehr nett zu mir war und mir ein so gutes Leben ermöglicht hat, so daß ich Verständnis dafür habe, daß sie so reagiert hat. Ihr Reden davon, daß ich versorgt sei bis an mein Lebensende, hat mir aber nicht sehr imponiert, weil ich es nicht so gut finde, wenn man mich mit so etwas gängeln will. Jeden Tag kamen die Briefe von meinen Eltern, daß ich ihnen das doch nicht antun könne, in England zu bleiben. Sie wären auch nicht in der Lage, mich in England zu besuchen, erstmal wegen der Sprachschwierigkeiten, aber auch wegen des Gesundheitszustandes meines Vaters. Diese sechs Monate waren beinahe die schlimmsten von allen, weil ich da wirklich nicht wußte, wie ich mich am besten verhalte: gehe ich nach Deutschland, oder bleibe ich in England? Es war ein enormer Druck, jeden Tag! Ich weiß gar nicht, wie man soviel Briefe schreiben kann! Dieser Zwiespalt war genauso schlimm wie damals, als ich nach England fuhr, dazu kam die Frage: was habe ich überhaupt für eine Zukunft in Deutschland? Immerhin war ich acht Jahre in England gewesen, die Hauptentwicklungsjahre. Ich bin gerne in England gewesen, aber daß ich das Land geliebt habe, kann ich nicht behaupten. Ich habe mich auch dort nicht so richtig heimisch gefühlt. Manche Leute, die auch in England waren, haben mir gesagt: »Du hast am falschen Ende von England gelebt. Wenn du mehr im Norden gelebt hättest, hättest du es geliebt.« Ich selbst bin nie weiter gekommen als von Eastbourne nach London, weil man in den Kriegszeiten nicht einfach durch das Land reisen konnte. Eastbourne war ein sehr hübscher Badeort, aber es haben viele pensionierte alte Generäle dort gewohnt – ziemlich arrogante und distanzierte Menschen. Erst als ich angefangen habe zu arbeiten, fühlte ich mich richtig wohl. Meine Firma, die ziemlich groß war, gehörte Quäkern, die sehr, sehr nett waren und mich sehr herzlich aufgenommen haben. Auch die Schulzeit war schön, auch wenn mir das Internat, in dem ich Tagesschülerin war, weil es sich in Eastbourne befand, ein bißchen hochnäsig vorkam. Das alles hat wahrscheinlich mit dazu beigetragen, daß ich nach Deutschland zurückgekommen bin. Ich bin aber auch später immer wieder nach Eastbourne gefahren, um die Dame zu besuchen, zu der ich doch eine Bindung hatte. Die Stadt habe ich immer sehr schön gefunden und auch die Landschaft; meine gemischten Gefühle hängen mit den Menschen zusammen.

Zurück in Deutschland, mußte ich mir den Kopf darüber zerbrechen, wie ich mir mein Leben aufbauen konnte. Finanziell haben wir uns alle nicht sehr gut gestanden, denn es war ja nichts mehr da. Ich mußte Geld verdienen und eine Arbeit suchen. Da ich kein Wort Deutsch sprach, habe ich mich bei der englischen Besatzung beworben, was ich nie bereut habe. In diesem kleinen Dorf Böspede war eine englische Kaserne, in der die *Royal Horse Guards* stationiert waren, und bei diesem Regiment habe ich im Büro gearbeitet. Ich habe verhältnismäßig schnell wieder Deutsch gesprochen, zuerst mit vielen komischen Fehlern, und wurde bei den

Engländern dann auch als Dolmetscherin beschäftigt. Ich habe z. B. mit Kriegsgerichten zu tun gehabt, was zwar nicht so erfreulich war, aber doch interessant. Das Regiment wurde später nach Iserlohn versetzt; meine Eltern zogen in die Kreisstadt Menden, bekamen dort endlich eine anständige Wohnung, und mein Bruder hatte inzwischen geheiratet. Wir haben dann alle in Menden gewohnt, und ich habe es auf mich genommen, jeden Tag zur Arbeit nach Iserlohn zu fahren, bis ich dann 1953 meinen Mann kennenlernte. Mein Bruder und ich hatten in dem Dorf einen kleinen Bekanntenkreis, Menschen in unserem Alter, von denen wir ja nun genau wußten, daß die mit dem Krieg nicht viel zu tun hatten. Wir waren eigentlich ein netter Kreis und haben das unternommen, was eben möglich war – viel war damals nicht drin. Wir sind tanzen gegangen, ins Kino gegangen und haben uns privat getroffen. Das war unser gesellschaftliches Leben, was eigentlich sogar sehr schön war. Das Thema der Nazivergangenheit haben wir überhaupt nicht berührt. Ich hätte das auch nicht gekonnt, weil alles noch zu frisch für mich war. Wir wollten nicht darüber sprechen und haben es vielleicht verdrängt. Auch zwischen mir und meinen Eltern war das kein Thema. Erst als ich geheiratet habe, habe ich angefangen, darüber zu sprechen, vor allem durch die Erlebnisse meines Mannes. Der war sehr aktiv in der Kölner Jüdischen Gemeinde, außerdem Stadtverordneter – da ist natürlich so manches Thema aufgekommen. Aber das war erst 1953.

Geheiratet haben wir in Ehrenfeld in der Ottostraße, wo damals die Gebäude der Jüdischen Gemeinde waren. Die Synagoge in der Roonstraße ist ja erst 1959 wiedereingeweiht worden. Da war ich also wieder in Köln, wo ich schon als Kind gelebt hatte. Mein Bestreben war es eigentlich immer gewesen, wieder nach Köln zurückzukommen, weil mich die Stadt immer angezogen hat. Damals gab es hier die Israel-Mission, und ich hatte meinen Eltern gesagt: »Ich möchte nach Köln zurück! Ich will nicht ewig bei den Engländern arbeiten, ich will auch mal etwas anderes machen.« Also habe ich mich von Menden aus bei der Israel-Mission beworben. Ich bekam dann den Bescheid, daß sie interessiert wären und sich an mich wenden würden, sobald etwas frei würde. Mein Mann und meine Eltern hatten einen gemeinsamen jüdischen Bekannten, Siegfried Heimberg, Vorsitzender des Landesverbandes der jüdischen Gemeinden in Dortmund. Mein Mann suchte eine jüdische Frau. Er war mehrere Jahre älter als ich, hatte aber keine Gelegenheit gehabt und auch keine Zeit, um eine Frau zu finden. Da hat er Herrn Heimberg gefragt: »Du wohnst in Dortmund in Westfalen – gibt's da keine jüdischen Mädchen, die man kennenlernen kann?« Das wurde ohne mein Wissen an meine Eltern weitergeleitet, und eines Tages wurde mir offenbart: »Wir haben jemand, der dich kennenlernen will.« Zuerst war ich empört und habe gesagt: »Kommt gar nicht in Frage! Ich will keinen Mann haben, sondern ich suche eine andere Stelle! Ich will noch nicht heiraten!« »Du kannst es doch mal versuchen, du weißt doch gar nicht, wer das ist!« Zum Schluß habe ich mich breitschlagen lassen; es wurde ein Treffen vereinbart in Dortmund, und innerhalb von sechs Wochen waren wir verheiratet. Die Ehe hat gehalten! Wir waren damals sehr vernünftig und haben gesagt: »Sollte es nicht klappen, so gibt es immer noch eine Konsequenz, die man ziehen kann.« Das war aber nicht nötig, und wir waren 32 Jahre lang verheiratet, bis mein Mann vor elf Jahren starb.

Er war auch politisch sehr engagiert, in der SPD. Als wir damals geheiratet haben, war Hein Hamacher, damals Bundestagsabgeordneter, einer der Trauzeugen. Erst nach der Heirat hat er mir gesagt: »Du hast nicht nur den Sally – mein Mann hieß Samuel – geheiratet, sondern auch die Partei«, worauf ich geantwortet habe: »Das ist ja nett, daß ich das jetzt erst erfahre!« Ich hatte nicht gewußt, wie sehr mein Mann engagiert war. Mein Mann war nach seiner Befreiung nach Köln zurückgekommen und hat zuerst eine Tauschzentrale gehabt, um sich über Wasser zu halten: »Tausche ein paar Schuhe gegen ein Pfund Butter und einen Fotoapparat gegen Gottweiß-was«. Mein Mann ist gebürtiger Kölner gewesen. Das elterliche Haus existierte noch, und in diesem Haus hat er diese Tauschzentrale gehabt, allerdings vor meiner Zeit. Als wir geheiratet haben, hatte er ein kleines Textilgeschäft, welches ich noch ein paar Jahre weitergeführt habe. Mein Mann war auch eine Zeitlang als Präsident der Kammer für Haftentschädigung im Innenministerium tätig. Außerdem wurde er sehr schnell in die Kölner Gemeindearbeit eingebunden und dazu zum Stadtverordneten gewählt. Schon nach der Hochzeit war es klar gewesen, daß wir in Deutschland bleiben würden, und ich war auch einverstanden damit. Mittlerweile waren ein paar Juden zurückgekommen nach Deutschland. Mein Mann war sozial sehr engagiert und hat versucht zu helfen, wo er nur konnte. Als gebürtiger Kölner hat er sich sehr zu Köln hingezogen gefühlt – trotz allem. Mein Mann hatte viel, viel mehr mitgemacht als ich. Wenn es vor dem Krieg mit der Auswanderung nach Israel geklappt hätte, wäre er vielleicht dort geblieben, wer weiß. In unserem Bekanntenkreis waren allerdings auch viele, die aus Israel wieder zurückgekommen sind. Unsere Bekannten waren alles Ehepaare, die, sagen wir, zu 95 Prozent aus Israel zurückgekommen sind. Das wurde uns auch damals angekreidet: »Wie könnt ihr euch mit solchen Leuten anfreunden, das sind doch alles Verräter! Gehen nach Israel und kommen zurück!« Das war etwas Schlimmes. Aber es war so, daß viele das Klima einfach nicht vertragen konnten. 1974 bin ich mit meinem Mann und meinem Sohn zum ersten Mal nach Israel gefahren, mitten im Hochsommer, und die Hitze war so unerträglich, daß auch ich mir nicht vorstellen könnte, in Israel zu leben. Viele von denen, die aus Israel zurückgekommen sind, haben das eben auch aus gesundheitlichen Gründen gemacht. Heimweh könnte aber auch eine gewisse Rolle gespielt haben, denn unter diesen Ehepaaren sind viele, von denen wenigstens ein Teil, also der Mann oder die Frau, aus Köln stammt. Bei meinem Mann gab es die Verbundenheit zu Köln ebenfalls. Ich habe ihn nie gezwungen, mir etwas zu erzählen, weil ich weiß, daß ihm das sehr schwergefallen ist. Er hat mir aber doch erzählt, daß er nach der Befreiung aus dem Lager Groß-Rosen praktisch zu Fuß nach Köln zurückgekommen ist. Sicher hat er auch gehofft, seine Familienangehörigen hier wiederzufinden. Einen Bruder hat er dann auch in Köln wiedergetroffen, der leider einen Autounfall hatte. Jetzt lebt noch ein einziger Bruder, und zwar mit seiner Familie in London. Das ist der letzte noch lebende direkte Verwandte meines Mannes.

Mein Mann hat sich sehr in der jüdischen Gemeinde engagiert, besonders, als Ende der fünfziger Jahre die Synagoge wiederaufgebaut wurde. Da hat sich unser Leben sehr in der Gemeinde abgespielt. Wir waren ja froh, daß überhaupt wieder ein paar Juden in Köln waren, um die man sich kümmern konnte. Wir haben ein intensives soziales Leben miteinander gehabt, was ja vor allem das Engagement meines Mannes war. Er war lange Jahre Vorsitzender des Sozialausschusses der Stadt Köln und hat sich da sehr eingesetzt. Zu den Kölnern hatte er eigentlich gute Beziehungen, und es gab ja auch einige, die sich in der Nazizeit menschlich anständig verhalten haben. Er hat z. B. hier ein älteres Ehepaar wiedergetroffen, frühere Nachbarn seiner Eltern; das war im Kartäuserhof, einer kleinen Seitenstraße von der Severinstraße. Das elterliche Haus war nicht zerbombt, aber doch ziemlich beschädigt gewesen, so daß man noch nicht darin wohnen konnte. Diese Leute haben ihn also ganz am Anfang nach seiner Rückkehr aufgenommen und bei sich wohnen lassen. Mein Mann ist in diesem Viertel geboren und war dort sehr bekannt. Natürlich hat er Leute wiedergetroffen, die er von früher kannte, und viele davon waren keine Nazis gewesen. Einen Teil dieser Leute habe ich auch noch kennengelernt, als wir geheiratet haben. Persönlich haben wir nichts Negatives erlebt, und deshalb gab es eigentlich auch keinen Grund, an unserem Hiersein zu zweifeln. Sicher hat es auch unangenehme Situationen hier gegeben, z. B. die Synagogenschmierereien Ende der fünfziger Jahre. Ich habe nie ein offenes Gespräch über derartige Fragen erlebt! Keiner würde zugeben, daß er mit den Nazis zusammengearbeitet hat. Die haben alle nichts damit zu tun gehabt, durchweg! Nie habe ich erlebt, daß jemand so etwas mir gegenüber ehrlich zugegeben hat, das gab's einfach nicht. Und mit der Zeit hört man auf zu fragen, weil man ja doch keine ehrliche Antwort bekommt. Wenn da einer ein schlechtes Gewissen hätte, würde er es niemals zugeben. Das hätte ja direkt etwas Befreiendes! Heute bin ich aber nicht mehr wütend darüber. Es zwingt mich ja keiner, hier zu leben, und wenn ich über so etwas wütend werde, dann ist das meine eigene Sache. Es gab aber doch eine Zeit, als es besonders viele Anschläge gab, auch gegen die Juden, wo ich gedacht habe: »Am besten, man verkauft alles, was man hier besitzt und geht weg.« Aber wo will man hinziehen? In Israel ist es auch nicht sehr ruhig. Wo ist man denn überhaupt heute noch sicher? In England sitzen auch Antisemiten, da hat es auch schon Anschläge gegeben. In jedem Land sitzen die – also wo will man hingehen? Minderheiten sind nirgendwo sicher.

Mein Freundeskreis besteht zu 99 Prozent aus jüdischen Leuten. Eine Seite meiner Familie ist nichtjüdisch; christliche Freunde darüber hinaus habe ich nicht. Ich habe aber eine ganz reizende Nachbarschaft, die sich ab und zu mal trifft. Ich wohne jetzt 39 Jahre in diesem Haus, und wir kennen uns alle ganz gut. Die sind wirklich ganz reizend. Die wissen alle um mich, und die wußten auch um meinen Mann. Allerdings sind die aber auch in einem Alter, in dem sie nicht aktiv verstrickt sein konnten. Das macht den großen Unterschied! Wenn ich heute einen älteren Menschen treffe, ist es sowieso ausgeschlossen, daß ich mich mit ihm anfreunden könnte, und das erste, worüber ich nachdenke, ist: »Wie alt ist diese Person wohl?« Und dann rechne ich zurück, und je nach Ergebnis geht bei mir die Tür zu. Da bin ich stur. Ich brächte das aber auch nicht anders fertig, weil mir dann gar nicht so sehr meine eigene Geschichte in den Kopf kommt, sondern die von jüdischen Menschen, die die KZ überlebt haben. Ich denke dann an meinen Mann und an seine Familie.

Ansonsten fühle ich mich hier wohl, das kann ich gar nicht anders sagen. Ich lebe ziemlich ruhig und hoffe, daß ich noch ein paar Jahre Freude an meiner eigenen Familie habe, an meinem Sohn, meiner Schwiegertochter und den zwei Enkelkindern. Außerdem arbeite ich ehrenamtlich für eine israelische Organisation für geistig behinderte Kinder und Jugendliche.

Natürlich habe ich zu jüngeren Leuten ein normales und entspanntes Verhältnis, aber ich suche mir meine Leute aus. Ich bin von Natur aus ein eher skeptischer Mensch, der sich schwer anschließt, was gar nicht so gut ist. Selbst mein Freundeskreis hat mir das schon mal gesagt. Es dauert lange, bis ich mit jemandem warm werde. Wenn es dann aber geschieht, wird es eine sehr gute Freundschaft. Die Distanz sitzt aber in mir drin, und man sagt mir nach: »Das macht deine englische Erziehung!« Da ist etwas Wahres dran. Ich bin sehr streng erzogen worden in England, aber zum Glück auch zur Selbständigkeit.

Unseren Sohn haben wir kaum in das eingeweiht, was wir erlebt haben, und vielleicht war das nicht ganz richtig. Mein Mann hat nicht gern darüber gesprochen. Mein Sohn hat zwar einige Bücher gelesen, aber das hat ihm gereicht. Er hat damals eine Christin geheiratet, die zum Judentum übergetreten ist. Dann kamen zwei Kinder, und später wurde er leider geschieden. Jetzt hat er wieder eine Christin geheiratet. Am Anfang bin ich damit sehr schwer fertiggeworden, zumal ich da schon Witwe war. Wenn mein Mann noch gelebt hätte,

hätte ich das vielleicht leichter verkraftet. Innerhalb eines Jahres habe ich zuerst meinen Bruder verloren, dann ein halbes Jahr später meinen Mann und wieder ein halbes Jahr später einen Neffen meines Mannes, der in Belgien im Versteck gewesen war und überlebt hat.

Meine Enkelkinder sind zehn und zwölf Jahre alt und werden jüdisch erzogen. Sie gehen regelmäßig zum Religionsunterricht in die Gemeinde, und mein Enkelsohn wird bald Bar Mitzwah haben. Die Jüdische Gemeinde in Köln hat sich aber sehr verändert. Zu den russischen Zuwanderern haben wir Alteingesessenen kaum Kontakt. Die halten sich sehr für sich. Wir haben einen Seniorenclub, wo ich ab und zu hingehe, aber da sind mittlerweile auch schon viele russische Leute, die dort teilnehmen. Die Rundschreiben der Gemeinde werden mittlerweile in deutsch und in russisch herausgegeben. Ich fühle mich manchmal fremd in der eigenen Gemeinde. Früher war der Zusammenhalt ein ganz anderer, und es gab mehr Kontakt. Der springende Punkt ist vielleicht, daß schon so viele von den Älteren gestorben sind. Meine Mutter ist allerdings sehr alt geworden. Ich habe sie hier in Köln gehabt und konnte sie bis zum Schluß pflegen. Mein Vater ist 1970 gestorben.

Die Situation in Deutschland heute ist so, daß ich mir den Kopf zerbreche, was einmal aus meinen Enkelkindern werden soll. Die Arbeitslosigkeit steigt und der Schuldenberg wird immer höher. Es sieht nicht gerade rosig aus. Was das allgemeine Klima betrifft in Bezug auf die sogenannte Vergangenheitsbewältigung, so glaube ich, daß die meisten Nichtjuden nichts mehr von der Vergangenheit hören wollen, weil sie denken, daß das alles schon zu lange her ist. Viele glauben sowieso nicht daran. Wir, die es selbst erlebt haben, werden es nie vergessen und können nur hoffen, daß es sich nie wiederholen wird.

ERNEST UND RENATA LENART

geb.: Ernest 1912 in San Salvador, Renata 1917 in Berlin
Rückkehr: 1965
Gespräch: 7. August 1995 (Renata Lenart kam später hinzu)

Berlin – USA – München

EL: Ich bin in Mittelamerika, in San Salvador, geboren, aber schon im zarten Alter von acht Monaten mit meinen Eltern nach Deutschland gekommen. Das war an sich nur aus gesundheitlichen Gründen, denn meine Mutter konnte das Klima in Mittelamerika nicht vertragen. In Europa wurden wir vom Ersten Weltkrieg überrascht. Mein Vater hatte drüben in Mittelamerika eine große Fabrik, aber er kehrte nicht zurück, und ich wurde in Berlin groß. Meine Vorfahren sind mehr oder weniger alle Deutsche, die nach Amerika gegangen sind – mein Vater mit 18 Jahren –, amerikanische Staatsbürger wurden und mit der Zeit auch wohlhabend. Viele von ihnen sind nach Deutschland gegangen, um dort eine geeignete Ehefrau zu finden. So war das mit meinen Eltern, Großeltern und Urgroßeltern, sowohl väterlicher- als auch mütterlicherseits.

Mit 16 entschloß ich mich, erstmal Regisseur zu werden, und habe die Kunstschule Reimann besucht, gleichzeitig aber auch noch die Reinhardt-Schule, also die Schauspielschule des Deutschen Theaters. Danach habe ich sofort ein Engagement gehabt, erst in Konstanz, dann in Magdeburg und Kiel. Anschließend, 1933, wurde ich von Heinz Hilpert nach Berlin an die Volksbühne verpflichtet. Ich hatte eine zukunftsreiche Karriere begonnen, aber kurz danach war die Machtergreifung der Nazis. So mußte ich Kiel verlassen und konnte mein Engagement bei Hilpert nicht antreten. Ich kam also nach Berlin und hatte eine ganz ähnliche Idee, wie sie dann der Kulturbund verwirklicht hat. Zusammen mit einem Rechtsanwalt und einem Schauspieler wollte ich ein Theater von Juden für Juden gründen – aber da kam dann schon der Jüdische

Kulturbund. Ich habe meine Unterlagen dem Dr. Singer, dem Leiter des Kulturbundes, übergeben und wurde, noch sehr jung, von Julius Bab als Schauspieler engagiert.

Väterlicherseits komme ich aus einer sehr jüdisch-konservativen Familie. Mein Großvater hat sogar eine kleine Synagoge gegründet in Berlin, ein sogenanntes Bethaus, in dem ich dann auch Bar Mitzwah gehabt habe. Mütterlicherseits war's ziemlich liberal; sie waren nicht gerade Reformjuden, aber eben doch liberal. Unser Familienleben in meinem Elternhaus war dann eher in der konservativen Richtung geprägt. Mein Onkel, der Bruder meines Vaters, wurde ein angesehener Rabbiner in Berlin, Dr. Wilhelm Lewy. Mein ursprünglicher Name ist Lewy. Ich habe ihn dann auf der Schauspielschule geändert, nicht weil er jüdisch war, sondern so durchschnittlich und häufig wie Müller und Schulze. Neun Jahre lang war ich »Lewy II« in meiner Schule gewesen. So habe ich Lenart gewählt und trage den Namen seit meinem sechzehnten Lebensjahr. Ich habe immer meine jüdische Identät behalten! Vom Antisemitismus wurde ich eigentlich wenig berührt. Ich ging in das Werner-Siemens-Realgymnasium, das schon sehr früh demokratisch geführt wurde; es war eine der fortschrittlichsten Schulen in Berlin. Die hatten sogar schon Anfang des Jahrhunderts eine Schülervertretung. Ich habe im Bayerischen Viertel gelebt, also in einer Gegend, in der man von Antisemitismus nichts gespürt hat.

Als Tempelherr in *Nathan der Weise* habe ich den Kulturbund mit eröffnet und dort bis Oktober 1936 viele schöne Rollen gespielt. Dann habe ich mich doch entschlossen, eine frühere Idee zu verwirklichen und nach Amerika zu gehen. Bereits im Jahr 1929 hatte ich zusammen mit meinen Eltern meinen Onkel in New York besucht. Es hatte mir dort sehr gut gefallen, aber damals war Berlin die Weltstadt des Theaters, und es war ganz logisch, daß ich mich dort als Schauspieler ausbilden ließ. Der Kulturbund war ja für mich nur eine Übergangsperiode und eine Möglichkeit, so viel Theater wie möglich zu spielen. Ich wußte natürlich, daß es in Amerika schwer für mich sein würde, mich wieder als Schauspieler einzufügen, obwohl ich bereits in Berlin englisches Theater gespielt hatte. Aber 1936 habe ich zusammen mit meinen Eltern Berlin verlassen.

Ich habe immer ein Heimatgefühl für Berlin gehabt. Ich habe

nicht eine Heimat, sondern *zwei* Heimatländer – das ist ein Motto in meinem Leben. Ich habe ein Haus in Kalifornien, aber ich komme auch immer wieder hierher. Bis vor einem Jahr hatte ich meine eigene Wohnung in München, und jetzt wohne ich hier mit meinem Sohn zusammen. Die Trennung von Deutschland und Berlin war aber nicht sehr mit Gefühlen belastet. Ich habe den Dingen entgegengesehen. Irgendwie bin ich immer ein Optimist gewesen und habe in die Zukunft geschaut. Natürlich habe ich Freunde zurückgelassen, aber im Grunde genommen war es auch eine Aufgabe für mich, drüben irgendwie zurechtzukommen. Es geschah dann ja auch. In New York wurde ich verpflichtet für eine Radiostation, die der Stadt gehörte. Eine »Refugee Hour« habe ich dort angefangen, und ich war auch sehr erfolgreich damit. Es war eine Idee der Stadt New York und wurde mit sehr prominenten Leuten eingeführt. Ich hatte das Glück, in der ersten Sendung dabeizusein, und habe dann wöchentlich ein kleines Stück gespielt, immer mit neuen Leuten. Es war eine Möglichkeit für mich, mit drei, vier Kollegen zu arbeiten, die vom Kulturbund herüberkamen. Es hat mir viel Freude gemacht.

Erst später bekam ich das Angebot, nach Hollywood zu kommen. Der William Dieterle hatte eine großartige Idee. Er war ein deutscher Schauspieler, der schon sehr jung nach Hollywood ging und dort ein sehr bekannter, sehr berühmter Filmregisseur wurde und einige der größten historischen Filme gedreht hat. Er wollte nun die wesentlichen deutschen Schauspieleremigranten zu einer Aufführung in Hollywood zusammenbringen. Er hatte leider nicht viel Erfolg, obwohl die Idee an sich ja großartig war. Es handelte sich um Schillers *Wilhelm Tell* in einer englischen Übersetzung von Bruno Frank unter der Regie von Leopold Jessner, der 1920 als Intendant des Berliner Staatsschauspiels eine ganz großartige und neuartige Inszenierung von *Wilhelm Tell* gebracht hatte. Bei dem Hollywood-Vorhaben war die Prominenz der deutschen Schauspieler vertreten. Es war eine großartige Gelegenheit – mit Alexander Granach, Leo Reuss als Tell, Ernst Deutsch als Gessler und mir als Rudenz. Es war eine großartige Premiere, aber die Amerikaner haben sich nicht dafür interessiert. Etwas war sehr schwerwiegend für alle emigrierten Schauspieler in Hollywood: sie hatten alle einen deutschen Akzent, und manche konnten kaum

Englisch sprechen. Die Filmleute in Amerika haben gesagt: »Um Himmels Willen, bloß keinen deutschen Akzent!« Die Schauspieler, die vom Typ her deutsch waren – damals wurde ja nach dem Typ ausgewählt –, wurden bald für die Antinazifilme engagiert. Sogar Ernst Deutsch hat einmal einen General gespielt, aber das war seine einzige Rolle dieser Art, denn er sah zu jüdisch aus.

Ich hatte einen wunderbaren Agenten, Paul Kohner, der später ein persönlicher Freund wurde – die ganze Familie. Er vermittelte mich zum ersten Interview mit einem der ganz großen Filmregisseure, der gerade einen Nazifilm anfing. Er lehnte sich zurück und sagte nur: »*Sie* wollen Deutscher sein? Sie müssen verrückt sein! Reinhardt, Reinhardt – jeder kommt her und erzählt mir, er käme von Reinhardt!« Also, ich war alles andere als ein deutscher Typ. Zwar habe ich dann ein paar Filme gemacht, aber es waren keine wesentlichen Dinge. Beruflich war es nicht die große Erfüllung, obwohl ich natürlich noch Theater gespielt habe; unter anderem habe ich im *Pasadena Play House*, dem Kalifornischen Staatstheater, schöne Rollen gespielt.

Dann kam die Armee, und anschließend wollte ich nicht rumsitzen und warten, bis mein Agent mich anruft. So kam ich auf die Idee, mit dem Fotografieren anzufangen. Ich kannte die Mutter eines berühmten Fotografen, Lazlo Willinger, der bereits von Wien aus zur *MGM, Metro Goldwyn Mayer*, verpflichtet worden war und der mich an einen sehr bekannten, großen Fotografen mit Namen Sam Opee verwies, der sich mehr oder weniger auf Mode spezialisiert hatte. Da lernte ich erstmal das Retuschieren, was ich praktischerweise ja auch zu Hause machen konnte, während ich auf Rollenangebote wartete. Der Krieg brach aus, Opee wurde eingezogen. Er hatte mich inzwischen zu seinem Assistenten gemacht, und ich lernte Fotografie von Grund auf. Da er ein großartiger Fotograf war, habe ich alles Wesentliche schnell gelernt. Zu der Zeit waren Fotografen in Hollywood sehr gefragt, zumal wenn sie aus Deutschland kamen, denn die hatten einen besonders guten Ruf. Ich hatte mehrere sehr gute Jobs und arbeitete schließlich bei einer Firma, die die Titel für *MGM* machte. Dort hatte ich dann das ganze Fotodepartement unter mir. Es war ein guter Job, aber das brauchte ich auch, weil ich verpflichtet war, meine Eltern zu unterhalten. Das war das Wesentliche. Mein Vater hatte die Absicht gehabt, etwas ganz Neues anzufangen. Er war nicht mehr jung – schon über 60. Kurz nachdem wir 1936 in New York ankamen, wurde er herzkrank, und da konnte er nichts mehr machen. Es ist ja logisch, daß ich meinen Eltern beistehen mußte. Dann starb mein Vater, und ich wurde von der Armee zurückgestellt, weil ich meine Mutter unterhalten mußte. Bei der großen Endschlacht gegen die Nazis wurde dann aber jeder eingezogen, so auch ich.

Schon 1936 hatte ich mit Hilfe eines Rechtsanwalts die amerikanische Staatsbürgerschaft bekommen. Mein Vater war 1902 in San Francisco amerikanischer Staatsbürger geworden, aber seine ganzen Unterlagen wurden bei dem großen Erdbeben dort vernichtet. Es konnte aber nachgewiesen werden, daß ich im Jahre 1912, also kurz nach meiner Geburt, über New Orleans nach Deutschland gereist bin und damals bei der Einwanderungsbehörde als Amerikaner eingetragen worden war. Dadurch hatte das State Department den Beweis, daß ich amerikanischer Bürger war. Mein Vater hatte sich im Grunde in Deutschland nie sehr wohl gefühlt. Er gehörte zu der Generation, wie auch mein Schwiegervater, die die ganze Nazizeit als eine vorübergehende Krankheit betrachtete. Deutschland ging ja durch eine Reihe von Regierungen und allen möglichen politisch schweren Zeiten hindurch. Man sah das als ein Resultat dieser fürchterlichen Wirtschaftskrise an, daß das Volk in einer extremen Lage war, aber man konnte sich nicht vorstellen, daß so etwas wie der Holocaust eintreten könnte. Mein Vater hatte sogar noch gezögert, nach Amerika zu gehen, bis es dann allmählich so wurde, daß die Juden rein wirtschaftlich nichts mehr machen konnten. Aber man hat das trotzdem als eine vorübergehende Sache empfunden und es dem deutschen Volk niemals zugetraut, was dann passiert ist. Meine Frau war in der »Kristallnacht« noch in Deutschland. Sie hat gesehen, wie die Berliner in dieser fürchterlichen Nacht, wo die Geschäfte und Synagogen angezündet wurden, der Sache im Grunde passiv gegenüberstanden, überhaupt nicht mit Begeisterung. Es kamen ein paar Lastwagen mit SA-Männern, und die haben alles zerstört. Ich war nicht in dem Sinne antideutsch, aber natürlich zweihundertprozentiger Antinazi. Zu dieser Zeit bekam man auch das Leid der Emigranten mit, die herüberkamen, und es war so, daß man sich ganz konzentriert gegen die Nazis gestellt hat. Das Gefühl der Abneigung allem Deutschen gegenüber gab es bei mir nicht. Ich bin ja nicht so lange in Deutschland geblieben, aber bei meiner Frau war das etwas ganz anderes. Für mich und meinen Vater war das Wichtigste: der Hitler muß ein Ende haben! Ich ging sozusagen mit Begeisterung in die amerikanische Armee, um dieses fürchterliche Verhängnis über Deutschland, diesen Hitler, loszuwerden.

Schon mit 15 Jahren habe ich Amerika als meine eigentliche Heimat betrachtet. Ich habe damals wohl – zuerst im Unterbewußtsein und dann mehr im Bewußtsein – gespürt, daß es einen wesentlichen Unterschied zwischen Deutschland und Amerika gibt: daß man immer noch, auch in der Weimarer Republik, irgendwie einen Untertanengeist hatte. Es war damals kein Gefühl wirklicher Demokratie; das fängt erst jetzt allmählich an. Als ich sechs Jahre alt war, haben sie schon auf der Straße gesungen: »Wenn das Judenblut vom Messer spritzt«. Ich habe mich da nie im wirklichen Sinn zu Hause gefühlt. Was mich an Deutschland gebunden hat, war das Kulturelle, und das ist heute noch so. Ich betrachte das als etwas Schönes und Interessantes: daß Menschen und Völker und Nationen alle verschieden sind, und ich kann nicht sagen: »Ich gehöre zu einem bestimmten Volk und hasse alles andere!« Man kann sich doch von verschiedenen Strömungen bereichern lassen.

Amerika war im Ersten Weltkrieg überschüttet worden mit Nachrichten über angebliche Greueltaten, die die Deutschen in Belgien begangen hätten. Es hat sich nachher alles als groß übertrieben herausgestellt, und deshalb wollten die Amerikaner im Zweiten Weltkrieg nicht wieder denselben Fehler machen. Sie haben Hitler und die Nazis bekämpft, aber lange nicht geglaubt, daß die Deutschen zu so etwas fähig waren, was man während des Krieges gerüchteweise hörte. Die amerikanische Armee war wie vor den Kopf geschlagen, als sie nach Auschwitz kam. Ich selbst habe von diesen Dingen erst ziemlich spät erfahren, als das in den amerikanischen Wochenschauen bekannt wurde. Ich war aber mit Deutschland in Verbindung geblieben, und zwar mit der Pflegemutter meiner Frau, einer Nichtjüdin. Der Vater meiner Frau war ein berühmter Mann, der Professor Franz Oppenheimer, der 1943 in der Emigration in Los Angeles starb – im selben Jahr wie mein

Vater. Nach Kriegsende haben wir uns wieder mit der Pflegemutter in Verbindung gesetzt. Sie war natürlich wütend auf die Nazis, hat aber die ganze Zeit in Berlin gelebt. Also, es gab durchaus eine gewisse Beziehung zu Deutschland, aber ich hatte mich in Amerika so weit integriert, besonders durch die Armee, daß das keine große Rolle spielte. Das habe ich gemerkt, als ich anfing, mit Deutschland zu telefonieren: Deutsch war für mich eine tote Sprache geworden! Das war für mich sehr schlimm, als ich hierher zurückkam, weil ich bereits englisch gedacht habe.

Besonders nach dem Krieg hatte ich überhaupt niemals den Wunsch, jemals nach Deutschland zurückzukehren – meine Frau schon gar nicht. Für mich war das ein abgeschlossenes Kapitel. Ich war so mit meinen beruflichen und existenziellen Dingen beschäftigt, zumal es uns damals nicht gutging, daß das irgendwie in den Hintergrund gerückt ist. Ich will nicht sagen, daß ich Haßgefühle entwickelt habe, aber ich wollte damit nichts mehr zu tun haben. In den Kreisen der Emigration gab es zwei bestimmte Lager: die einen, die sich in Amerika eingefügt haben und auch dort geblieben sind, und die anderen, die Deutschland nie vergessen haben und mit allen Mitteln bestrebt waren, dorthin zurückzukehren. Diese Menschen habe ich nie verstanden. Einer meiner besten Freunde, Curt Bois, hat sich in Amerika nicht wohlgefühlt und wollte wieder zurück nach Deutschland. Ich gehörte zu der anderen Gruppe. Man hat diese Leute bemitleidet, weil sie an etwas gehangen haben, was ja nicht mehr existierte. Es gab auch Menschen, die die wirkliche Konsequenz gezogen haben. Ich war sehr betroffen, als ich hörte, daß Stefan Zweig und Kurt Tucholsky Selbstmord begangen haben. Das war das endgültige Resultat der Tatsache, daß das, was ihnen das Wesentlichste war, nicht mehr existierte – nämlich das geistige Deutschland und damit auch ihr ganzes Schaffen. Womit diese Menschen wirklich gearbeitet haben, das war die deutsche Sprache, und sie haben doch alle im Grunde gehofft und gedacht, daß das in Deutschland nie passieren könnte. Sie sind dann wohl zu dem Glauben gekommen, daß im Leben und in der Welt das Schlechte überwiegt.

Eines Tages aber kam ein Brief von der Freien Universität Berlin, der an meine Frau gerichtet war. Mein Schwiegervater, Franz Oppenheimer, war Nationalökonom gewesen. Die Freie

Universität lud meine Frau ein, um den 100. Geburtstag von Professor Oppenheimer zu feiern. Dazu kam, daß der damalige Bundeskanzler Ludwig Erhardt und der Berliner Senator für Kultur, Joachim Tiburtius, Schüler von Oppenheimer waren. Sie nahmen an der Feier teil und wollten meine Frau natürlich dabeihaben. Ich habe mich gefreut, daß meine Frau endlich einmal die Gelegenheit hatte, sich von der gegenwärtigen Situation in Deutschland zu überzeugen, denn ihr Haß gegen Deutschland war viel größer als meiner, und sie hatte auch sehr gute Gründe dafür.

RL: Ich hatte schon von meinem Bruder gehört, der die ganze Zeit drüben war, daß eine solche Einladung kommen würde, und so war das gar nicht so plötzlich für mich. Aber es hat mich trotzdem gewundert, daß sie mich eingeladen haben, denn es kostete damals sehr viel Geld, von Amerika nach Europa zu fliegen. Es hat mich natürlich sehr gefreut, daß Erhardt meinen Vater würdigen wollte, denn mein Vater hat ja sehr viel mit dem Wirtschaftswunder zu tun. Erhardt als sein Student hat seine Ideen von ihm gehabt.

EL: Er hat 1964 sogar eine Briefmarke herausgegeben mit dem Porträt von Oppenheimer, in der Serie »Die großen Deutschen«. Außerdem hat er verschiedene seiner Werke wieder herausgegeben.

RL: Alle seine Werke, außer den frühen. Die werden jetzt wieder aufgelegt. Das bedeutet mir viel, wo man ihn doch damals in Deutschland halten und umbringen wollte. Sie haben ihm seinen Paß weggenommen, und wir hatten große Schwierigkeiten, an einen Paß zu kommen, damit wir fliehen konnten. Nun war er nicht mehr nur ein alter Jude, sondern ein Wissenschaftler, auf den man hört. Es war eine wunderschöne Feier, und Tiburtius und Erhardt haben sehr schön gesprochen. Es war schon sehr lohnend, diese erste Reise nach Deutschland. Als ich deutschen Boden betreten habe, waren meine Gefühle sehr gespalten. Ich hatte noch jahrelang nach unserer Flucht Alpträume, daß ich in Deutschland bin und nicht heraus kann. Erst vor zwei Jahren bin ich darüber hinweggekommen, als wir einen Sommer in Berlin verbracht haben, der sehr schön war. Obwohl wir zwischendurch sieben Jahre in Berlin gelebt hatten, hatte ich das nie wirklich verarbeitet. Die meisten, an die ich bei der ersten Berührung mit Deutschland nicht mehr denken wollte, waren tot. Das war ein gutes Gefühl! Und die neue Generation war etwas ganz anderes. Die jungen Studenten, mit denen ich in Kontakt kam, waren ja alle Babys gewesen oder hatten noch gar nicht gelebt; es war ja schon zwanzig Jahre später. Es hat sich für mich herausgestellt, daß es eine sehr anständige Generation war. Richtig kennengelernt habe ich sie aber erst, als wir nach Deutschland zogen. Die Freunde meiner Kinder gehörten ja zu dieser jungen Generation, die nichts davon erlebt hatte. Das Interessante war, daß sie meist in starkem Gegensatz zu ihren Eltern standen. Das war ein großer Generationenkonflikt im Nachkriegsdeutschland.

EL: Meine Frau fuhr damals allein, und das erste, was sie sagte, als sie zurückkam, war: »Der Erhardt und auch der Tiburtius haben uns beide eingeladen, nach Deutschland zurückzukommen!« Ich war an einem Zeitpunkt angelangt, vielleicht schicksalshaft, zu dem das zum ersten Mal für mich überhaupt wieder in Frage kam. Ein Projekt, an dem ich mit viel Begeisterung gearbeitet hatte, nämlich der Aufbau einer Filiale des amerikanischen Nationaltheaters, hatte sich aus Geldmangel zerschlagen. Meine Tochter ging auf die High School, mein Junge war neun Jahre alt, und ich hatte gemerkt, daß beide eine sehr einseitige amerikanische Erziehung bekamen. Obwohl ich schon über 50 war, hat mich der Gedanke gereizt, nach Deutschland zurückzukehren.

RL: Ich habe ziemlich zwiespältig auf diese Einladung reagiert, weil ich so viel Schweres damals in Deutschland erfahren habe. Ich wollte nicht endgültig zurückkehren, aber meinem Mann ermöglichen, daß er dort arbeitet. Er wollte sich noch einmal eine neue berufliche Existenz aufbauen.

EL: Ich hatte zwar viel Erfolg mit meiner neuartigen Form der Fotografie in Hollywood und mittlerweile auch ein eigenes Studio dort, aber das hat mich irgendwie nicht mehr interessiert. Wichtiger war mir das Theaterprojekt geworden, das ich dann ja aufgeben mußte. Das Theater fing in Deutschland wieder an, die Bedeutung wiederzuerlangen, die es früher mal gehabt hatte. Vor genau 30 Jahren, im August 1965, sind wir nach Deutschland gegangen.

RL: Schon damals hatten wir vorgehabt, zwischen Deutschland und Amerika zu pendeln; unsere Familien haben das seit über hundert Jahren getan. Mein Sohn lebt jetzt davon. Der ist in Berlin auf die Kennedy-Schule gegangen, spricht genauso gut Englisch wie Deutsch und lebt sehr gut davon. Er arbeitet im Filmgeschäft und ist das *missing link* zwischen den beiden Ländern. Auch meine Tochter hat sehr gut Deutsch und auch Französisch gelernt. Es hat sich also schon gelohnt. Wir hatten nicht die Absicht, Amerika aufzugeben, niemals!

EL: Wir hatten ja damals bereits unser Haus in Kalifornien. Damals ging es darum, sich in Deutschland wieder eine Existenz aufzubauen. Der damalige Intendant in Berlin, Boleslav Barlog, hatte mich seltsamerweise im Kulturbund gesehen. Er war nicht jüdisch, aber der Sohn von Julius Bab, der mit Barlog befreundet war, hatte ihn reingeschmuggelt. Barlog bot mir also an, bei ihm am Berliner Staatstheater zu spielen. Ein sehr netter Kerl! Ich habe dann auch bei ihm gespielt, im *Leben des Galilei*, aber so recht zufrieden war ich nicht. Er hatte ein Ensemble von 80 Männern, und ich habe gemerkt, daß ich dort keine Zukunft hatte. Außerdem wollte ich bei ihm Regisseur werden, aber sein Dramaturg hat dazwischengefunkt. Dazu kam die schlechte Stimmung unter den Kollegen. Ein jüdischer Schauspieler z. B., der auch beim Kulturbund gewesen war, hat mich zwar zuerst großartig aufgenommen und unser Wiedersehen gefeiert, aber als ich dann neben ihm auf der Bühne stand, war's vorbei, da kam der Konkurrenzneid hoch. Das war durchaus eine Enttäuschung für mich. Obwohl ich gute Freunde im Ensemble hatte, habe ich's kurz gemacht. Ich bekam dann ein Angebot, mit dem Musical *Anatevka* auf Tournee zu gehen, das damals einen Riesenerfolg hatte und so habe ich ein paar Jahre lang den Rabbi gespielt. Das war interessant, und ich kam wieder in Deutschland herum. Das hat mir auch geholfen, meine Probleme mit der deutschen Sprache zu überwinden. Ich hatte aufgehört, deutsch zu denken und nur noch englisch gedacht, was beim Rollenstudium sehr, sehr schwer war. Aber das ging nun wieder.

Ich wollte dann die Tournee verlassen und habe ein Jahr in Saarbrücken verbracht, wo ich sehr schöne Rollen gespielt habe. Anschließend bin ich in München freischaffender Schauspieler geworden. Allmählich kam ich wieder ins Geschäft und habe endlich die Rolle gespielt, die ich immer spielen wollte: den Nathan in *Nathan der Weise*. Das brachte mich für fünf Jahre nach Linz in Österreich. Vor etwa zwölf bis 13 Jahren bekam ich plötzlich ein seltsames Angebot: ich sollte Märchen erzählen. Jemand hat die Idee von »Traumtheater Salome« gehabt, und ich habe das Ding in Köln mit aus der Taufe gehoben. Bei diesen Leuten vom »Traumtheater« bin ich dreizehn Jahre lang gewesen. Das war für mich auch ein ganz persönlicher Erfolg, denn dadurch wurde ich in ganz Deutschland bekannt. Es hat zwar keinen literarischen Wert gehabt, aber ein Wert lag darin, daß Leute, die niemals im Theater waren, ein Gefühl für seinen Zauber bekamen. Das habe ich bis vor zwei Jahren gemacht.

RL: Mein Mann hatte ja nun wieder wachsenden beruflichen Erfolg, und ich habe mich hauptsächlich um seine Arbeit gekümmert. Daneben habe ich aber auch als Übersetzerin gearbeitet und zeitweilig, wenn wir das Geld brauchten, als Fremdsprachensekretärin. In Amerika war ich Sekretärin und Assistentin von Max Ophüls gewesen, habe also im Filmgeschäft mitgearbeitet. Das Übersetzen mache ich aber heute noch; das ist etwas, was man nie aufgibt.

Das Leben hier in Deutschland brachte selbstverständlich auch engere Kontakte mit den Menschen mit sich. Natürlich gab es die vielen, die angeblich von nichts etwas gewußt haben, aber wir hatten ja noch ein paar gute Freunde, die bewiesen hatten, daß sie keine Nazis waren, vor allem meine Pflegemutter. Mit unserer eigenen Generation haben wir aber sehr wenig zu tun gehabt. Ich habe Verachtung gehabt gegenüber den Leuten, die so viel verdrängt haben.

EL: In der Nazizeit habe ich das manchmal als geradezu komödiantisch empfunden, wenn viele, mit denen ich immer ganz normal geredet habe, plötzlich in SS-Uniform auftauchten. Ich hatte kein Gefühl für eine große Bedrohung, die auf uns zukam. Es war irgendwie ein menschlicher Irrgarten, nicht? Als wir zurückkamen, hatten wir gar nicht auf eine Selbstreinigung der Deutschen unserer

Generation gehofft; dazu waren wir zu skeptisch. Aber wir merkten ja schnell, gerade auch bei Freunden unserer Kinder, daß die nächste Generation einen Graben zwischen sich und den eigenen Eltern empfunden hat.

RL: Ohne positive Erfahrungen wären wir kaum hiergeblieben. Das Berufliche hat natürlich die größte Rolle gespielt, aber eben auch die Freunde. Es gab viele in der nächsten Generation, die *sehr* ermutigend waren. Warum soll uns die ältere Generation noch interessieren? Die sterben ja sowieso! Die *jungen* Leute waren die Hoffnung!

EL: Das würde ich heute auch noch sagen, obwohl ich nicht übersehen möchte, was mit vielen jungen Leuten jetzt wieder passiert – aber das ist in anderen Ländern auch der Fall. Diese Irrwege, nicht? Da gibt es viele Gründe: soziale Gründe, Frustrationen. Manche sehen ein neues Nazideutschland in der Zukunft. In den letzten 15 Jahren habe ich in Österreich mehr Böses erlebt als in Deutschland. Wir haben Brechts *Furcht und Elend des Dritten Reiches* vor Jugendlichen auf dem Land gespielt. Ihre Reaktion: »Es hat uns großartig gefallen, aber das dürfen wir zu Hause nicht erzählen.«

RL: Da war's schlimm! In der Gegend um Linz herum, wo die ganzen Konzentrationslager waren, lehnen es die Leute heute noch ab, daß da jemals etwas war.

EL: Als in den siebziger Jahren die »Holocaust«-Serie lief, haben die reagiert mit: »Alles Lüge! Es gab ja gar keine Gasöfen!« Auf dem Hauptplatz, in breitem österreichischen Dialekt natürlich! Wahrscheinlich ist es in Bayern ähnlich. Insgesamt würde ich aber doch sagen, daß sich zumindest ein Teil der Deutschen der Vergangenheit gestellt hat.

Mein persönliches Fazit der Rückkehr ist so, daß ich diesen Schritt unbedingt richtig finde – für mich hauptsächlich aus beruflichen Gründen, ist ja logisch. Denn ich kenne nur allzu gut die riesengroßen Schwierigkeiten, die man in Amerika in meinem Beruf hat. Ich habe Dinge erlebt in Deutschland, an denen ich wirklich Freude hatte: die Rollen, verschiedene Projekte. »Salome« war eine derartige Erfolgsgeschichte, daß wir jahrelang ausverkaufte Häuser hatten, vor begeistertem Publikum! Besonders in meiner Rolle des Märchenerzählers habe ich eine ganz persönliche und direkte Beziehung zum Publikum gehabt. Vielleicht wäre das auch in Amerika möglich gewesen, aber die Umstände waren nun einmal in *Deutschland* so. Ich habe mir oft gedacht: mein Gott, daß dieselben Leute, die jetzt mit ihren Enkelkindern da unten sitzen, einmal Nazis waren! Oder von den jüngeren Leuten die Eltern! Es ist so schwer zu begreifen!

RL: Ich war ja hier hauptsächlich an der Arbeit meines Mannes interessiert, und sein Erfolg, den er hier gehabt hat, war auch für mich sehr schön. Es waren sehr, sehr gute Jahre, und das mit meinen Kindern ist wunderbar gelaufen. Wir sind aber nach wie vor Amerikaner, obwohl wir natürlich auch die Möglichkeit gehabt hätten, einen deutschen Paß zu bekommen. Aber *so* weit haben wir den Deutschen nicht getraut! Es gab immer noch eine Reserve, und die gibt es auch heute noch! Aber ja, absolut! So weit traut man *nie* wieder!

EL: Bei mir ist eine ähnliche Reserve da. Wir wollen mal sehen. Vielleicht habe ich ja unrecht.

RL: Es gibt eben einen Widerspruch, der nicht aufgelöst werden kann, und es bleibt auch immer noch Aggression. Es ist unmöglich, das ganz zu überwinden! Es ist zu viel geschehen damals. Meinem Vater haben sie im Frühling 1938 den Paß abgenommen. Er war ihnen zu berühmt, und sie hatten Angst, daß er draußen Propaganda gegen sie machen würde. Sie wollten ihn einfach sterben lassen. Im November 1938 habe ich versucht, den Paß zu kriegen, bin bei allen Behörden gewesen, auch bei der Gestapo. Ich konnte bei der Gestapo vorsprechen, weil ich bloß Halbjüdin war. Ich habe gesagt: »Ich bin nicht jüdisch, ich habe einen arischen Paß!«, aber das hat mir nicht geholfen, und sie haben mich einfach weggejagt. Ich wollte die zuständige Stelle dann anrufen, habe eine falsche Nummer bekommen und bin dadurch an den Adjutanten von Himmler geraten. Und der hat mir einen neuen Paß besorgt! Als ich anrief, meldete sich eine sehr nette Stimme, und er sagte:

»Erklären Sie die ganze Geschichte mal von vorn!« Schließlich sagte er: »Also kommen Sie mal rüber, wir werden das in Ordnung bringen!« »Ja, aber die lassen mich nicht rein!« »Doch, die werden Sie reinlassen. Verlangen Sie Zimmer 123; hier spricht der Adjutant von Himmler persönlich.« Ich bin dann rübergegangen, wo er mich an der Tür erwartete; er hat seinen eigenen Leuten nicht getraut. Und ich habe den Paß bekommen! Später habe ich erfahren, daß er wahrscheinlich in Leipzig Assistent meines Onkels war, der ein berühmter Ägyptologe war. Er ist ganz früh SS-Mann geworden und hat meinem Onkel gesagt: »Ich kann sehr viel Gutes tun; die Partei braucht jeden guten Mann, den sie kriegen kann.« Und dann hat er sich, wie ich herausbekommen habe, 1940 oder 1941 am Fensterkreuz erhängt. Es war also glaubwürdig, daß er als SS-Mann Schlimmeres verhüten wollte. Es ist schon paradox, daß uns von einem SS-Mann das Leben gerettet wurde. Jedenfalls sind wir zwei Tage später ausgereist. Das Schlimmste war die Zeit des Wartens, die Frustration, bis wir endlich gerettet waren. Seitdem renne ich nicht mehr zu deutschen Behörden! Da käme mir zu viel wieder hoch; das mache ich nicht mehr!

EL: Die Geschichte lehrt uns, daß der Deutsche nun einmal alles Fremde im Grunde genommen ablehnt. Es läßt sich nichts dagegen machen, ich spreche dabei nicht von den Intellektuellen, die sich darüber hinwegsetzen. Es gibt ja einen Grund, daß der Durchschnittsdeutsche nach Mallorca fährt und dort Sauerkraut ißt, anstelle mal mit Freuden in einem anderen Land andere Sitten zu erleben. Aber nein, er besteht darauf: er muß seine *BILD-Zeitung* haben und sein Schnitzel. Sie assimilieren sich nicht gerne, sie wollen es nicht. Das Seltsame ist, daß der Deutsche nicht einmal stolz darauf ist, daß er Deutscher ist, und das ist das Verächtliche! Die Deutschen sind eins der wenigen Völker, das nicht stolz auf sich ist – ganz anders als die Franzosen und die Engländer. Warum, wieso? Churchill hat einmal etwas sehr Grausames, aber sehr Richtiges gesagt: »Der Deutsche liegt dir entweder zu Füßen, oder er ist dir an der Gurgel.« Davon ist immer noch ein bißchen da. Wenn sie einmal daraus aufwachen und selbstbewußt werden, gelassen und selbstbewußt, ohne arrogant zu sein: das fände ich gut!

MALKA SCHMUCKLER

geb.: 1926 in Nürnberg
Rückkehr: 1967
Gespräch: 20. November 1995, Köln

Nürnberg – Israel – Köln

Meine Eltern und meine Großeltern väterlicherseits waren ganz assimiliert und sehr kultivierte Leute. Ein Onkel war Rechtsanwalt. Sie waren absolut Deutsche, in jeder Hinsicht. Mit der Religion hatten sie nichts am Hut; ich weiß nicht, ob sie überhaupt davon Gebrauch gemacht haben. Die anderen Großeltern, die in Schwaben lebten, sind dagegen oft in die Synagoge gegangen. Ich kann mich erinnern, daß ich ein oder zwei Mal mit meinem Großvater mitgegangen bin, aber das war für mich absolut neu. Von Religion wurde nicht viel gesprochen. Zu Hause hatten wir ein katholisches Kindermädchen, das mit uns fleißig gebetet hat vor dem Schlafen, »Lieber Jesus, sei unser Gast« und so. Es war mir nicht klar, was das bedeutet, aber es wurde hingenommen. Ansonsten war da nichts. Wir feierten Weihnachten sehr groß und schön, mit allen Weihnachtsliedern, und mein Vater begleitete das auf dem Flügel. Ich war ein normales deutsches Kind. Vom Judentum war keine Rede, bis meine Eltern ungefähr 1932 oder 1933 schon ein bißchen mehr davon sprachen. Da war ich aber noch sehr klein – ich bin 1926 geboren. Ich kann mich nur erinnern, daß 1934 neben dem Christbaum ein Chanukka-Leuchter stand, also ein siebenarmiger Leuchter. Ich habe ja gar nicht mitbekommen, was das bedeutet hat; das hat man mir Sechsjähriger nicht erklärt. Ab 1935 allerdings war der Christbaum nicht mehr da. Die Stimmung war plötzlich anders – nicht, weil wir etwas gegen die Christen hatten, denn Weihnachten war ja keine besonders christliche Angelegenheit.

Wir wohnten in Nürnberg. Unser Haus stand ziemlich nah am Reichsparteitagsplatz. Ein wunderschöner Garten, der Luitpoldpark, der vor unserem Haus lag, wurde für diesen Platz planiert. Da fanden die Aufmärsche von Hitler statt; alle sollten flaggen mit der Hitlerfahne, was mein Vater natürlich nicht getan hat. Er war Sozialdemokrat, ein ganz eiserner. Wir haben nur die deutsche Fahne herausgehängt, und da wurde unser Haus gleich fotografiert: »Der Jude hat nicht geflaggt« und solche Sachen. Das war 1934, und 1935 haben sie schon Steine geschmissen. Da hat meine Mutter dann vorsorglich ihre sehr gute christliche Freundin Barbara gebeten, uns vor diesen Tagen zu sich zu nehmen. Eine sehr hübsche Episode habe ich auch in meinem Buch beschrieben: Barbara, Christin, lange schwarze Haare, wunderschön, hat uns drei rothaarige, blauäugige Mädchen mit ihren drei Söhnen abgeholt. Die Leute standen schon Spalier, und einer rief: »Macht Platz für eine deutsche Mutter!« Und wir wurden mit großem Pomp da durchgelassen. Das hat man uns immer wieder erzählt – ich kann mich natürlich nicht daran erinnern. Aber das war so typisch: wir waren blond und blauäugig, sie war schwarz, mit großen schwarzen Augen und wunderschön, und keiner kam auf die Idee, das wir »nichtarisch« sein könnten. Als man uns später als Juden gekannt hat in der Schule, hat man oft gesagt: »Roter Jud', dein Haar brennt an, schütt' ein bißchen Wasser dran!« – also das, was man eben Kindern nachruft. Aber das war noch nicht schlimm. Ich war, wie gesagt, sehr klein, und man hat mir alles erzählt. Meine Schwestern waren vier und sieben Jahre älter und haben natürlich andere Erinnerungen. Vielleicht sind sie deswegen auch nicht zurückgekommen.

1935 sind wir von Nürnberg nach Stuttgart gezogen, wo mein Vater eine Dépendance seines Geschäfts hatte, und haben das Nürnberger Haus unter Druck und unter dem eigentlichen Wert verkauft. Aber es war noch nicht so, daß man das Gefühl hatte, man muß jetzt für ewig weggehen. Das war ja das Schlimme bei den Juden, daß sie gedacht haben, daß dieser Spuk noch ein, zwei Jahre anhalten und dann vorbeigehen würde. Nur der Weisheit meines Vaters ist es zu verdanken, daß wir noch herausgekommen sind. Als wir nach Stuttgart kamen, nahm uns schon keine Schule mehr auf, nur die Waldorfschule. Wir haben in diesen zweieinhalb Jahren bis zur Auswanderung nie Ablehnung gespürt – ich zumindest. Die Eltern wahrscheinlich schon, sonst wären sie ja nicht ausgewandert. Aber wir Kinder, ich auf jeden Fall, fanden diese Schule wunderbar, und ich liebte sie heiß und innig und habe geheult, als die Eltern gesagt haben: »So, wir müssen jetzt weg!« Es war höchste Zeit, wir hatten schon Juni 1937. Man bekam gerade noch ein Visum, durfte aber nicht mehr viel mitnehmen, tausend Mark und einen Container mit Möbeln. Tausend Mark waren natürlich mehr als heute, aber es war nicht genug für das, was auf uns zukam.

Es waren nicht viele jüdische Kinder auf der Waldorfschule, vielleicht waren wir sogar die einzigen, aber es gab überhaupt keine Probleme. Ein Freund meiner Eltern war dort Lehrer und dadurch kamen die Eltern überhaupt auf die Idee, daß wir da hingingen. Die Schule lag weit weg von der Straße, wo wir wohnten, und wir mußten ganz viel fahren, aber trotzdem war es für uns eine tolle Sache. Von uns drei Schwestern ist die eine heute Komponistin, die andere Malerin, und ich bin vielleicht ein bißchen Schriftstellerin. Ein Grund dafür ist sicher, daß wir in dieser Schule waren, weil die musischen Fächer dort sehr gepflegt werden, die Musik, die Malerei und auch das Schreiben. Ich war ja nur ganz wenige Klassen da, von der zweiten bis zum Anfang der vierten, aber trotzdem! Von den ersten Klassen an werden Sprachen gelernt, es ist eine offene Schule – einfach eine andere Schule.

Im Juni 1937 sind wir dann auf die Reise gegangen. Für mich war das sehr abenteuerlich, für meine Eltern bestimmt nicht so. Die waren nun Ende 40, Anfang 50, und es gab noch kein Israel. Palästina war noch ein Land, in dem nicht viel los war. Wir hatten von Deutschland aus noch die Möglichkeit, ein Stück Boden zu kaufen, und so fuhr man dann hin, nicht wissend, wie man das alles bewältigen sollte. Mein Vater war Geschäftsmann, meine Mutter Hausfrau, und nun mußten sie also mit einem Stück Boden die Familie ernähren. Das war natürlich nicht so einfach. Meine Eltern hatten schon vorher Beziehungen zu Palästina. Meine große Schwester, die ist sieben Jahre älter als ich, hatten sie mit 15 Jahren auf eine Landwirtschaftsschule nach Palästina gebracht, anderthalb Jahre, bevor wir kamen. Sie waren zweimal vorher da: einmal, als sie sie gebracht haben und einmal, um sie zu besuchen, und da hatten sie ein bißchen Ahnung, wohin sie kommen. Aber sonst: es gab weder Beziehung zum Judentum, noch zur Tradition, noch zu der heißen, unwirtlichen Gegend. Wir kamen in ein Dorf, in dem noch kein Haus stand, das aber nahe am Meer lag; es war also nicht ganz ungünstig, was das Klima betrifft. Trotzdem war es natürlich im Sommer 35 bis 40 Grad. Wenn man aus Deutschland kam und in dem Alter meiner Eltern war, so war das schon anstrengend. Sie mußten sich einen Esel anschaffen und den Boden pflügen und entsteinen. Es dauerte ein dreiviertel oder ein Jahr, bis das Haus gebaut wurde. Inzwischen hatten wir in einer Anderthalbzimmerwohnung gewohnt, ohne Badezimmer, ohne Küche. Wenn man bedenkt, daß wir in Nürnberg ein Haus mit zwölf Zimmern, einen Gärtner, Kindermädchen, eine Köchin hatten, dann war das schon ein enormer Unterschied. Ich muß sagen, daß die Eltern das mit großer Bravour geschafft haben. Es war wirklich Schwerstarbeit: morgens vor vier Uhr raus und niemals vor zehn Uhr abends fertig. Die Landwirtschaft war vollkommen neu für sie. Es waren ja alles deutsche Einwanderer, die keine Ahnung von der Landwirtschaft hatten. Da kamen dann also die Spezialisten für Eier und Hühner und alles mögliche, um zu beraten, und alles mußte von Grund auf gelernt werden.

Um 1939 kam meine Großmutter aus Deutschland, was noch möglich war, weil die Familie sie angefordert hatte; sie war 79. Etwa ein Jahr später kam die zweite Großmutter über Schweden, wo sie Familie hatte, zu uns, auch durch Anforderung. Und alle wohnten wir in zweieinhalb Zimmern in diesem Dorf, das gerade neu gegründet war! Es war so eng, daß wir in den Container, den wir aus Deutschland hatten, Fenster gemacht haben, und wir Kinder haben dann in dem Holzcontainer gewohnt, was noch heißer war als im Haus. Es war unerträglich, da zu wohnen, aber irgendwie ging alles. Im großen und ganzen hatten wir ja noch Glück gehabt, daß wir überhaupt noch auswandern konnten.

Über Deutschland wurde schon deshalb noch gesprochen, weil viele von unserer Familie nicht mehr herausgekommen sind. Die Schwester meiner Mutter z. B., eine Tante Toni, die ihre beiden Söhne in Palästina hatte: ihr Mann war gestorben, und sie hatte ihre Söhne besucht, als wir schon da waren – und ist anschließend zurück nach Deutschland gefahren! Heute noch sehe ich, obwohl ich damals erst höchstens zehn oder elf war, meinen Vater auf sie einreden, daß sie das nicht tut. Sie ist in Auschwitz umgekommen. Ich kann bis heute nicht begreifen, daß sie nicht geblieben ist, aber so waren halt viele: sie konnten sich nicht mehr umgewöhnen. Es war schon schwer für die Eltern – überhaupt für diese ganze Generation. Es war so schwer, daß, als meine Eltern schon eingesessen waren und die Wiedergutmachung kam, mein Vater sich geweigert hat, jemals wieder einen Schritt nach Deutschland zu kommen. Er war gar nicht voller Haß, so war's nicht, aber es fing damit an, daß er nach dem Krieg einen Brief bekam von irgendwelchen Leuten, die bestätigt haben wollten, daß sie keine Nazis waren, und der Käufer von unserem Haus wollte bestätigt haben, daß er es rechtmäßig erworben habe. Das hat mein Vater alles abgelehnt, weil es ja alles nicht stimmte. Er hat unter Druck verkauft und weit unter Preis; es war ein Riesenhaus. Außerdem kamen plötzlich Pakete aus Deutschland an – und gingen sofort und rigoros wieder zurück. Mein Vater war also nie wieder in Deutschland, aber meine Mutter hat uns mal hier besucht. Sie ist aber auch schon lange tot. Es war schon eine schlimme Zeit.

Für mich persönlich hat sich mein Leben in Israel zuerst nicht so toll entwickelt. Ich war also mit zehn Jahren nun aus einer wunderschönen Schule herausgerissen worden und habe die Hintergründe überhaupt nicht verstanden. Mit zehn Jahren, wer versteht das schon? Irgendwie habe ich das innerlich meinen Eltern angelastet, daß wir plötzlich so schlecht dastanden – gesagt habe ich ihnen das aber nicht. Sie hatten auch überhaupt keine Zeit mehr, sich um mich und meine Erziehung zu kümmern, weil sie ums Überleben kämpfen mußten. Sie haben mich zwar zur Schule geschickt zuerst, aber die Schule war eine Stunde von unserem Ort entfernt. Es gab noch keine Straßen, es gab noch keinen Autobus, also mußte man bei 30 bis 40 Grad durch Orangenhaine laufen. Bis ich ankam, war ich kaputt. Dann bekam ich irgendwann mal ein altes Fahrrad gekauft, aber das war auch anstrengend, und so bin ich nach ein, zwei Jahren völlig verwildert. Ich kam um drei Uhr nach Hause und mußte mir selber etwas zu essen machen. Dann bin ich gleich arbeiten gegangen in die Landwirtschaft, weil jede Hand helfen mußte. Spätabends bin ich ins Bett gefallen; Schulaufgaben habe ich nicht gemacht, weil ich gar nicht dazu kam. Bis ich die Sprache konnte, hat es sowieso ein bis zwei Jahre gedauert, obwohl ich sie ja schnell gelernt habe. Meine Eltern haben bis zu ihrem Tod kein Hebräisch gesprochen. Meine Mutter konnte ein bißchen verstehen, mein Vater überhaupt nichts. Man sprach Deutsch in diesem

Dorf, und wo sollten sie die Sprache lernen? Fernsehen gab's ja auch nicht, wo man es hätte lernen können.

Nach ein oder zwei Jahren haben meine Eltern gemerkt, daß sie mit mir überhaupt nichts mehr anfangen konnten und nicht an mich herankamen; sie haben dann beschlossen, mich in einen Kibbuz zu schicken. In diesem Kibbuz wurde eine Gruppe zusammengestellt von Kindern, die aus irgendwelchen Gründen mit ihren Eltern nicht zurechtkamen, oder deren Eltern kein Geld hatten, sie zu erziehen. In dieser Gruppe war ich die einzige aus Europa; die anderen waren im Land geborene Kinder, von Jemeniten und von Marokkanern. Viele hatten es zu Hause so schrecklich, daß wir, damit verglichen, noch doll drauf waren. Wir waren zweieinhalb Jahre in diesem Kibbuz, haben vier bis fünf Stunden am Tag gearbeitet und drei oder vier Stunden sozusagen gelernt. Meine Schulbildung besteht dementsprechend aus fünf Jahren Volksschule und diesen zwei Jahren, die man nicht rechnen kann. Also dumm geboren, nie was dazugelernt! Ich habe nie etwas gelernt, es ist wirklich so. Ich bin sicher nicht blöd, aber ich konnte z. B. meinen Kindern nie helfen bei den Schularbeiten, weil ich die ganzen Grundlagen nicht gelernt hatte. In diesen zwei Jahren im Kibbuz hatten die Eltern nie Zeit gehabt, mich zu besuchen. Einmal im Jahr haben wir Ferien bekommen und sind für eine Woche nach Hause gefahren. Da hab ich dann von früh bis spät mitgearbeitet und war froh, wenn ich wieder wegkonnte von zu Hause, weil es im Kibbuz wenigstens so war, daß man sich auch ausruhen und abends mit der Jugend zusammensein konnte. Das war schön für mich – im Gegensatz zu daheim.

Meine Schwestern haben's da besser gehabt. Die große war ja schon vor uns dort und hat zusammen mit ihrer Gruppe von der Landwirtschaftsschule einen Kibbuz gegründet. Die andere ist, weil sie malerisch sehr begabt war, schon mit vierzehn in die einzige damals existierende Kunstschule aufgenommen worden, mit einem Stipendium. Sie macht heute Ausstellungen, nicht nur in Israel, sondern auch in Deutschland. Die hat's irgendwie gepackt, bei der ging's dann besser. Sie ist später auch in einen Kibbuz gegangen, aber hat dort immer Privilegien gehabt als Malerin. So waren wir alle in einem Kibbuz, jede in einem anderen, aber alle in einer ganz linken Strömung.

Die Großmütter sind im Laufe der Jahre gestorben, eine mit 81, die andere mit 80, und die Eltern haben sich immer noch abgerappelt. Es wurde eigentlich erst ein bißchen besser, als die Wiedergutmachungen kamen. Da konnten sie zum ersten Mal wieder nach Europa reisen. Mein Vater ist kurz darauf an Darmkrebs gestorben, und meine Mutter hat dann die Landwirtschaft aufgegeben und nur noch Blumen gezüchtet und ist mit 76 Jahren in ihrem Haus gestorben.

Ich habe ziemlich früh geheiratet, mit 21, und als ich 22 war, wurde mein Sohn geboren. Meinen Mann habe ich aber nicht im Kibbuz kennengelernt. Weil ich musikalisch war, habe ich gebeten, daß ich lernen darf. Es hieß, ich müßte ersteinmal soundsoviel Jahre im Kibbuz Mitglied sein, bevor ich dieses Privileg hätte haben können. Also haben mir meine Eltern gesagt, sie könnten mir fünf Pfund im Monat geben – das war etwa soviel wie 60 Mark heute. Mehr könnten sie mich nicht unterstützen; ich solle arbeiten und versuchen, in Jerusalem ein Zimmer zu finden. Das habe ich dann auch gemacht. Das Zimmer war zwei mal zwei Meter, also ganz winzig. Ich hatte Geigenunterricht, und wenn ich Geige gespielt habe, mußte ich immer die Tür aufmachen, weil sonst der Bogen an die Wand gestoßen wäre. Vormittags habe ich als »Putze« gearbeitet und nachmittags mit schwererziehbaren Kindern. Ich war 18, als ich den Kibbuz verlassen habe und wollte versuchen, trotz meiner sonstigen Belastungen noch genügend im Konservatorium zu lernen. Es ging auch ganz gut, bis der Befreiungskrieg ausbrach. Da war's mit dem Lernen vorbei, und ich wurde zum Militär eingeteilt, weil ich im Kibbuz wie alle Kinder in diesen Jahrgängen eine paramilitärische Ausbildung gemacht hatte. Sie haben mich in der Stadt zu einer Gruppe eingeteilt, die auf ein bestimmtes Viertel aufpassen mußte. In dem gleichen Viertel hatte ich meine Kinder zu versorgen. Wir haben die Nächte durchgewacht und an Schießscharten gesessen und versucht, die Leute zu schützen, indem wir Sandsäcke aufgeschichtet haben. Es war genau gegenüber der Altstadtmauer, von der arabische Scharfschützen die ganze Zeit herüberschossen. Ich wurde dann vollberuflich Soldat. Als der Staat Israel gegründet wurde und es sofort losging mit den Unruhen, bekam ich eine Gruppe, die ich ausbilden mußte. Ich war einer der ersten Offiziere überhaupt im sogenannten Militär, das aber noch nicht wirklich geordnet war.

Eines Tages habe ich mal frei bekommen und bin mit einem gepanzerten Autobus – die Straße wurde ja noch von allen Seiten beschossen – zu meinen Eltern gefahren. Bei denen habe ich mich ein bißchen ausgeruht und ein bißchen gearbeitet. Als ich dann zurück wollte, war das nicht mehr möglich, weil die Straße gesperrt war. Da hat man uns in ein Camp bei Tel Aviv gebracht, wo wir wochenlang gesessen haben, bis eine andere Straße durch die Berge gebaut wurde, nachts, ohne daß die Araber es gemerkt haben. In dieser Zeit, wo ich bei meinen Eltern war und nicht zurückkonnte, habe ich meinen Mann kennengelernt, der genau wie ich festsaß. Er war beim Orchester in Jerusalem und auch für eine Woche weggefahren, und auf irgendeine komische Weise haben wir uns dann kennengelernt. Als ich dann in Jerusalem war – viel früher als er, weil er kein Soldat war –, ging's dann ziemlich schnell mit unserer Freundschaft, und es war auch die erste Ehe, wo eine Offizierin einen Zivilisten geheiratet hat.

Das erste Mal, daß ich von den Nazigreueln hörte, war, als ich etwa zwölf war und noch zu Hause gewohnt habe. Zu dieser Zeit kamen nachts die illegalen Flüchtlingsschiffe an. Wir waren ziemlich nah am Meer, aber ich durfte eigentlich davon noch gar nichts wissen. Es war »top secret«, man durfte um Gottes willen nicht davon reden, damit die Engländer nicht merkten, daß man nachts diese Schiffe hereingeholt hat. Weil ich irgendetwas mitbekommen habe, hat man mich aber doch eingeweiht, und ich durfte dann mit an den Strand gehen und die Leute holen und auch morsen. Ich konnte sehr gut morsen und war komischerweise als Kind sehr interessiert daran – heute bin ich überhaupt nicht mehr militärisch gesinnt. Wir haben die Schiffe angemorst, daß sie kommen können, und es war alles sehr aufregend für mich. Viele Nächte haben wir da am Strand verbracht und die Leute auf dem Rücken hereingeholt, sie sofort mit frischer Kleidung versorgt und ins Innere des Landes gebracht, so daß morgens, wenn die Engländer aufgewacht waren, der Strand sauber war, als wäre nichts passiert. Da hörten wir natürlich einiges von den Leuten, auch von einer Kusine von mir, die auf diese Weise gerettet wurde. Aber wir waren sehr damit beschäftigt, unseren Ärger auf die Engländer zu haben, die diese

Leute nicht hineinließen, sondern zurückschickten, wenn sie sie aufgetan hatten. Das war für uns ganz gräßlich, weil wir die Leute gesehen haben, wie sie ankamen: abgezehrt und verhungert und verzweifelt. Sie haben schon das Goldene Land gesehen und wurden dann wieder zurückgeschickt! Es war schon schrecklich. Später dann im Kibbuz wurde natürlich sehr viel davon gesprochen. Wir hatten im Kibbuz auch mal eine Gruppe von Juden, die sich in Polen zu den Partisanen geschlagen haben. Eines Tages kamen die bei uns an und erzählten natürlich sehr viel. Aber das ganze Ausmaß haben wir bestimmt erst 1946 oder 1947 gehört, als der Krieg schon vorbei war. Man wußte vorher wohl, daß schreckliche Sachen geschehen, aber dieses Ausmaß hat damals noch keiner gewußt. Meine Beziehung zu Deutschland war da schon gar nicht mehr vorhanden. Ich hatte Deutschland völlig verdrängt und vergessen und war total in Israel aufgegangen, im Gegensatz zu meinem Mann. Er hatte immer noch seine Wurzeln in Europa, vielleicht, weil er erst mit 15 Jahren nach Palästina gekommen ist, also viel älter war. Das macht schon etwas aus. Er war kurz vor dem Abitur, in der Obersekunda, als er ausgewandert ist. Er hatte immer eine unheimliche Sehnsucht, nach Europa zu fahren, allerdings nicht unbedingt nach Deutschland. Er hatte sich nie hundertprozentig in Israel integriert. Er ist ja auch schuld daran, daß ich hier bin, denn von mir aus wäre ich nie zurückgekommen. Aber er zitierte immer noch Goethe und Schiller und hörte Mozart und Brahms. Nicht die deutsche, sondern die europäische Kultur war so wichtig für ihn und steckte so tief in ihm drin – bei mir nicht. Hätte ich ihn nicht kennengelernt, wäre ich nie weggegangen von dort. Ich war hundertprozentig Israelin! Viele, die bei der Auswanderung 18 oder 20 waren, haben immer noch diese Sehnsucht gehabt. Das ist ja doch eine andere Kultur gewesen. Ich hatte das alles gar nicht mehr so richtig erlebt, weil ich viel zu klein war, diese Wurzeln zu spüren. Heute habe ich diese Wurzeln viel eher, weil ich seit 28 Jahren wieder hier lebe und die Sprache kann. Aber ich hätte es auch ohne gekonnt, ich hätte nicht zurückkehren müssen.

Mit meinem Mann und meinen Kindern hatte ich in Israel nur hebräisch gesprochen. Ab und zu, wenn die Kinder etwas nicht verstehen sollten, haben mein Mann und ich Deutsch gesprochen, der beliebte Trick. Inzwischen sprechen unsere Söhne und die Enkel so gut Deutsch wie wir.

Die Beziehung zu Deutschland kam zum ersten Mal wieder ein bißchen in mein Leben, als jeder von uns fünftausend Mark bekam dafür, daß wir unsere Schulbildung unterbrechen mußten, sowohl mein Mann als auch ich. Es war ja nicht so sehr viel Geld, aber für junge Leute doch eine Summe, und da hat mein Mann gesagt: »Dann wollen wir uns erst einmal Europa angucken!« Die Kinder haben wir bei Freunden untergebracht, der eine war sechs, der andere war drei, und sind für vier Wochen nach Europa gefahren. Wir waren überall, aber nicht in Deutschland. Wir hatten große Panik, das Land wiederzusehen und machten einen Riesenbogen darum. Zwei Jahre später, 1959, bekam mein Mann seine Wiedergutmachung. Er hatte plötzlich großes Interesse an elektronischer Musik, die gerade hier in Köln sehr stark aufkam, und wollte das gerne lernen. Mein Schwiegervater, der sich um seine Wiedergutmachung persönlich in Deutschland hätte kümmern müssen, hat gesagt: »Also, wenn ihr da hinfahrt, dann unterstütze ich euch, daß ihr da bleiben könnt mit der Familie, und ihr kümmert euch um meine Wiedergutmachung!«

Wir haben uns mit den Kindern also auf den Weg nach Deutschland gemacht und hatten wieder große Panik vor der Grenze. Als wir über Österreich und die Schweiz in die Nähe von Deutschland kamen, haben wir uns angesehen, sind bleich geworden und haben uns schlecht gefühlt. Da haben wir uns erinnert, daß wir auf unserer ersten Europareise in der Bahn in Italien einen Deutschen getroffen haben, der uns gesagt hat: »Warum kommen Sie nicht? Es hat sich doch alles geändert, die Jugend ist doch anders, und das wird nie wieder passieren. Sie müssen einfach mal kommen!« Da haben wir gehofft, daß er recht hat und haben uns aneinander festgehalten. Zuerst sind wir nach Stuttgart gefahren, wo wir ein paar Tage gewohnt haben. Die ersten Tage waren schrecklich! 1959 war es noch nicht so komfortabel; wir hatten ein Hotel, das war ein langer Schlauch, und die Besitzerin war ziemlich komisch, weil wir mit den Kindern Hebräisch sprachen – was das denn für eine Sprache sei? Es war schon sehr fremd, und ich habe nach zwei, drei Wochen gesagt: »Weißt du was, fahren wir doch wieder!« »Nein, jetzt bleiben wir ersteinmal ein Jahr hier«, sagte mein Mann, »jetzt will ich lernen, jetzt haben wir das alles arrangiert!« Dann haben wir hier in Köln eine Zweizimmerwohnung mit Ofenheizung gefunden. In dem Moment, wo die Vermieter unsere Kinder gesehen haben, hatten wir oft Absagen: einmal, weil wir mit denen nicht Deutsch sprachen, und zweitens hatten sie's mit Kindern nicht so gerne. Ich habe damals gesagt: »Hätten wir zwei Hunde gehabt, wären wir netter aufgenommen worden als mit zwei Jungs!« Aber schließlich haben wir doch eine Wohnung gefunden. Mein Mann ging dann zum WDR und verfolgte das mit der elektronischen Musik. Er war 20 Jahre beim Rundfunk in Israel gewesen und hatte Programme gemacht, und nun wollte er sehen, wie's mit Fernsehen geht. Das hat ihn dann gepackt, und wir haben unseren Aufenthalt um ein Jahr verlängert, weil er schon Geld verdient hat, und sind dann nach Israel zurückgegangen. Das war 1961.

Der Kleine war hier in Köln im jüdischen Kindergarten. Die hatten damals ein Auto und holten alle Kinder ab. Er war nicht sehr glücklich da und heulte jeden Morgen, aber wenn er dann im Auto saß, war's okay. Der Große war zehn damals und kam sofort in die fünfte Klasse im Schillergymnasium, und da war es nicht so toll für ihn. Er sprach überhaupt kein Wort Deutsch und wurde auch schief angeguckt. Mütter sollen das zwar nicht sagen, aber er war ein besonders hübsches Kind mit großen schwarzen Augen, und er sah anders aus als die meisten anderen Kinder. Damals gab's noch keine Türken und andere Ausländer, und einer, der überhaupt kein Deutsch sprach, fiel doch sehr auf. Es war schon schwierig, aber es hat sich doch nach kurzer Zeit gebessert. Er wurde auch ein bißchen herumgeschubst und gehänselt, aber hat sich nie beklagt bei mir. Ich habe ihn oft gefragt: »Och nö, ich schaff' das schon!« Er war allmählich ganz zufrieden hier und hat dann nach kurzer Zeit auch einen netten Freund gehabt, der immer für ihn geboxt hat, wenn er geschlagen wurde, und so war alles okay. Beide Kinder haben ziemlich schnell Deutsch gelernt, so gut, daß mein kleiner Sohn nur Deutsch sprach, als wir damals nach zwei Jahren wieder zurückgingen nach Israel. Und nicht nur Deutsch, sondern Kölsch, weil wir inzwischen ein Kindermädchen hatten, das auf ihn aufgepaßt hat. Ich hatte angefangen zu arbeiten. Es gab ja noch keine diplomatischen Beziehungen zwischen Israel und der Bundesrepublik, aber Israel hatte eine Mission in Köln, und dort habe ich Arbeit gefunden. Es war sehr schön für mich, denn so war ich sozusagen über Tag zu Hause, in Israel. Durch die Arbeit fühlte ich mich auch ausgefüllt, und der Aufenthalt in Deutschland war keine verlorene Zeit für mich. Ich hatte das Gefühl, ich tue hier etwas für mein Land, wahrscheinlich sogar mehr, als ich zu Hause hätte tun können, weil ich eben beide Sprachen perfekt sprach und auch Deutsch schreiben konnte – was bei den wenigsten, die aus Deutschland kamen, noch der Fall war. Ein bißchen hab ich's allerdings auch noch lernen müssen.

Ich hatte einen guten Job in der Informationsabteilung. In dieser Zeit lief der Eichmannprozeß, und meine Aufgabe war es, aus sämtlichen deutschen Zeitungen alle Berichte über den Prozeß auszuschneiden und darüber zu berichten. Das hat mich zum ersten Mal so richtig mit allem konfrontiert. Jeden Tag las ich diese Greuelsachen, und man sah diesen Prozeß ja auch hier in Deutschland im Fernsehen. Damals kam eine Freundin, die Auschwitz überlebt hatte, zum ersten Mal nach Köln in einen Tanzsommerkurs, und da lief nun dieser Prozeß im Fernsehen. Sie, die uns nie etwas erzählt hatte, von der wir aber wußten, sie hat die Nummer auf dem Arm – sie saß und starrte in diesen Kasten, und lautlos liefen ihr die Tränen herunter. Da haben wir zum ersten Mal von ihr etwas über diese Zeit gehört, weil diese Geschichte den Knoten irgendwie gelöst hat. Es war furchtbar, wir saßen völlig betrapst da. Das war 1961.

Zu jüdischen Leuten haben wir in diesen ersten Deutschlandjahren eigentlich wenig Kontakt gehabt. Ich hatte den Standpunkt: »Wenn ich in einem Land bin, dann will ich mich nicht wieder abkapseln. Wenn wir Freunde finden, dann gut, und wenn nicht, dann nicht!« Und wir haben Freunde gefunden, sogar sehr gute, mit denen wir heute noch befreundet sind, und die uns doch sehr viel von dieser Scheu genommen haben! Zuerst hatten wir uns aber doch etwas abgekapselt. In meiner Arbeit hatte ich natürlich nur Kontakt mit Israelis, mein Mann mit Deutschen – also haben wir dann gemischt. Ich bin auch heute nicht in der Jüdischen Gemeinde, weil ich denke: entweder lebe ich hier – dann muß ich das Leben leben wie alle anderen und mich hier mehr oder weniger zu Hause fühlen, aber ich will mich nicht wieder abkapseln. Dann muß ich wieder zurückgehen nach Israel! Dieses Sich-Einigeln in eine Gemeinde, um nur untereinander sein, das finde ich blöd; so kann ich hier nicht leben.

Wir haben also sehr gute neue deutsche Freunde gefunden und sogar alte deutsche wiedergetroffen. Z. B. ist der Sohn von einer Freundin meiner Mutter plötzlich bei uns aufgetaucht, und wir sind bis heute beste Freunde. Mit ihm hatte ich zusammen im Sandkasten gespielt! Bei denen waren wir natürlich sicher, daß sie niemals Nazis waren. Diese Freundin, die Barbara, hat vielen Juden geholfen und ist zehnmal in die Schweiz gefahren mit Geld auf ihrem Körper, um den Juden wieder ihr Geld zu bringen. Die hat das goldene Weiß-ich-was verdient! Leider ist sie letztes Jahr mit 95 gestorben. Also, von denen wußten wir, daß sie absolute Antifaschisten waren, und das hat uns natürlich sehr gutgetan. Die Barbara hat uns auch eingeladen nach Nürnberg, und da sahen wir doch, daß es viele Leute gab, die damals nicht mitgemacht hatten. Ich muß sagen, wir haben da keine schlechten Erfahrungen gemacht, im Gegenteil.

Viele Gespräche über die Nazizeit und die Verbrechen hat es mit Deutschen allerdings nicht gegeben; man hat sich doch sehr zurückgehalten. Viele Leute waren so alt wie wir oder vielleicht sogar jünger und konnten deshalb kaum beteiligt gewesen sein. Mit Deutschen haben wir also nur wenig darüber gesprochen, aber an meiner Arbeitsstelle wir Israelis natürlich umso mehr. Natürlich gab es welche, die ankamen: »Ja, wir haben ja nichts gewußt!« Es hat uns oft gewundert, wo die ganzen Nazis geblieben waren. Wir haben dann schon noch welche getroffen. Bevor ich in der Israelischen Mission gearbeitet habe, war ich in einem Musikgeschäft angestellt; ich kannte mich ja mit Musik aus, weil ich Musik studiert hatte. Es war Karneval, und es war so, wie eben in Köln Karneval ist: Es wurde alles ausgeräumt, und man tanzte. Für mich war das alles neu, und ich habe mich gewundert, wie das ging. Da kam einer auf mich zu, es war der Chauffeur von diesem Musikhaus, und sagte: »Frau Schmuckler, ich muß Ihnen erzählen, ich war ein glühender Nazi. Und es tut mir sehr leid heute!« Ich fand toll, daß er auf mich zukam! Wir haben auch zusammen getanzt, obwohl es mir ein bißchen komisch vorkam, aber die Mauer war irgendwie durchbrochen. Bei unsympathischen Leuten, die es natürlich auch gab, haben wir uns einfach zurückgezogen. Unsere Freunde sind alle keine Nazis gewesen, das weiß ich.

1961 sind wir wieder zurückgegangen nach Israel, weil ich gesagt habe: »Die Kinder wachsen jetzt aber in Israel auf! Das kommt ja gar nicht in Frage, daß wir hierbleiben!« Mein Mann bekam dann, kurz bevor wir zurückgehen wollten, ein Angebot vom WDR für ein Jahr. Er ist dann geblieben, und ich bin mit den Kindern alleine zurück. Das war gar nicht so einfach, denn man hatte sich hier schon an einen gewissen Komfort gewöhnt. Ich hatte hier den Führerschein gemacht und ein altes Auto gekauft, was in Israel alles nicht in Frage kam. Aber ich fühlte mich in Israel eben zu Hause und wollte einfach zurück. Wenn ein Deutscher ein Jahr nach Amerika geht, dann will er ja auch wieder nach Hause. Es hatte auch damit zu tun, daß meine Freunde und Verwandte in Israel uns schrecklich kritisiert haben dafür, daß wir mit den Kindern nach Deutschland gegangen sind, ausgerechnet nach Deutschland! Immer wieder bekamen wir das von denen auf's Brot geschmiert: »Wie könnt ihr nach Deutschland zurückgehen? Seid ihr verrückt, in das Land, wo es keine Juden mehr gibt, wo alle ermordet sind? Wie könnt ihr das überhaupt den Kindern antun?« Es war für mich hundertprozentig klar, daß ich nicht in Deutschland bleiben würde, daß ich nur für eine bestimmte Zeit hierhergekommen bin. Als mein Mann dann das Angebot vom WDR angenommen hat, habe ich gesagt: »Ich fahre jetzt zurück. Das Schuljahr beginnt, und die Kinder müssen in die Schule«. Das war schwierig, denn unser kleiner Sohn war hier mittlerweile in der Schule, aber hat es irgendwie nicht gepackt. Das erste Jahr in Israel war dann wieder sehr schwer für ihn. Er kam nach Hause und sprach nur Kölsch mit meiner Mutter, die aber nur Schwäbisch konnte und ziemlich konsterniert war. Sie sagte: »Der spricht zwar Deutsch, aber so ein komisches Deutsch!« Sag' ich: »Nein, *Du* sprichst ein komisches Deutsch!« Auch in der Schule hat er zuerst Deutsch gesprochen, was ihm keinen guten Einstieg gebracht hat. Der Lehrer war ein Überlebender aus Polen, mein Sohn zu allem Überfluß auch noch blond und blauäugig, und die Kinder haben ihn, wenn sie ihn hänseln wollten, »Nazi« gerufen. Irgendwie hat er die Situation ganz gut gepackt, aber er war immer ein schlechter Schüler. Ob das damit etwas zu tun hat, weiß ich nicht.

Mein Mann kam nach einem dreiviertel Jahr zurück, blutenden Herzens, weil es ihm in Köln gut gefallen und ihm die Arbeit großen

Spaß gemacht hat. In Israel mußte er wieder beim Radio arbeiten, weil es da noch kein Fernsehen gab, und er war nicht so glücklich. Aber die Familie war ihm eben wichtig. Trotzdem ist er ein weiteres Mal nach Köln gegangen, wieder für ein Jahr, und wir waren wieder alleine, was nicht so toll war, denn die Kinder brauchen einen Vater in diesem Alter. Aber es waren starke Fäden, die ihn zurückgezogen haben: Es war Europa, es war die Kultur, und man konnte das Auto nehmen und über die Grenzen fahren, also etwas Freiheit spüren, was er in Israel überhaupt nicht konnte. Die ganzen Grenzen waren dicht, und das war wahrscheinlich ein Hauptgrund, warum er sich hier in Deutschland so wohlgefühlt hat. Als er dann Aussicht hatte, in Köln eine wirklich feste Arbeit zu bekommen, hat er gesagt: »Komm, laß uns fahren!« Da war ich zuerst nicht glücklich, habe aber nach einer Weile gesagt: »Okay. Ich komme erstmal versuchsweise für ein Jahr.« Mein großer Sohn war inzwischen 17 und durfte nicht mehr aus Israel heraus, weil er mit 18 zum Militär mußte. Wir haben deswegen hin und her überlegt, und schließlich hat mein Sohn gesagt: »Ich bleibe hier und mache meinen Militärdienst, und dann komme ich halt nach. An den Wochenenden kann ich bei der Oma sein oder bei einer Freundin von mir.« Hinterher hat sich herausgestellt, daß es doch keine gute Sache war, weil er sich ziemlich einsam gefühlt hat. Seit damals leben wir also hier; mein Mann ist 1966 endgültig gekommen und ich 1967. Im Ganzen waren wir zweieinhalb Jahre ohne Vater gewesen, was der Beziehung nicht so gutgetan hat. Ich mußte mich entscheiden: entweder bleibe ich in Israel – dann müssen wir uns scheiden lassen, weil mein Mann nicht mehr nach Israel wollte, oder ich versuche es. So bin ich also hierher gekommen.

Es war damals ein harter Kampf in mir. Und wieder die Freunde, die Familie: »Bist du verrückt? Und die Arbeit?« Ich hatte sehr viele gute Freunde. Es war schon schwierig, unten alles abzubrechen und hier von neuem zu beginnen. Ich hatte auch in Israel immer gearbeitet. Man kann in Israel nicht Familie haben, ohne daß beide arbeiten, wenn man nicht reich ist. Und wir waren nicht reich; mein Mann war Beamter. Ein Auto konnten wir uns nicht leisten, die Wohnung mit ihren zwei Zimmern war gemietet. Vom materiellen Standpunkt waren wir in Deutschland besser dran. Schon am Anfang hatten wir uns ein Auto leisten können. Damit sind wir herumgefahren durch Holland und Belgien, haben uns die ganzen Länder angeguckt, und die Kinder haben ein bißchen mehr Horizont bekommen. Es war nicht so eng, und das macht sehr viel aus. Eine Hintertür hatte ich mir aber trotzdem noch offengehalten: ein Jahr hatte ich noch meine Wohnung mit allen Möbeln gehalten und sie an einen Studenten vermietet. Schließlich habe ich sie aufgelöst, aber ohne meine Bindung nach Israel abzuschneiden. Einmal lebte mein Sohn noch dort, der bis 1970 beim Militär war, und außerdem meine ganze Familie. Den Sohn bin ich drei oder vier Mal im Jahr besuchen gefahren. Innerlich habe ich mich damals noch nicht lösen können – bis heute eigentlich nicht, aber nach 28 Jahren nun allmählich etwas mehr. Ich fahre auch heute noch nach Israel, zumal ich eine Enkeltochter da habe, die kleine Tochter von meinem Sohn, der geschieden ist.

Irgendwann habe ich bei der Israelischen Botschaft in Bonn, die es nun inzwischen gab, Arbeit bekommen. Neun Jahre habe ich dort gearbeitet, bis zu dem Zeitpunkt, wo Begin ans Ruder kam. Ich war schon 50, die Fahrt nach Bonn war ziemlich weit, und außerdem hat mir diese Regierung auch gar nicht gepaßt, dieser ganze rechte Zug. Eigentlich war ich ganz froh, dort wegzukommen, obwohl ich früher sehr gerne dort gearbeitet habe.

Ende der sechziger Jahre waren hier die Studentenunruhen, und die waren für mich ein hoffnungsvolles Zeichen, obwohl ich eigentlich gar keine Zeit hatte, mich damit zu befassen. Ich war zehn Stunden außer Haus, und außerdem hatte ich den Haushalt und die Kinder. Mein Mann ist aber damals mit auf die Straße demonstrieren gegangen. Erst als ich aufgehört habe zu arbeiten, habe ich mich viel mehr politisiert, auch wegen Begin und diesen Rechtstendenzen. Die haben mir doch sehr die Augen geöffnet. Als Brandt an die Regierung kam, war das für uns sehr schön, und wir haben seine Politik sehr begrüßt.

Bin ich jetzt wieder mehr eine Deutsche geworden? Ich bin nicht anders als vor 15 oder 20 Jahren. Unsere Freunde sind die gleichen geblieben. Wir haben auch sehr viele israelische Freunde. Die sagen immer: »Euer Hotel ist das ganze Jahr geöffnet!« Das Gästezimmer ist immer belegt, meistens mit Israelis: Freunde und Familie, alle kommen hierher. Es hat sich ja auch diese Spannung gelockert zwischen Israel und Deutschland. Die Israelis kommen nach Deutschland ohne schlechtes Gewissen, und sie kommen gerne nach Deutschland, eigentlich alle unsere Freunde. Sie wollen nicht unbedingt hierbleiben, aber sie haben nicht mehr diese Anspannung. Das hat sich sehr geändert, auch in Israel, sogar bei den ganz radikalen, die früher gesagt haben: »Wie kann man nur nach Deutschland zurückgehen?« Die kommen heute zu Besuch hierher und kaufen hier ein. Als Juden haben wir überhaupt keine schlechten Erfahrungen bisher gemacht. Wir hatten einmal einen Nachbarn hier, der war ein Nazi. Er hat Sachen gesagt wie: »Da geht der kleine Jude mit seiner stinkenden Zigarre!« Aber er war dem ganzen Haus so verhaßt, daß es auch in unseren Augen eine Ausnahmefigur war. Es war ein schrecklicher Kerl! Er ist Gott sei Dank gestorben, also Friede seiner Asche! Das war unsere einzige schlechte Erfahrung. Aber daß wir richtig Angst haben mußten? Nun sehen wir ja auch nicht aus, wie sich manche Deutsche die Juden vorstellen. Da gibt es eine schöne Geschichte: das Foto, das auf der Rückseite meines Buches ist, war auch im Kölner Stadtanzeiger abgebildet. Die Nachbarin, die inzwischen von diesem schrecklichen Typ geschieden war und eigentlich ganz freundlich war, allerdings nicht die Klügste, kommt morgens mit dem Artikel und sagt: »Frau Schmuckler! Sie sind ja in der Zeitung! Sehen Sie mal, Sie sehen doch überhaupt nicht jüdisch aus!« Das sind so Sachen. Aber ich finde es nicht so schlimm, weil das die Vorstellungen von Leuten sind, die keine Juden kennen: »das sind alles kleine Schwarze mit Hakennasen« – irgendwie so. Diese Frau sagte auch immer, daß der Oren, mein jüngster Sohn, aussieht wie ein Norweger, weil er blond ist und blaue Augen hat: »Wie kann der ein Jude sein!«

Ich nehme an, daß viele so denken – es nicht gerade sagen, aber denken. Da wirkt sich schon noch über Generationen hinweg die Propaganda aus. Wir wissen natürlich auch, daß es wieder neue Nazis gibt und verfolgen das mit großer Spannung. Ich hoffe doch, daß es nicht wieder hochkommt. Mein Mann sagt immer, es kommt nicht hoch – ich sage: ich weiß nicht, es ist so eine Wellenbewegung. Was mein Vertrauen in die deutsche Demokratie betrifft, habe ich eine Unsicherheit, muß ich ehrlich sagen. Nicht für mich persönlich – ich habe überhaupt kein Gefühl von Angst, überhaupt nicht! Aber ich denke, daß noch sehr viel Antisemitismus in diesem Land ist, dem man nicht direkt begegnet. Es gibt

Umfragen, man kann es in der Zeitung lesen. Wir sind keine typischen Juden, wir sind in keiner Gemeinde, wir gehen nicht in die Synagoge. Es ist natürlich etwas anderes, wenn einer an der Religion hängt, und die Äußerlichkeiten machen auch etwas aus: samstags das und das nicht machen, sich abkapseln ... Auch türkische Frauen mit Kopftüchern werden angepöbelt; Deutsche haben kein Verständnis dafür. Also, so ganz ruhig bin ich nicht. Meine beiden Kinder sind hin und hergerissen, vor allem der Jüngere: der war zwischendurch acht Jahre in Israel, lebt seit sechs Jahren wieder hier und hat eine deutsche Frau geheiratet. Er hat von seiner vorigen Frau eine kleine Tochter, die er jeden Monat in Israel besucht, und ist hin- und hergerissen, viel stärker als ich. Er ist ja auch immerhin dort geboren und großgeworden.

Als meine Mutter uns damals hier in Köln besucht hat, war das ein gewaltiger Schritt für sie. Aber sie wollte auch Barbara wiedersehen, ihre Freundin, die so vielen geholfen hat, und natürlich uns und die Kinder. Sonst wollte sie hier nichts machen; sie war damals schon 73. Es gibt schon noch eine Grenze, eine große sogar, aber die Atmosphäre ist trotzdem ganz anders als damals, als wir kamen. Damals kannte doch kaum ein Mensch hier Israel, keiner konnte etwas damit anfangen, und immer mußte man erklären. Es war auch noch sehr viel vom Nazigeist übrig, und das gibt's ja auch heute noch. Ich habe nie verstanden z. B., daß Adenauer wieder den Globke eingestellt hat, der die Judengesetze gemacht hat! Solche Sachen begreife ich nicht! Oder daß man Kiesinger zum Kanzler gemacht hat! Diese vielen Richter, die einfach aus dieser Zeit übernommen worden sind! Das ist schrecklich! Meistens war ja die CDU dafür verantwortlich, ohne Frage mehr als die SPD. Aber ich nehme an, die sterben aus; ich hoffe es jedenfalls. Wir sind ja eine Generation, die ausstirbt.

Mit der Staatsbürgerschaft war das eine ziemlich komische Geschichte. Ich hatte meinen Mann hier in Deutschland besucht, und wir wollten nach Dänemark fahren. Mit meinem Israel-Paß bekam ich kein Visum, d. h. ich hätte drei Wochen warten müssen, wo wir doch im Ganzen nur fünf Wochen Ferien hatten. Da sagte er: »Warum holst du dir nicht deinen Personalausweis? Du bist doch schon lange wieder Staatsbürger!« Wir hatten uns wohl schon eingebürgert, ohne daß ich mich erinnert habe. Es ging mir zuerst ganz gegen den Strich, daß ich auf einen deutschen Paß fahren sollte, aber dann habe ich's doch aus Bequemlichkeit gemacht, wie ich zugeben muß. Es mich geärgert, daß ich als Israelin drei Wochen warten mußte auf das Visum, und mit dem deutschen Paß durfte man anstandslos nach Dänemark, ohne daß man ein Visum brauchte! Es war natürlich eine Charakterschwäche von mir, den Paß zu nehmen, aber ich wollte mit meinem Mann so gerne verreisen! Heute haben wir beide Pässe, auch meine Kinder, denn auf den Israel-Paß verzichte ich auf keinen Fall, obwohl er viel Geld kostet und immer wieder erneuert werden muß. Das ist immer noch dieser Rückhalt, den ich haben muß. Wer weiß? Es ist wahrscheinlich blöd, aber warum soll man nicht zwei Pässe haben? Den Kindern kommt das auch zugute, denn mein Sohn ist Kameramann und auf der ganzen Welt unterwegs, und mit dem Israel-Paß hätte er immer Probleme gehabt. Mit dem deutschen Paß hat er nie Probleme. Es ist vor allem eine Sache der Bequemlichkeit.

Ich weiß nicht, ob das Wort »Heimat« für mich noch eine Bedeutung hat. Wenn ich hier bin, habe ich kein Heimatgefühl, aber auch nicht mehr in Israel. Eine Zeitlang hatte ich das noch, aber ich habe mich sehr von Israel entfremdet durch diese Politik, durch diese besetzten Gebiete und dieses Nicht-Zurückgeben. Diese ganze Sache geht mir so gegen den Strich, daß ich immer mehr Kritik an der Politik in Israel habe. Natürlich fühle ich mich wohl in dem Land, aber wenn ich heute nach Jerusalem komme, dann ist das die intoleranteste Stadt, die ich überhaupt kenne. Die Juden sind so furchtbar, es sind nur noch fromme Juden da, es wird nur noch über jeden Stein diskutiert. Es ist so intolerant und eng geworden, daß ich mich da nicht mehr wohlfühlen kann. Es ist ein Unterschied zwischen Tel Aviv und Jerusalem, das gebe ich zu. Tel Aviv ist eine offene Weltstadt, und es sind viel mehr junge Leute da. Aber das Gefühl, daß ich dahin nach Hause will ...? Ich fahre nach Jerusalem nur noch, weil ich da meine besten Freunde habe, nicht weil ich Jerusalem gerne wiedersehen will, und das sage ich, obwohl ich 25 Jahre dort gelebt habe! Es ist eine so schöne Stadt, aber man spürt auf Schritt und Tritt diese Intoleranz. Diese Schlußfolgerung tut mir weh, weil ich das Land einmal sehr geliebt habe, und es hat mich ja schließlich gerettet. Diesen Schritt, den Rabin vor zwei Jahren gemacht hat, den hätte man vor zehn oder 15 Jahren machen müssen, am besten noch früher, und diese Siedlungen hätten gar nicht gebaut werden dürfen. Wir waren immer dagegen und meine Freunde und die Familie auch. Die Unterdrückung von Palästinensern hat vieles verändert. Es war ja furchtbar, was sie mit denen gemacht haben! Jetzt ist es vielleicht etwas besser, aber das hat mich dem Land wirklich entfremdet. Ich habe auch hier kein Heimatgefühl, aber damit kann ich ganz gut leben. Wir haben unseren Platz hier gefunden, wir fühlen uns hier sehr wohl, wir haben sehr, sehr viele Freunde. Wir haben eigentlich dadurch gewonnen, sowohl materiell als auch sonst, weil man sonst diese Öffnung zu Europa nie gehabt hätte. Wenn ich in Israel geblieben wäre, hätte ich mich da aber vielleicht auch wohl gefühlt.

Ich würde mir wünschen, daß die Jugend hier sich mehr engagieren würde, aber das Wichtigste ist mir, daß wir einfach zur Normalität übergehen und diese Grenzen abbauen. Ich meine, ob nun einer in die Kirche oder in die Synagoge geht, ist doch eigentlich wurscht! Wir leben alle hier und haben das gleiche Leben, die gleichen Chancen – da ist so etwas doch vollkommen egal.

Anmerkung:
Die Neuauflage der im Text erwähnten Autobiographie ist 1997 im Melina Verlag unter dem Titel *Gast im eigenen Land. Emigration und Rückkehr einer deutschen Jüdin* erschienen.

H.M.

geb.: 1918 in Berlin
Rückkehr: 1987
Gespräch: 8. August 1995, München

Berlin – Holland – New York – München

Ich bin 1918 in Berlin geboren. Mein Vater war Kunsthändler und hatte in der Tauentzienstraße eine sehr interessante Kunsthandlung – moderne Malerei und Berliner Secession. In Berlin bin ich auch aufgewachsen und in die Schule gegangen, Grundschule und Gymnasium. 1931 starb mein Vater schon. Es war eine große Rezession, was die Kunst anbetraf; die gesamte ökonomische Lage war sehr schlecht in Deutschland. Mein Vater konnte das nicht überstehen und hat sich das Leben genommen. Mein Bruder und ich sind dann in ein jüdisches Waisenhaus gekommen, weil meine Mutter arbeiten mußte und der ganze Haushalt aufgelöst worden war. 1933 kam der Nationalsozialismus ans Ruder. Zu der Zeit damals haben wir das noch gar nicht richtig begriffen: wir dachten, daß da halt eine nationalistische Partei gewählt wurde, wie das ähnlich früher immer wieder der Fall war. Uns junge Menschen hatte damals der Nationalsozialismus noch nicht so betroffen. Wir haben weiter im Waisenhaus gelebt und sind in die Lehre gegangen. In Berlin hatte man den Antisemitismus um die Zeit noch nicht so gefühlt, weil es eben eine Großstadt war und man sich nicht so kannte. Es hat sich mehr in Kleinstädten abgespielt, wo Juden plötzlich in Schwierigkeiten kamen, weil man wußte, wer sie waren. Man hat auch geglaubt: das wird wieder vorübergehen. Es gab verschiedene Vorfälle, z. B. die Sache mit Röhm, daß man glaubte: »jetzt bekämpfen sie sich schon untereinander – das wird nicht mehr so lange dauern!«

Der Reichstagsbrand hat Hitler den Vorwand gegeben, sich die volle Macht zu nehmen, und dabei ist es dann geblieben – wobei der Terror viel dazu beigetragen hat. Jeder paßte nun auf, auch die Deutschen, was man in der Diktatur noch sagen konnte, und hatte Angst, verraten zu werden. Es wurde alles schon sehr organisiert von den Nazis!

Meine Mutter war Halbjüdin. Sie hatte vier Geschwister, von denen ein Teil christlich geheiratet hat und ein Teil jüdisch. Die Religion hat bei uns keine so große Rolle gespielt, wir waren nicht fromm. Mein Großvater war aber sehr religiös. Er kam aus Rumänien. Er hat mich und meinen Bruder ab und zu in die Synagoge gebracht, zu hohen Feiertagen. Aber sonst waren wir ziemlich liberale Juden. Der Freundeskreis meiner Eltern war sehr gemischt: da waren Maler und Schauspieler und andere Künstler. Die haben sich zusammengetan, kamen in unsere Wohnung und sind manchmal über Nacht geblieben – also, es war immer etwas los dort. Da hat niemand in dieser Zeit gefragt: »Bist du jüdisch oder christlich?«, sondern man hat eine Beziehung zu den Menschen gehabt oder nicht. So war das in unserem Haushalt. Es waren sehr viele christliche Freunde in unserem Kreis – z. B. der Kabarettist Willi Schaeffers, der einige Zeit das »Cabaret der Komiker« geleitet hat –, die sich für uns eingesetzt und uns Geld gegeben haben, als wir geflüchtet sind. Ich war ja auch jung; Familienväter und Geschäftsleute haben ihre Geschäfte aufgeben müssen, weil die arisiert worden sind. Diese Menschen haben den Druck mehr gemerkt als ich.

Ich bin dann 1936 in die Lehre für Schaufensterdekoration gegangen, zwei Jahre lang in ein jüdisches Geschäft in der Tauentzienstraße. Da hat man schon gemerkt, daß es für Juden schwieriger wird und daß man eventuell weg muß. Dann kam 1938 die »Kristallnacht«, und da wurde uns klar, daß wir nicht länger bleiben konnten. Juden hatten schon keine Möglichkeit mehr, ein Geschäft zu haben. Da bin ich nach Holland geflüchtet.

Das Geschäft in der Tauentzienstraße war ein sehr schönes Modegeschäft, dessen Inhaber Bernath hieß. Wir haben immer abends dekoriert, auch am 9. November – dann war das Geschäft zu und die beste Zeit dafür. Plötzlich haben wir gehört, daß Scherben flogen. Wir haben rausgeschaut aus dem Laden, und da stürmte die ganze Meute von Laden zu Laden, vom Wittenbergplatz her. Die waren nicht in Uniform, diese Meute von Menschen, die mit Stöcken bewaffnet waren und einfach allen jüdischen Geschäften – und es waren meist jüdische Geschäfte in dieser Gegend – die Fenster zertrümmerten.

Wir haben uns versteckt, aber leider war da ein Gerüst vor dem Laden – es wurde gerade renoviert –, und die konnten von außen raufklettern und haben die Scheiben zerschmissen. Sie hatten wahrscheinlich eine bestimmte Zeit dafür zur Verfügung und sind dann weitergezogen. Sie haben nichts durchsucht, ob da Menschen zu finden waren, sondern einfach die Volkswut vertreten. Das war dann der Zeitpunkt, wo mein Bruder, der war 16, und ich gedacht haben: »Wie kommen wir hier raus?« Wir hatten schon vorher Konsulate aufgesucht, aber es war nichts zu machen. Kein Land hat uns ein Visum gegeben – es war überhaupt nicht möglich, ohne Geld und Beziehungen rauszukommen! Später wurden wir oft gefragt: »Warum seid ihr nicht schon früher weg?« Man konnte ja nicht aus Deutschland raus, wenn man kein Visum hatte! Und so haben wir dann die Sachen gepackt, sind Richtung Holland und haben versucht, illegal über die Grenze zu kommen.

Meine Mutter wollte nicht auf diese Weise flüchten. Sie hatte einen Bekannten in England, und der wollte ihr das Visum schicken. Sie wollte also von Deutschland nach England, was ihr nicht mehr gelungen ist, weil der Krieg ausbrach. Wir waren inzwischen in Holland und wurden untergebracht in Lagern für deutsch-jüdische Flüchtlinge. Die Holländer waren nicht interessiert daran, daß wir uns in Holland festsetzten – Arbeitslosigkeit war da auch –, und es sollte nur vorübergehend sein. Wenn wir ein Visum bekamen, konnten wir weiter. Wir waren untergebracht in alten Hotels, und bei Rotterdam wurde eine Quarantänestation für Flüchtlinge eingerichtet. Und da saßen wir nun und haben auf ein Visum gewartet, das nicht kam.

Es war gleichzeitig ein Abenteuer und eine Notlage für meinen Bruder und mich. Wir waren in Gefahr gewesen, verhaftet und ins Konzentrationslager gebracht zu werden, was vielen so gegangen ist. In Berlin hatten wir immer dort übernachtet, wo schon Leute abgeholt worden waren, weil es einigermaßen sicher war, daß da keine zweite Razzia mehr stattfand. Als Jude wurde man nicht mehr angestellt, unsere Lebensmöglichkeit war abgeschnitten, und wir sahen nur die Möglichkeit zu flüchten, wenn man schon kein

Visum bekam. Die Welt war ja nicht so offen damals und das jüdische Problem war nicht so wichtig für die meisten Länder, die ja auch Geschäfte gemacht haben mit Deutschland.

Als der Krieg ausbrach, wurde in Holland ein Lager für alle Flüchtlinge gebaut, damit die nicht über das ganze Land verteilt waren in alten Hotels. Es hieß Westerbork und ist von der holländischen Regierung gebaut worden, auch mit jüdischen Geldern. Da wurden wir hingebracht und haben wieder auf eine Möglichkeit gewartet weiterzugehen. Als die Deutschen Holland überfallen haben, fanden die das Lager sehr günstig; sie haben Stacheldraht drumherum gemacht und noch viele Baracken dazugebaut. Die hatten schon die Absicht, auch die holländischen Juden dorthin zu bringen; es war ja von den Nazis schon geplant, was mit den Juden geschehen sollte. Ich hatte es nicht geahnt, keiner von uns! Es gingen wöchentlich Transporte von Westerbork nach Deutschland, und wir haben gedacht, daß die Juden dort arbeiten müßten. Wir wußten die Namen von den Lagern, wo die Züge hinfuhren, Theresienstadt, Bergen-Belsen, Auschwitz, aber wir hatten keine Vorstellung, was das bedeutet und haben gedacht, daß es da so ähnlich sein würde wie bei uns in Westerbork. Westerbork war eigentlich ein humanes Lager verglichen mit denen in Deutschland, und es gab Kinder und Familien und Kindergärten, und wer krank war, wurde ins Krankenhaus gebracht. Es gab Schulungen und Ackerbau, da waren Kartoffelfelder und ein Bauernhaus. Wir haben Informationen über die Kriegsgeschehnisse bekommen, weil wir illegal Radio gehört haben. Wir hatten die Hoffnung, daß die Sache einmal vorbeigeht und Deutschland verliert. Man hat ja gehört, daß Afrika verlorenging und es Schwierigkeiten gab in Rußland.

Deutschland war ja eigentlich für uns die Heimat gewesen und wir hatten geglaubt, daß wir eventuell dorthin zurückkönnten, um dort weiterzuleben. Wir waren ja eigentlich Deutsche. Das Judesein ist eine Religionsgemeinschaft gewesen. Der Zorn der Nazis war: »Die Juden sind an allem Schuld!« Viele hatten ihr Hab und Gut, ihre Wohnungen und Geschäfte in Deutschland zurückgelassen und haben geglaubt, daß man eines Tages wieder nach Deutschland zurückkehren könnte. In der Zwischenzeit hatte ich erfahren, daß der Mann, bei dem ich in Berlin gearbeitet hatte, nach New York gegangen ist, und da hatte ich den Traum, auch dahin zu gehen. Für uns Jüngere, die nur geflüchtet sind und nichts hinterlassen haben materiell, war ein neues Land sehr aufregend und bedeutete die Zukunft. Auch wegen der Zustände in Deutschland: dadurch, daß wir das Gefühl hatten, jeder macht mit, jeder wurde Nazi. Dazu kam das Alleinsein, also daß man uns einfach links liegenließ und wir kaum eine Hilfe bekamen. Die Deutschen hatten inzwischen Angst, sich mit den Juden zusammenzutun – »eventuell sieht das ja jemand!« –, und dann würden sie ja Repressalien erleiden und ihre Arbeit verlieren. Wenn man später darüber nachdenkt, kann man nun nicht alle dafür verurteilen, was dort geschehen ist, aber ein Großteil hat mitgemacht, und wir haben das Gefühl gehabt, wir sind Ausgestoßene – auch wenn viele Deutsche den Kopf schüttelten über das, was passierte. Wir waren schließlich Nachbarn und liberale Juden und assimiliert. Assimiliert ist ja eigentlich, wenn man als Deutscher geboren ist und das deutsche Leben gelebt hat. Wir waren Deutsche jüdischer Abstammung, und das Judentum war eine Religion unter anderen Religionen. Wir haben nun den Zorn der Nazis auf uns gezogen und sollten an allen Dingen schuld sein, und viele, die mit Juden keine Verbindung hatten, haben geglaubt, daß da doch etwas dran sein müsse. Es wurde ja auch wiederholt und wiederholt, und man hörte vom *Stürmer* und *Völkischen Beobachter*: »Das waren die Juden, die Juden sind schuld!« Viele haben dann geglaubt: »Na ja, das wird vielleicht wirklich der Grund sein, warum es Deutschland so schlecht geht.« Also für uns war keine Hoffnung mehr da, und wir hatten auch keine Unterstützung mehr von irgendjemand, weil der Deutsche Angst hatte, sich mit Juden einzulassen.

Es waren nicht alle gleich von Anbeginn Nazis, denn in Berlin kannte fast jeder eine jüdische Familie, und man kam zusammen. Viele sagten: »Das wird ja eines Tages vorbei sein, was sich da abspielt, und damit sind wir auch nicht einverstanden!« Aber wie der Terror so ist: die Nazis haben in jedem Haus jemanden eingesetzt, der darauf aufgepaßt hat, daß man nicht gegen den Nationalsozialismus war oder für die Juden eintrat. Terror ist die Waffe gewesen, die der Hitler gleich angewendet hat. Meine Beziehung zum Deutschsein hat sich durch alles das verändert. Ich habe mich nicht nur als Jude gefühlt, weil ich als solcher bezeichnet wurde. Ob man orthodox war, sehr religiös oder liberal oder modernisiert, hat ja keine Rolle mehr gespielt. Wir waren alle zuerst einmal Juden, und zu dieser Gruppe gehörte ich auch. Ich hatte ein Zugehörigkeitsgefühl zum Judentum, auch ohne sehr religiös zu sein.

In Westerbork war es inzwischen so: Wir jungen Leute, die in einer Baracke untergebracht waren, hatten unseren Rucksack ständig gepackt, weil wir glaubten, eines Tages müßten wir auch auf einen Transport nach Deutschland. Um uns zu schützen, haben wir uns Posten gesucht, um uns sozusagen unentbehrlich zu machen; ich war in der Malerwerkstatt. Es gab im Lager auch Kabarett, wo die besten Kabarettisten aufgetreten sind, und dafür habe ich die Kulissen gemalt. Mein Bruder hat Automechanik gelernt, bevor er nach Holland gegangen ist, und sich in Westerbork gleich in die Werkstatt gemeldet, wo er für die Feuerwehrpumpen zuständig war. Er hatte eine sehr gute Position und sagte zu mir: »Mit der Malerei wirst du wahrscheinlich nicht im Lager bleiben können, sondern bald abtransportiert werden. Es ist besser, wenn du in meine Gruppe kommst.« Die gehörte gleichzeitig auch zum Ordnungsdienst. Das Lager war den Juden ja überlassen, und SS-Leute waren sehr wenig zu sehen. Wir mußten das Lager selbst in Ordnung halten und es gab eine Administration. Es war so: wenn die Transporte mit Juden ankamen, wurde jeder registriert, und das mußten wir vom Ordnungsdienst machen. Alles, was die Gefangenen betraf, war in jüdischen Händen.

Als ich noch bei der Malerei war, wurde ich für den Abtransport nach Auschwitz eingeteilt. Der Zug stand schon bereit, als noch Post für mich kam – wir konnten Post empfangen. Es war ein Brief von meiner Mutter, die schrieb, daß sie arisiert worden sei. Meine Mutter war Halbjüdin, hatte aber einen Juden geheiratet und zählte dadurch als Volljüdin; sie mußte in Berlin auch Pflichtarbeit machen in irgendeiner großen Wäscherei. Ihre Familie war halbjüdisch. Sie berieten nun: »Wie kann man dich retten?« Das war 1942, und es gab schon Transporte von Berlin nach Polen. Dann kamen die auf die Idee: »Also, wir werden das so machen: anstelle von deinem jüdischen Vater, den du ja hattest, werden wir sagen, daß du das uneheliche Kind von einem nichtjüdischen Mann bist.« Die haben das so aufgesetzt und sind zum Rathaus, wo das dann von ihnen beschworen werden mußte. So wurde es möglich, daß meine Mutter eines Tages als arisch erklärt worden ist. In dem Brief, den ich bekommen hatte, stand das drin. Das machte mich plötzlich zum Halbjuden. Vorher galt ich ja als Volljude; meine arische Großmutter zählte nicht genug. Mit dem Brief bin ich gleich zur Kommandatur gegangen und habe gesagt: »Ich bin Halbjude«. Halbjuden brauchten noch nicht auf Transport zu gehen. Da wurde ich von der Transportliste gestrichen und habe einen Stempel auf meiner Lagerkarte bekommen: »Bis auf weiteres zurückgestellt«. Das hat mir das Leben gerettet, denn dieser Transport ging nach Auschwitz, und hinterher haben wir erfahren, daß davon nicht viele überlebt haben.

Dann bin ich also in den Ordnungsdienst gegangen, wo ich mich sicherer fühlte. Unsere Aufgabe war, daß wir, wenn Transporte mit jüdischen Menschen ankamen von den Städten in Holland, diese Leute zur Administration geleiten und in die Baracken bringen mußten. Wir haben aufpassen müssen, daß alles nach Vorschrift ging und alles korrekt war – so wie die Deutschen eben waren. Wenn Transporte abgingen, mußten wir den Leuten in den Baracken sagen, daß sie aufgerufen worden sind. Man mußte sich um acht Uhr morgens melden und dann zum Zug gehen; es waren Güterwagen.

Zu dieser Zeit habe ich mich auch als Bühnenbildner beschäftigt. Wir hatten Kabarett und bunte Abende und auch Konzerte – und am nächsten Tag gingen oft Transporte nach Auschwitz. Aber wir wußten ja nicht, was Auschwitz bedeutete, wir haben ja keine Ahnung gehabt! Wir wußten nur, daß die Soldaten, die die Transporte begleitet haben, immer dieselben waren; sie nannten sich »Grüne Polizei«. Die haben wir gefragt: »Wo geht denn der Zug hin? Wie sieht es denn da aus?« Die haben gesagt: »Na ja, da ist ein Lager, wo über dem Eingang steht: ›Arbeit macht frei‹, und da müßt ihr arbeiten, wenn ihr ankommt.« Das war alles, was wir wußten – bis zum Ende des Krieges. Es gab auch keine Gerüchte darüber in Westerbork. Wir hatten zwar Radio und haben englische und amerikanische Sendungen gehört, BBC und *The Voice of America*, die Kriegsberichte durchgegeben haben – aber sie haben nie berichtet, was sich in den Lagern abgespielt hat. Vernichtungslager haben wir uns gar nicht vorstellen können, wer hätte das denn geglaubt! Mit den Transporten gingen natürlich auch alte Leute, die sogar mit Tragbahren in den Zug gebracht werden mußten. Wir hatten die

Vorstellung, daß diese alten Leute ohne die Medizin, die sie brauchten, sterben würden. Wir konnten ihnen nicht helfen und waren froh, daß wir nicht auch auf einen Transport mußten. Die alten Leute bei uns haben das Lager in Ordnung gehalten, z. B. Papier aufgepickt. Jeder hatte so eine Beschäftigung. Wir wurden auch nicht mißhandelt in Westerbork, und es war unser Irrtum, daß wir glaubten, in den östlichen Lagern die Arbeit der Deutschen machen zu müssen, die in den Krieg gezogen sind.

Wir sind im April 1945 befreit worden. Da haben wir durch Bilder und Zeitungen erst einmal erfahren, was Auschwitz war; da hat man die Haufen von Menschenleichen gesehen. Da wollten wir überhaupt nichts mehr mit Deutschland zu tun haben; die Beziehung war zerbrochen. Wir haben einen Schock gekriegt. Die meisten von den Leuten, von denen wir uns verabschiedet hatten in Westerbork mit dem Gedanken: »nach dem Krieg werden wir uns wiedersehen«, sind umgekommen. Von den 110 000 die durch das Lager gegangen sind, haben 1500 überlebt.

Ich hatte Haß auf die Mörder und Haß gegen die Deutschen, weil sie es zugelassen hatten, daß Menschen anderer Rassen verfolgt, entwürdigt und umgebracht wurden! Ich habe die Leute gehaßt, die daran schuld waren – die SS und die Mörder – und habe gehofft, daß die verurteilt und erschossen werden. Ich habe nicht gegen alle Deutsche Haß entwickelt, aber gegenüber Deutschland das Gefühl gehabt, daß man dort vollständig verloren gewesen war. Wir hatten auch keine Lust mehr, auch nur einen Schritt nach Deutschland zu tun; da war eine Wand. Meine Mutter war noch in Berlin zu der Zeit, aber ich wollte sie dort nicht besuchen. Von Holland nach Berlin war es ja nicht so weit, aber das Grenzüberschreiten nach Deutschland nach all den Greueltaten, die sich da abgespielt haben, war mir nicht mehr möglich. Man hat jeden Deutschen als Nazi angesehen.

Gleich nach der Befreiung habe ich nach Amerika geschrieben zu dem Mann, bei dem ich in Berlin gearbeitet hatte. Er setzte alles in Bewegung, damit ich ein Affidavit bekam, und kurz darauf hat er es mir auch geschickt. Aber ich mußte noch zwei Jahre in Holland verbringen, weil das amerikanische Konsulat nach dem Krieg noch gar nicht geöffnet war. Die waren noch nicht so weit, daß sie Visa verteilt hätten. Da war ich also weiterhin in Holland, habe Karikaturen gezeichnet für Zeitungen und Magazine. Dann habe ich den Sohn von Rudolf Nelson kennengelernt. Rudolf Nelson war einer der bekanntesten Revuemacher in Berlin gewesen. Der Sohn war musikalisch auch sehr begabt und hat Lieder und Kabarettexte gemacht. Er organisierte nun eine Tournee in die Schweiz, mit vielen Leuten. Ich habe dabei die Kulissen gemacht, bin für ein par Monate in die Schweiz gefahren und kam dann wieder zurück nach Holland.

Ich hatte nur einen Staatenlosenpaß, mit dem man nirgendwo ein Bleiberecht hatte. In Holland habe ich nur darauf gewartet, daß ich auswandern konnte. Die einzige Beziehung zu Deutschland war der Kontakt zu meiner Mutter und deren Familie. Ich wollte mit Deutschland nichts mehr zu tun haben. Mein Bruder ist dann von Holland nach Ekuador ausgewandert. Die Familie von seiner Frau – er hat sie im Lager geheiratet – war in Ekuador. Die haben gleich ein Visum geschickt, und er konnte sofort dorthin – nur raus aus Europa! Meine Mutter ist dann auch nach Ekuador gegangen, später aber nach New York gekommen, wo sie dann bei mir gewohnt hat.

Ich selbst bekam endlich 1947 das Visum und bin gleich nach New York geflogen. Sofort habe ich als Schaufensterdekorateur angefangen bei dem Berliner Bekannten, der inzwischen ein Geschäft aufgemacht hatte, was sehr gut ging. 15 Jahre habe ich für ihn Schaufenster dekoriert, aber dann umgesattelt auf Inneneinrichtung. Schaufensterdekoration war für mich limitiert; man macht saisonale Dinge. Ein Freund, mit dem ich in Berlin auf der Kunstschule war, und der schon 1938 nach Amerika gegangen ist, hatte ein Innenarchitekturbüro und war sehr erfolgreich. Mit dem kam ich oft zusammen, und er sagte: »Wenn du dich dafür interessierst: warum arbeitest du nicht bei mir im Studio? Ich zeige dir, wie man Entwürfe und die Grundrisse macht und was sonst noch dazugehört.« Das hat mich interessiert, und ich habe zwei Jahre bei ihm gearbeitet und mich dann selbständig gemacht. Ich habe mein Studio zu Hause gehabt und langsam Kunden bekommen. Das dauerte aber eine Weile.

Nach fünf Jahren bekam ich die amerikanische Staatsangehörigkeit. Das Affidavit nennt man »First Papers«. Von dort mußte man noch fünf Jahre warten, bis man Amerikaner wurde. Vor dem Gericht werden einem einige Fragen gestellt: wer der erste Präsident war und wieviele Staaten Amerika hat – also einfache Fragen. Aber schon vorher hat man die Arbeitserlaubnis und die Sozialversicherungsnummer, unter der man auch die Rente einzahlt. Nun konnte ich auch wählen, und ich habe mich als Amerikaner gefühlt. Endlich hatte ich eine Nationalität! Vorher hatte ich die nicht, weil mein Vater Rumäne war. Er wurde naturalisiert als Deutscher, und gleichzeitig zählte das auch für meine Mutter. Die Nazis haben alle naturalisierten deutschen Juden ausgebürgert, was auch für mich gegolten hat. So habe ich nie einen deutschen Paß gehabt, und nun war es das erste Mal, daß ich eine Staatsangehörigkeit mit einem Paß hatte. Darauf bin ich immer noch stolz. Amerika, das Land der Zukunft! Das ist es immer noch, nur ist es schwieriger geworden, aber es hat immer noch viele Möglichkeiten – das Land der unbegrenzten Möglichkeiten! Viel später habe ich dann meine jetzige Frau kennengelernt; ich war schon vorher verheiratet gewesen und nach 15 Jahren geschieden. Sie war auf Besuch in New York, und so haben wir uns kennengelernt und ineinander verliebt. Sie ist Deutsche und Nichtjüdin – das, was man früher »Arierin« genannt hat. Nach einem halben Jahr hat sie gesagt, daß sie ihren Bruder in Costa Rica besuchen will und dann wieder zurück nach Deutschland geht. Wir waren noch nicht verheiratet, und ich hatte nach meiner Scheidung Probleme, eine feste Bindung einzugehen. Nachdem sie aber abgereist war, merkte ich, wie sehr sie mir fehlte. Ich flog nach Costa Rica, um sie dort zu heiraten. Sie ist als meine Frau zurückgekommen, um mit mir in den USA zu leben.

Es hat mich nicht gestört, daß sie Deutsche ist. Sie war Schauspielerin; auch ihr Vater und Bruder waren Schauspieler. Theaterleute sind meistens liberal denkende Menschen, weil sie sich hineinversetzen müssen in andere Situationen und Personen, die sie spielen. Ich hatte auch in New York schon viele Deutsche kennengelernt, und da jeder seine Geschichte hat, konnte ich nun nicht alle Deutsche, die ich in New York kannte, für die Nazizeit verantwortlich machen. Im Lauf der Zeit hat man auch erfahren, daß einige oder sogar viele Deutsche sich gewehrt haben. Bei dieser Berührung mit Deutschen kam das Gespräch natürlich immer wieder auf die Vergangenheit, auch deshalb, weil sie ja wußten, daß ich jüdisch bin. Die Deutschen hatten Schuldgefühle, daß diese grausamen Sachen geschehen sind, die ja auch viele Deutsche kaum wußten – diese geplante, maschinelle Vernichtung. Nachdem ich geheiratet hatte, bin ich 1969 zum ersten Mal wieder nach Deutschland gefahren; vorher gab es keinen Gedanken daran. Deutschland war ein Land, wo Mitmenschen verachtet, entwürdigt und vernichtet wurden. Da entwickelt man leicht das Gefühl: die meisten Deutschen sind Nazis, die einfach mitgemacht haben oder das System wachsen ließen. Diese Meinung war da. Während des Krieges hatte ich gedacht: am besten ist es, wenn Deutschland geteilt wird und gar nicht mehr existiert; einen Teil kriegt Polen, einen Teil die Franzosen und Engländer. Die Deutschen hatten ja schon den Ersten Weltkrieg angezettelt.

Aber langsam hat man ja auch Menschenschicksale kennengelernt, auch durch Bücher, die einem gezeigt haben, daß man in Verstrickungen hineingeraten konnte, und daß ich keinen verurteilen durfte, bevor ich ihn nicht kannte. Es hat ja auch in Holland holländische Nazis gegeben. Auf der anderen Seite waren ja nicht nur die SS und die politische Gruppen schuldig, sondern auch Soldaten, die alles zugelassen haben und beteiligt waren.

Vor der ersten Berührung mit Deutschland hatte ich Angst und meine Frau auch. Es gab Menschen, die einfach nichts machen konnten in dieser Meute, in dieser Gewalt. Wenn man nicht mitmachen will, muß man ja auch Leute finden, die ähnlich denken. Das war aber nicht ganz leicht für die Deutschen, die herauszufinden. Es war leichter in den besetzten Gebieten, z. B. in Holland. Beinahe jeder Holländer hat die Deutschen gehaßt, und da konnte man sich wehren, illegal oder als Partisan. Ich habe gelernt, daß man, wenn man haßt oder intolerant ist, immer auch andere mithaßt, die es nicht betrifft. Wenn man Menschen kennenlernt, kann man differenzieren, und ihre Geschichte hören, wie sie hineingeraten sind. Diese Geschichten habe ich dann allmählich kennengelernt.

Das erste Mal in Deutschland war ich sehr vorsichtig. Ich habe zugehört, mir aber meinen Teil gedacht. Ich wollte nicht hassen, weil das genauso gewesen wäre wie bei den Deutschen, die die Juden gehaßt haben, und auf dieses Niveau wäre ich dann gekommen. Ich habe nicht bei jedem, den ich kennengelernt habe, Inquisition gemacht. Aber sie haben ihre Sympathien mir gegenüber dann ausgedrückt, das Grauen und das Schuldbewußtsein darüber, was in ihrem Land passiert ist. Wenn ich vorgestellt worden bin, wußten sie ja sofort, daß ich jüdisch bin. Und immer wieder schämten sie sich darüber, was vorgefallen ist; das hätten sie nicht gewußt. Das, was sie nicht gewußt haben, war Auschwitz, aber natürlich wußte jeder Deutsche, besonders in den Kleinstädten, was mit den Juden geschieht. Sie wurden ja vor ihren Augen aus den Häusern herausgeholt; es war ja zu sehen, was sich abspielte 1933. Die Berliner waren viel toleranter; der Hausmeister kam zu unserer Familie: »Ich weiß gar nicht, Frau M., was sich hier abspielt. Ich schäme mich!« Aber im allgemeinen konnte ich es bei den Deutschen schon nicht mehr hören: »Wir haben nichts davon gewußt!« Was sie vielleicht nicht gewußt haben, waren die Grausamkeiten in den Lagern.

Manchmal ist mir der Gedanke gekommen: Vielleicht, wenn ich nicht jüdisch gewesen wäre ..., was hätte ich gemacht? Wahrscheinlich wäre ich eingezogen worden. Mein Schwiegervater z. B. war Schauspieler, vielleicht war er in der Partei! Nicht jeder, der in die Partei eintrat, hat's getan, um Nazi zu werden, sondern vielleicht, um seine Familie weiter ernähren zu können. Er hätte sonst vielleicht seine Stellung verloren. Viele Deutsche kamen ja ebenfalls in Konzentrationslager – die Sozialdemokraten z. B. Dieses Deutschland, das nationalsozialistisch dachte und handelte, die Menschen, die hysterisch bei Parteitagen jubelten oder wenn der Führer durch die Straßen gefahren wurde – bei dem Gedanken an dieses Land damals packt mich heute noch das Grauen. Aber nach dem Krieg hat man langsam gemerkt, daß Deutschland doch bemüht war, ein demokratisches Land zu werden und den Juden eine Art Wiedergutmachung zu geben – für das, was ja nicht wiedergutzumachen ist. Deutschland hat sich für Israel interessiert und wieder versucht, die Juden, die noch übriggeblieben waren, einzuladen oder ihnen zu sagen, sie könnten in Deutschland wieder leben.

Manchmal hat man eine Abneigung gegen einen Menschen; man stellt sich vor, daß er Nazi gewesen sein könnte. Als ich nach Amerika kam, habe ich gesagt: Okay, jetzt fange ich ein neues Leben an! Jeder hat seine eigenen Erlebnisse gehabt. Manche haben ihre ganze Familie verloren, alle ermordet! Bei denen kann ich nachvollziehen, daß sie eine Abneigung gegen die Deutschen nie ganz verlieren. Ich komme hier in Deutschland auch mit Juden zusammen, meistens Ostjuden, aber auch hier Geborenen, die sagen, daß sie sich hier immer noch in Feindesland bewegen. Ich bewege mich nicht in einem Feindesland, sonst würde ich nicht hierbleiben. Wenn man der Weltgeschichte insgesamt nachforscht, so hat sich die ganze Vergangenheit nur im Blut abgespielt. Was sich nach dem Zweiten Weltkrieg weiterhin entwickelt hat an grauenhaften und mörderischen Unmenschlichkeiten, Terror und Kriegen in der Welt, läßt einen fragen, ob sich überhaupt irgendetwas verändert hat. Allerdings freue ich mich sehr, daß Europa allmählich vereint ist – mit Schwierigkeiten natürlich, aber es gibt einem Sicherheit, daß es innerhalb Europas jetzt keinen Krieg mehr gibt. Was sich später entwickeln wird, weiß man ja nicht.

Ich lebe jetzt in einem Deutschland, daß sich sehr bemüht, ein demokratisches Land zu sein, mit veränderten Menschen, mit neuen Generationen – wenigstens sehe ich das so. Ich habe immer noch das Gefühl: ich bin nur zu Besuch hier. Es ist für mich eigentlich wie ein langer Urlaub. Ich bin nicht heimgekehrt nach Deutschland, um hier weiterzuleben, sondern habe mich aus privaten Gründen, wegen meiner Frau, dazu entschlossen. Ich lebe hier, habe Leute kennengelernt und sehr schöne Kontakte. Das Mißtrauen gegenüber der Generation, die erlaubt hat, daß ringsherum Menschen abgeholt wurden, bleibt einem aber immer noch haften.

Auch nach der Heirat mit meiner Frau hatte ich bis zuletzt noch gar keine Absichten, nach Deutschland zu gehen. Ihr Vater ist dann gestorben, und ihre Mutter ist schon sehr alt gewesen. Meine Frau hat immer Heimweh gehabt nach ihrer Familie und ihren Freunden. Sie war meinetwegen in New York geblieben. Außerdem hat sie sich Gedanken gemacht wegen ihrer Altersversorgung. Sie wollte noch in Deutschland arbeiten, um dort dann ihre Rente zu bekommen. In den letzten Jahren in New York habe ich gesagt: »Okay, wenn ich aufhöre zu arbeiten, wenn ich Rentner werde, dann macht es mir auch nichts aus, mal nach Deutschland zu ziehen.« Meine Frau ist ja viel jünger als ich. München hat ihr immer sehr gut gefallen. Sie hat hier acht Jahre gelebt, und sehr viele Freunde waren noch da. Sie hat immer Heimweh gehabt, und da ich immer leicht in Kontakt mit Menschen komme – ich kenne keine Mauern –, macht es mir nichts aus, in Deutschland zu leben.

Wenn's mir nicht paßt, packen wir unsere Sachen und dann fahre ich wieder nach New York zurück. Ich bin Amerikaner und habe überhaupt eine Abneigung, Deutscher zu werden. Manche fragen mich in Amerika: »Was ist – biste Deutscher geworden?« Natürlich verstehen meine jüdischen Freunde in New York nicht, warum ich überhaupt hier bin. Das ist eben eine persönliche Erfahrung, aber ich habe keinen Groll gegen die Deutschen! Natürlich gibt's Schweine, es gibt ja Menschen, die rechtsgerichtete Parteien wählen. Die gibt es aber nicht nur in Deutschland. Wenn ich nach Amerika schaue, da muß man manchmal Angst haben, daß sich dort so etwas entwickeln könnte. Ku-Klux-Klan, die Rechtsgerichteten und die christlichen Fundamentalisten sind eigentlich sehr radikal.

Hierher zu kommen, war auch eine Mutfrage. Wir haben dann drei Jahre lang immer mal geguckt, was Wohnungen kosten. Wenn man eine Wohnung sucht, muß man sich ja gleich entscheiden; man kann ja nicht warten. Und dann hat es sich immer wieder in die Länge gezogen, und ich habe immer gedacht: »Na ja, Gott sei Dank haben wir wieder keine Wohnung gefunden!« Aber meine Frau wollte gerne. Dann fuhr sie mal alleine nach Deutschland, und als sie zurückkam, sagte sie: »Also, Gott sei Dank, ich habe eine Wohnung gefunden! Die wird in drei Monaten frei, und dann können wir umziehen!« Da wurde mir schlecht. Ich habe gedacht: »Um Gottes Willen, ist das jetzt wirklich der Fall?« Das war natürlich ein Schreck für mich. Aber dann, weil ich es ihr versprochen hatte, habe ich gesagt: »Okay!« Ich bin mitten in Europa, man kann von hier nach Paris fahren, nach England, nach Holland, ich sitze mittendrin, und Amerika ist nur acht Stunden Flugzeit entfernt. Acht Stunden fahre ich mit dem Auto auch zu meiner Schwiegermutter in der Nähe von Braunschweig. Ich habe mich ja nicht getrennt von Amerika, bin weiterhin Amerikaner und interessiert daran, was sich da abspielt. Ich bin Amerikaner, der hier auf Besuch ist.

Ich habe mir viele Sicherheiten offengehalten. Eine Sicherheit ist, daß ich einen amerikanischen Paß habe. Wenn es hier einen Umschwung geben würde, würde meine Frau sofort mit mir weggehen. Sie hat sich immer sehr für das jüdische Problem interessiert, und schon bevor sie mich kannte, gesagt, daß sie einen Juden kennenlernen und heiraten möchte und wissen will, was das für

Menschen sind. Für die Deutschen waren die Juden eine Gruppe, die abseits der Gesellschaft war. Wir waren gar nicht abseits, weil wir ja nicht religiös waren, aber für die anderen waren wir eine Gruppe. Sie hatte darüber gehört und gedacht: »Juden? Was sind das für Menschen?« Sie war auch sehr geneigt, alle meine jüdischen Freunde kennenzulernen. Jetzt kennt sie schon alle jüdischen Witze. Sie hat diesen Kreis nun kennengelernt und weiß, daß es da Freunde gibt und auch Leute, die man nicht so mag – wie in jeder Gesellschaft. Man braucht sich ja nur mal Israel anzusehen: da streiten sich die sehr Religiösen und die Liberalen. Die Jeckes sind dort nicht sehr beliebt, weil sie die deutsche Art haben. Den bösen Nachbarn gibt's unter Juden genauso wie in jeder Gesellschaft. Ich komme hier ja auch mit Juden zusammen und bin nicht einverstanden damit, daß sie sich so abseits halten. Wenn sie schon in Deutschland sind, sollten sie auch die Grenze überschreiten und deutsche Freunde haben.

Es warten sicher auch viele nichtjüdische Deutsche darauf, daß man sich mal unterhält. Wir hatten hier mal eine Gruppe aus Juden und Nichtjuden. Die Juden, die meistens erst eingewandert waren, haben gesagt: »Wir haben Hemmungen, mit Deutschen zu sprechen«, und die Deutschen haben gesagt: »Wir haben Hemmungen, mit den Juden zu sprechen.« Dennoch sollte man sich kennenlernen! Das ist ja eben der Punkt, daß man sich immer noch in getrennten Gruppen bewegt! Aber ich habe denen gesagt, als es zu Diskussionen kam: »Nun kommt doch mal zusammen! Geht doch mal in den Biergarten und setzt euch hin – da könnt ihr Leute kennenlernen!« Und man stellt plötzlich fest, daß man dieselben menschlichen Interessen hat – abgesehen von religiösen Interessen, wo jeder auf seine Art glücklich werden soll.

Im Oktober 1987 bin ich rübergekommen. Das ist gar nicht lange her, und trotzdem habe ich nicht gewußt, daß ich solange bleibe. Acht Jahre sind plötzlich vergangen, und ich fühle mich sehr wohl, weil ich diese Probleme der Vergangenheit nicht immer wieder aufwühle. Das ist anscheinend meine Art. Ich interessiere mich auch für Kunst, veröffentliche in Zeitungen Karikaturen und habe Ausstellungen. Dabei kommt man mit ziemlich vielen Menschen zusammen; das Vergangenheitsthema kommt manchmal zur Sprache, aber nicht mehr so kräftig. Jetzt, nach 50 Jahren, gibt es, glaube ich, ganz andere Probleme in der Welt. Sicher, das ist passiert, und dann hat man Denkmäler gebaut. Jetzt müßte man wieder Denkmäler bauen fürs ehemalige Jugoslawien. Erst mordet man, dann baut man Denkmäler und legt Kränze hin, und dann mordet man wieder.

Als ich zurückgekommen bin nach Deutschland, kannte ich das Land ja schon. Es ist interessant, wieder hier zu leben, es eröffnet einem neue Ansichten über dieses Land. Man lebt plötzlich drin und kennt die Politiker und weiß auch, daß in dieser Nachkriegswelt das Interesse vorhanden ist, ein neues politisches Leben zu führen. Die beiden Hauptparteien sind doch wirklich daran interessiert, zu der demokratischen Völkergemeinschaft zu gehören. Daß es hier diese kleinen Gruppen gibt, wie die Republikaner, die sich in der Zwischenzeit ja auch verkracht haben und gar nicht mehr so akzeptiert werden, sehe ich als keine Gefahr dafür an, daß sich hier etwas wiederholen könnte. Antisemitische oder ausländerfeindliche Ereignisse sehe ich mehr als Taten einer rabiaten Gruppe von ungebildeten Leuten, die die *Publicity* benutzen, um in die Zeitung zu kommen. Sie zünden Synagogen an, weil sie gehört haben, daß das zum Programm der Nazis gehört hat. Aber ich glaube kaum, daß sie gefährlich werden können für Deutschland. Was ich vermisse: sie sollten mehr bestraft werden für ihre Brutalitäten und Kriminalitäten. Natürlich erinnert einen das Anstecken einer Synagoge oder das Randalieren auf den Friedhöfen an die Vergangenheit, aber es ist eine rabiate Gruppe, die ihre Wut ausläßt, um andere zu erschrecken und ihre eigenen Probleme zu verdecken. Nein, ich fühle mich nicht bedroht in Deutschland.

Vor zwei Jahren hat meine Frau mal ein Schreiben aufgesetzt, als da die Schwierigkeiten waren mit den Republikanern und der indirekten Judenhetze, daß man sich wehren solle gegen solche Haßgruppen, in Erinnerung daran, was vor 50 Jahren war. Das wurde in der Abendzeitung abgedruckt, und dazu hatte ich eine Zeichnung gemacht. Daraufhin habe ich einen Packen von Nazipropaganda bekommen – Abdrucke von alten Zeitungen, vom *Stürmer* z. B. – so ein Hetzpapier. Das wurde aber nicht mit der Post geschickt, sondern in den Briefkasten geworfen. Die Sachen habe ich gleich weitergegeben an die Polizei. Auch daß diese rechtsradikalen Zeitungen überhaupt gekauft werden! Wenn ich jemanden sehe, der so eine Zeitung liest, z. B. im Bus, dann stelle ich mir vor, daß das ein Nazi ist. Das sind meistens auch ältere Leute, ziemlich verbittert. Aber was soll ich mit dem machen? Soll ich dem die Zeitung aus der Hand reißen? Das ist Pressefreiheit, nicht? Wie in Amerika auch: da gibt's die Nazipartei, die alle Freiheiten hat zu sprechen. Die Pressefreiheit ist eben das Wichtigste in Amerika; sogar die Rechtsgesinnten können ihre Meinung sagen, ohne daß ihnen etwas passiert. Wenn ich also jemand solche Zeitungen lesen sehe, trete ich ihm nicht vors Schienenbein. Es nutzt nichts. Solche Menschen gibt's ja, und wenn diese Zeitungen verboten werden, dann ist es noch schlimmer. Warum soll man sie verbieten – sie sind dann ja trotzdem da!

Den Deutschen würde ich gerne sagen, daß der demokratische Prozeß der beste ist, also Meinungsaustausch zu haben und zu debattieren. Sie sollten versuchen, durch offene Dialoge eine Wiederholung der gefährlichen Ideologien zu vermeiden. Wenn man der Sache nachgeht, muß man daran denken, daß damals auch viele Millionen Deutsche daran und darunter gelitten haben. Die Deutschen würden also selber darunter leiden, wenn wieder eine Diktatur kommt, eine Knechtschaft. Es trifft nicht nur den Gegner. Man muß ein Gefühl für die Gefahr haben. Es ist ja schon so viel über die Vergangenheit geschrieben worden – man sieht wöchentlich im Fernsehen etwas darüber –, also müßte sich eigentlich jeder schon Gedanken gemacht haben.

HELLFRIED HEILBUT

geb.: 1926 in Freital/Sachsen
Rückkehr: 1958
Gespräch: 7. Mai 1996, Bergisch Gladbach

Dresden – England – Bergisch Gladbach

Ich habe mich schon lange gedrängt gefühlt, mich als Zeitzeuge zu äußern, damit eine Sache wie der Holocaust nie wieder passiert, auch wenn es mir manchmal schwerfällt, z. B. vor einem Gymnasium zu erzählen. Ich finde es wichtig und mache es gern. Es bringt mir auch Kontakte zu Menschen, die mein Leben bereichern. Ich gehöre seit kurzem einer Organisation in England an; die heißt »Reunion of Kindertransport«. Ich fühle mich verpflichtet, dort dazuzugehören. Die Zeitschrift, die diese Organisation herausbringt, ist interessant, aber teilweise hat mich auch negativ angesprochen, daß viele von meinen Kindertransport-Kollegen, viele, mit denen ich auch in England in die Schule gegangen bin, einen Haß auf die »Germans« haben. Es war erst vor einer Woche, daß ich mich gezwungen fühlte, einen Brief an die Zeitschrift zu schreiben und meine Ansichten vorzutragen, weil da sehr diejenigen kritisiert wurden, die aus England oder Amerika wieder nach Deutschland gekommen sind. Viele dieser Briefe, die da geschrieben wurden, waren voller Haß: »Nie wieder einen Fuß auf deutschen Boden!« und solche Sachen. Das hat mich so angesprochen, daß ich versuchen wollte zu erklären, daß ich nicht zurückgekommen bin, um eine deutsche Rente zu erhalten, was von vielen Leuten als der Hauptgrund für eine Rückkehr angesehen wird. In diesem Brief habe ich geschrieben, daß meine Erfahrungen hier in Deutschland sehr positiv sind, weil es in Deutschland mehr Leute gibt als irgendwo anders in der Welt, die sehr aktiv im Kampf gegen eine Wiederholung vom Holocaust tätig sind. Der letzte Satz lautet: »It's good to be close to these people.« Und es *ist* gut, es ist eine Bereicherung in meinem Leben, daß ich mit solchen Menschen zu tun habe, was ein langer Prozeß der Entwicklung gewesen ist.

Ich bin in Freital bei Dresden 1926 geboren und hatte dort, bis ich in die Schule kam, ein schönes Familienleben, ein normales Leben. Mein Vater war Jude, aber einer, der überhaupt keine Kontakte zu Juden wegen des Judentums hatte. Unser Haus war sehr mit Musik verbunden; es wurde jeden Tag Klavier gespielt und gesungen dabei. Wir waren nicht religiös erzogen. Es wurde nie übers Judentum gesprochen. Ich wußte nicht einmal, daß ich Jude bin oder daß mein Vater Jude war. Da war überhaupt keine religiöse Beziehung, auch zum Christentum nicht, obwohl meine Mutter Christin war. Mein Vater war Redakteur in der Freitaler und in der Dresdner Volkszeitung und bis 1933 sehr aktiv in der Bekämpfung der Nazis. Als die Nazis an die Macht kamen, war er der erste, den sie abgeholt hatten, und zwar mit Gewehrschüssen, die meine Mutter leicht verletzten. Sie holten ihn ab und sperrten ihn für vier oder fünf Monate ein, aber der Grund war, daß er Redakteur und Sozialdemokrat war und sehr stark involviert in die Politik. Das war der Grund, den wir immer wieder gesagt bekamen: er wurde verhaftet, weil er Sozialdemokrat war.

Ich wußte nicht, daß ich einen jüdischen Hintergrund habe. Der wurde mir langsam bewußt, als ich dann in die Schule kam. Als mein Vater wieder freigelassen wurde, wurden wir aus Freital verbannt. Die Familie mußte dann nach Dresden übersiedeln. Dort sind meine ersten Erfahrungen gewesen, daß ich als Jude beschimpft wurde, als ich in die Schule kam. Das wurde zu Hause nie diskutiert, obwohl ich es meinen Eltern natürlich erzählte. Es wurde verschwiegen, und ich weiß nicht wieso. Ich kann mich nicht erinnern, daß wir darüber jemals gesprochen haben. Das war eben so, und ich habe das einfach akzeptiert. Ich wurde nie körperlich verhauen, aber von 1933 bis 1939 täglich damit konfrontiert. Ich habe mich geschämt, Jude zu sein. Ich dachte, das muß etwas Schmutziges sein, weil von allen Seiten diese Beschimpfung und Bezeichnung an mich herangetragen wurde und so lange und so viel, daß ich mich eben geschämt habe. Das mußte ja etwas Schlimmes sein! Man sah es mir ja nicht an, und trotzdem wußte jeder, daß mein Hintergrund jüdisch war.

Als ich im Juni 1939 von meinen Eltern nach England geschickt wurde, haben die mir mit freudigem Gesicht gesagt, daß das ein Abenteuer ist und daß sie bald nachkommen werden. Deshalb war ich glücklich, nach England zu kommen. Es wurde mir auch gesagt, daß es eine endgültige Sache ist, daß meine Familie Deutschland verläßt. Meine Eltern hatten schon in den Jahren vorher Anstrengungen unternommen und Vorsorge für die Auswanderung getroffen. Sie hatten ein Affidavit in der Hand, so daß sie nach Amerika gehen konnten. Aber mein Vater hat es immer wieder verzögert, bis es schließlich unmöglich wurde, daß die Familie ausreisen konnte. Es wurde dann so kritisch, daß nur noch Kinder bis zu einem Alter von 15 oder 16, ich weiß es nicht mehr genau, herausdurften. Meine Eltern beschlossen, mich wegzuschicken. Meine Schwester ist drei und mein Bruder sechs Jahre älter als ich; die konnten beide nicht mit. Im Herbst 1938 haben meine Eltern dann angefangen mit den Vorbereitungen, damit ich im Juni 1939 mit dem Kindertransport nach England kam. Der Transport war von einem evangelischen Probst mit Namen Grüber organisiert worden und von den Quäkern.

In den Jahren von 1933 bis zu meiner Reise nach England war die Atmosphäre der Trostlosigkeit sehr intensiv. Mein Vater hat, als wir nach Dresden kamen, einen Lebensmittelladen für meine Mutter gekauft oder gemietet. Irgendwann stand die SA draußen und an den Fenstern war geschrieben: »Kauft nicht beim Juden!« Solche negativen Sachen waren fast zur Normalität geworden für mich. Ich kann mich nicht erinnern, daß ich jemals Freunde gehabt habe. Ich kann mich zwar erinnern, daß ich an der Elbe mit anderen Kindern gespielt habe, aber im Nachhinein denke ich, daß diese Kinder eben nicht wußten, daß ich jüdisch war. Die Erfahrungen mit der Familie meiner Mutter, die ja nach dem Nazijargon »arisch« war, waren aber sehr positiv. Jedes Jahr sind wir von Dresden nach Wismar in den Urlaub gefahren, mindestens eine Woche lang. Diese Zeit war immer schön, wenn wir in die Familie meiner Mutter gekommen sind, und ich erinnere mich gern daran. Es gab also doch etwas Positives: diese Woche in Wismar, jedes Jahr.

Ich bin mit Musik aufgewachsen und hatte auch Klavierunterricht. Was für mich eine schöne Sache war: Ich bin sehr oft ausgebüchst und kann mich an eine Kneipe erinnern, die ein Klavier hatte. Ich bin da rein, habe mich ans Klavier gesetzt und gespielt und wurde natürlich bejubelt, denn ich kannte viele Sachen auswendig. Es hat mir Spaß gemacht, auch deshalb, weil ich da manchmal Kuchen oder Bonbons bekommen habe. Man sah mir nicht an, daß ich jüdisch war.

Als es nach England ging, habe ich zum Abschied eine Ziehharmonika geschenkt bekommen, und so fuhr ich dann am 20. Juni nach England. Ich kann mich nicht erinnern, daß in Dresden noch andere Jungs oder Kinder mit mir eingestiegen sind. Aber ich habe gesehen, daß schon viele im Zug drin waren, auch gleichaltrige Kinder. Ich weiß noch, daß wir lange an der holländischen Grenze gehalten haben, aber schließlich ging es weiter, und mit dem Schiff kamen wir in Harwich an. Das einzige, was ich wußte, war, daß ich nicht in eine Pflegefamilie sollte, sondern in eine *Boarding School* kommen würde mit anderen Kindern zusammen. Es gab eine Person, auch wenn ich mich nur ganz vage erinnere, die uns im Zug betreut hatte; ich glaube, das war eine Frau. In Harwich wurden wir von anderen Betreuern empfangen und dann im Zug nach London und gleich weiter in eine *Boarding School* in Lancashire gebracht; Clitheroe war die nächste Stadt. Da waren andere Kinder, die schon vor uns angekommen waren, und Lehrer. Alle waren deutsche und österreichische Juden. Wir waren etwa 70 oder 72 Kinder und die letzten, die dort ankamen. Die Erinnerung an die Schule ist sehr gut; eine schöne Zeit hatten wir dort. Die Lehrer waren auch alle deutsch, aber nur bis zum September, bis der Krieg anfing. Sehr schnell wurden dann die jüdischen Lehrer und Lehrerinnen interniert in England. Wir bekamen englische Lehrer, die kein Deutsch sprachen. Von Anfang an wurde gleich darauf geachtet, daß wir nur Englisch miteinander sprechen sollten. Ich hatte nie Englisch in der Schule gehabt. Es war für mich sehr schwierig, auch wenn es schnell ging: als die englischen Lehrer kamen, konnten wir uns mit denen schon ohne Schwierigkeiten unterhalten und die Stunden sehr gut verfolgen.

Ich kann mich nicht erinnern, wie in der ersten Zeit der Briefkontakt zu meiner Familie aussah. Ich kann mich nur erinnern, daß ich nach September 1939 regelmäßig Briefe bekam, alles Telegrammbriefe, die 25 Wörter enthielten. Und ich durfte auch ein paar Mal Briefe schreiben, was mir sehr große Schwierigkeiten gemacht hat. Ich habe immer eine Stunde an den 25 Wörtern gesessen.

Die ersten drei Monate hatten wir diese deutschen Lehrer und auch noch Deutschunterricht. Mein erstes Zeugnis von damals hat mein Sohn vor kurzem wiedergefunden, und er hat laut gelacht, als er gesehen hat, daß hinter der Note für Deutsch stand: »seems handicapped«. Damals, 1939, gab's den Begriff »Legasthenie« nicht. Ich nehme an, daß ich stark zu Legasthenie neigte, denn ich hatte Schwierigkeiten, korrekt Deutsch zu schreiben. Dadurch hatte ich mit den 25 Worten noch mehr Probleme als meine Kameraden.

Als es kritisch wurde, begriffen wir allmählich, daß die Familie nicht nachkommen würde. Es war eine graduelle Entwicklung, bis ich begriff, daß das nicht mehr möglich sein würde. Darauf hatten wir immer noch gehofft – bis der Krieg anfing.

Auch in *Riversmead*, unserem Internat, war das Wort »Jude« kein Thema, sondern ein Tabu. Wir waren uns wohl alle bewußt, daß wir Juden sind, aber es war nie ein Diskussionspunkt. So haben wir immer noch gedacht: »Das ist etwas Schmutziges!« Als ich 1958 nach Deutschland kam, also sehr viel später, hatte ich das Gefühl, ich muß verheimlichen, daß ich Jude bin, ich darf davon niemandem erzählen, und ich habe mich immer noch geschämt, Jude zu sein. Sehr schnell nach meiner Rückkehr nach Deutschland habe ich meine Frau kennengelernt. Wir waren uns bald einig und haben dann geheiratet. Es hat Jahre gedauert, bis meine Frau mich dazu gebracht hat, über meine Vergangenheit zu sprechen. Sie hat mich immer wieder gefördert, die Vergangenheit zu bewältigen. Nach vielen Jahren habe ich diese Bewältigung gefunden. Ich hatte mich immer unbewußt geschämt, fürchterlich geschämt! Das ist mir deutlich geworden auf den Treffen mit meinen Schulkameraden. Wir sind nach England gefahren, und es hat mich umgeworfen, daß viele diese Entwicklung nicht gemacht hatten und sogar in England geheim hielten, daß sie einen jüdischen Hintergrund haben. Meine Freunde hatten sogar versucht, das vor ihren Partnern geheim zu halten. Es hat uns, als wir Kinder waren, aber auch keiner von den Erwachsenen geholfen, damit klarzukommen.

Der Kontakt zu meiner Familie wurde immer weniger, und im Sommer 1943 bekam ich durch meine Pflegeeltern die Nachricht vom Tod meines Vaters. Das war eine Familie Borchard, die auch aus Deutschland emigriert war, und bei denen ich meine Schulferien verbrachte. Bei einem dieser Besuche hat mir meine Pflegemutter erzählt, daß mein Vater umgekommen ist. Ich kann mich nicht erinnern, danach noch Briefe von meiner Familie bekommen zu haben. So habe ich auch nicht gewußt, daß mein Bruder ins KZ gekommen ist und meine Schwester sich versteckt hat und durchkam. Meine Mutter, meine Schwester und mein Bruder haben überlebt, aber das habe ich alles erst erfahren, als ich 1946 nach Deutschland zu Besuch kam und meine Familie dann in Hamburg wiedergesehen habe. Ich hatte auf jeden Fall vor, wieder zurück nach England zu fahren.

Meine englische Staatsangehörigkeit hatte ich erst 1948 beantragt. Ich habe in England Hilfsarbeiten gemacht: zuerst ein Jahr als Kellner und dann in einer Maschinenfabrik. Meine Pflegeltern haben mir anschließend eine Ausbildung zum Maschinisten auf einer Schiffswerft ermöglicht. Danach hatte ich den Wunsch, zur See zu fahren. Um das machen zu können, mußte ich Engländer werden. Meine Pflegeltern haben mich gefördert, daß ich versuchen sollte, Ingenieur zu werden und einen höheren Schulabschluß zu machen. Als Maschinist in der Fabrik hatte ich schon zwei Jahre lang Abendstunden genommen, aber das war so schwierig, daß mein Pflegevater gesagt hat: »Fahr zur See und mach den Schiffsingenieur; da bezahlt dir die Reederei die Ausbildung!« So bin ich als Engländer eben zur See gefahren, bis ich meinen Ingenieur gemacht habe.

Das Nachhausekommen 1946 hat mich beflügelt. Es war schön und ich hab's genossen. Ich habe sehr viel Urlaub gehabt und in den folgenden Jahren viel Zeit in Hamburg verbracht, jedes Jahr vielleicht insgesamt vier bis fünf Wochen. Lange Zeit habe ich nicht daran gedacht, für immer nach Deutschland zu kommen. Das Verhältnis zu meiner Mutter, meinem Bruder und meiner Schwester war sehr schön und gut und herzlich, aber die haben mich niemals gefragt, auch meine Mutter nicht, ob ich nicht für immer nach Deutschland kommen wollte. Ich weiß nicht weshalb. Ich weiß auch nicht, wann der Gedanke gekommen ist. Auch 1958 bin ich nicht mit der Idee nach Deutschland gekommen, hier zu bleiben.

Meine Mutter hatte in Dresden alles verloren, d. h. das wenige, was sie noch gehabt hat. Sie ist ausgebombt worden in der großen

Bombennacht und dann irgendwie nach Hamburg gekommen und hat dort eine Wohnung gefunden. Nie hat sie den Gedanken gehabt auszuwandern, mein Bruder auch nicht, komischerweise. Ich habe ihn damals daraufhin angesprochen und er hat ganz deutlich gesagt, er könne es sich nicht vorstellen, Deutschland zu verlassen. Das sei seine Heimat und Deutsch seine Sprache, und er könne sich nicht vorstellen, eine andere Sprache lernen zu müssen oder in einem anderen Land zu leben, auch wenn er Schwierigkeiten hatte, hier wieder nach dem Konzentrationslager Fuß zu fassen. Er hatte angefangen, Musik zu studieren und bei unserer Mutter gelebt. Die Sache wurde niemals angesprochen, außer daß ich in Erinnerung habe, meinem Bruder gesagt zu haben: »Komm doch nach England!« Mein Bruder hatte viele Schwierigkeiten in Deutschland, weil er oft das Gefühl hatte, viele Nazis sind wieder in der Position, in der sie auch vorher waren. Aber er hat es wohl überwunden; es wurde kein großes Thema daraus gemacht.

Beim ersten Aufenthalt in Deutschland war es schon schockierend, eine halbe Stunde lang durch Hamburg zu fahren und kein ganzes Haus stehen zu sehen, aber ich hatte trotzdem das Gefühl, nach Hause zu fahren, weil ich meine Familie wiedersah. Dresden und Freital habe ich das erste Mal vor sechs Jahren besucht. Ich hatte nie das Verlangen gehabt, Dresden wiederzusehen.

In England habe ich durch meine Pflegeeltern viele Kontakte gehabt und mich englisch gefühlt, muß ich ganz deutlich sagen. Bei meinen Pflegeeltern habe ich mich eigentlich zu Hause gefühlt und bin in meinem Urlaub auch immer zu ihnen gekommen. Mein leiblicher Vater war mir schon etwas ferngerückt. Ich habe immer noch schöne Erinnerungen an die Zeit, in der wir als Familie bis 1939 oft Wanderungen gemacht haben in der Sächsischen Schweiz, und diese Erinnerungen sind geblieben. Was mich im nachhinein wundert, ist, daß wir zu Hause nie über das Judentum gesprochen haben. Ich bedauere das, weil ich glaube, ich hätte die täglichen Hänseleien besser überwinden oder bewältigen können, wenn mir meine Eltern beigestanden hätten. Als ich von meiner Pflegemutter gehört habe, daß mein Vater umgekommen ist, habe ich geweint, aber er hat sich in meiner Erinnerung schon etwas entfernt gehabt. Im Unterbewußtsein muß ich wohl schon mit seinem Schicksal abgeschlossen haben, denn in England wußte man eigentlich, daß die Juden in Deutschland wenig Chancen hatten zu überleben.

Ich hatte eine starke Beziehung zu meinen Pflegeeltern, die mir bei meiner beruflichen Entwicklung sehr geholfen haben. Ohne sie wäre ich nie aus meinem Hilfsarbeiterdasein herausgekommen. Sie haben mir geholfen, etwas zu finden, wie ich weiterkommen konnte. Meine Wurzeln hatte ich also ziemlich stark in England. Trotzdem bin ich ja irgendwann zurückgegangen nach Deutschland. Langsam hat es sich entwickelt, daß ich vielleicht doch nach Amerika auswandern wollte. Meine Mutter ist 1956 gestorben, aber ich bin weiter hierhergekommen, um meinen Bruder zu besuchen. Meine Schwester ist 1956 nach Amerika ausgewandert und hat einen Amerikaner geheiratet. Ich habe dann meinen Bruder ein bißchen länger besuchen wollen und mir deshalb eine Arbeit gesucht in Deutschland, auch deshalb, um meine Auswanderung nach Amerika intensiv vorzubereiten. Ich war erst ein paar Monate hier, als ich meine Frau getroffen habe. Wir waren uns sehr schnell einig, daß wir für immer zusammenbleiben wollten; es hat sofort gefunkt. Da hab' ich meine Auswanderung vergessen und bin geblieben. Zwar hatte ich immer noch daran gedacht, vielleicht mit meiner Frau zusammen nach Amerika zu gehen, aber sie hatte ihre Mutter hier und ihre Schwester.

Die Familie meiner Frau ist nichtjüdisch. Für meine Frau war es kein Thema, einen Juden zu heiraten, und für mich war es kein Thema, eine Deutsche und Nichtjüdin zu heiraten.

Auch für die Familie meiner Frau war mein Judesein kein Thema. Nach kurzer Zeit bin ich von der ganzen Familie sehr herzlich aufgenommen worden, und wir haben auch von Anfang an von meiner Lebensgeschichte erzählt und das nicht unter den Teppich gekehrt. Meine Frau war dabei die ausschlaggebende Kraft, daß ich darüber sprach und mich nicht mehr schämte, Jude zu sein. Die Reaktion der Leute war nur ganz selten negativ, auch wenn ich ein sehr sensibles Gehör habe für antisemitische Gefühle. Auch heute gibt es viele Menschen hier, die über die Vergangenheit nicht reden wollen. Mir ist langsam bewußt geworden, daß sie sich für ihre Vergangenheit schämen. Ich kann das verstehen, wegen meines eigenen Schweigens und meiner eigenen Scham. Viele schämen sich auch für ihre Eltern, wobei die nicht unbedingt Nazis gewesen sein müssen, aber schon der Gedanke, daß sie weggeguckt haben, ist oft genug. Aber ich habe auch Menschen kennengelernt, die deutlich antisemitisch sind; da lehne ich es ab, auch nur »Guten Tag« zu sagen und kehre ihnen den Rücken zu. Vor ein paar Jahren waren wir zu einer Feier eingeladen. Wir saßen an einem Tisch mit Leuten, die wir von unserem Tanzclub gut kannten. Da kam dann ein Nachbar auf uns zu, von dem wir ziemlich schnell erfahren hatten, daß er Kreisvorsitzender der NPD war und rechtsradikal. Er kam zu unserem Tisch, sprach mich von hinten an und sagte, daß er gerne einen Nachbarn begrüßen möchte. Und ich drehte mich um und sagte: »Aber ich möchte Sie nicht begrüßen!« und habe mich gleich wieder abgewandt. Diese Begegnungen berühren mich aber nicht so stark wie die positiven, die ich viel öfter erlebt habe in Deutschland. Es ist ein schönes Gefühl, mit Menschen Kontakt zu haben, die sich mit der Vergangenheit beschäftigen.

Als ich damals endgültig herkam, habe ich zuerst bei einer englischen Firma gearbeitet und bin später zu einer amerikanischen Firma gewechselt. Zwar habe ich mich lange noch zu England hingezogen gefühlt, aber trotzdem war ich hier in Deutschland eigentlich nie richtig fremd. Allerdings hat es lange gedauert, bis ich deutlich sagen konnte, daß ich Jude bin. Es ärgert mich sehr, daß die Juden mich nicht als Juden anerkennen wollen. Die Nazis haben mich zum Juden gemacht, und ich kann es nicht verstehen, von den Juden nicht als solcher anerkannt zu werden. Trotzdem habe ich nie das Verlangen gehabt, offiziell zum Judentum überzutreten, weil ich nicht religiös bin. Ich fühle mich sehr eng zum Judentum zugehörig und bin froh darüber und sage das auch laut und deutlich, auch wenn mir manche sagen: »Du bist ja gar kein Jude, deine Mutter war ja keine Jüdin!« Für mich selber ist das aber ganz klar! Meine Pflegeltern, die sehr konservative Juden sind, akzeptieren mich auch als Juden. Die Familie meines Vaters ist seit 1520 in Deutschland nachweisbar, eine alte deutsch-jüdische Familie. Ich finde es aber sehr schwierig zu sagen und zu erklären, was das Judentum ausmacht, wenn man das Religiöse wegstreicht. Ich bin zum Juden gemacht worden und habe mich zuerst geschämt, und nun ist es schön, sich dazugehörig zu fühlen und so viele Leute zu treffen, die positiv darüber denken.

Unsere Tochter hat sich auch sehr zum Judentum hingezogen

gefühlt und wollte dazugehören. Deshalb hat sie sich entschieden, nach Israel auszuwandern und hat zwei Jahre in Israel gelebt. Nach etwa anderthalb Jahren ist sie dort übergetreten. Ich glaube wirklich, sie wollte sich bewußtmachen, wo sie hingehört, und das gefällt mir natürlich. Meine jahrelange Entwicklung hat meine Tochter dabei vielleicht beeinflußt.

Ich selbst fühle mich zum Judentum gehörig, aber auch zu Deutschland. Ich habe das Gefühl, daß in Deutschland viele Menschen nicht mehr weggucken würden, wenn so etwas wie die Judenverfolgung noch einmal passieren sollte. Mein Bruder war vor kurzem in Dresden und hat dort vor einem Gymnasium als Zeitzeuge geredet. Die Reaktion war sehr positiv, und die jungen Leute haben viele Fragen gestellt. Er ist bei solchen Sachen ziemlich ängstlich und hatte erwartet, daß auch negative Reaktionen kommen würden, aber das hat's nicht gegeben. Das deutet doch darauf hin, daß die Deutschen es nicht mehr hinnehmen würden, wenn jemand in einer solchen Runde etwas Antisemitisches sagen würde. Also, Deutschland hat sich geändert! So sehe ich das wenigstens. Ich habe Vertrauen in das Land und seine Menschen und die Demokratie. Sicher ist mir bewußt, daß es Neonazis gibt und daß es Antisemitismus gibt, der in Deutschland sehr viel häßlicher ist als irgendwo anders. In Amerika, wo ich oft gewesen bin, reagieren die Juden viel selbstbewußter auf Antisemitismus. Hier ist das anders, auch bei mir. Der Antisemitismus in Deutschland muß doch schon deshalb besonders häßlich sein, weil das Ergebnis so viel deutlicher war als anderswo.

England ist immer noch wichtig für mich. Vor England habe ich große Achtung, weil sie dort mehr Juden als alle anderen Länder aufgenommen haben. England hat uns das Gefühl gegeben, ein neues Zuhause zu haben. Jedes Mal, wenn ich dorthin komme – und ich fliege jedes Jahr rüber – fühle ich mich, als ob ich nach Hause komme. Ich liebe England, die englische Art, den englischen Humor. Ich liebe auch den jüdischen Humor, aber England ist einfach ein anderes Zentrum für mich. Ich habe zwei Heimatländer. Mein Deutschsein merke ich daran, daß ich mich sogar als Jude hier nicht fremd fühle – auch wenn manchmal etwas Komisches passiert. Vor ein paar Wochen waren wir bei Freunden zum Essen eingeladen. Ein anderes Ehepaar fing an, positiv von Victor

Klemperer zu erzählen, und daß sie sein Buch gelesen hätten; es waren also Leute, die dem Judentum sehr positiv gegenüberstehen. Und trotzdem! Wir haben alle von Klemperer geschwärmt, und beim Nachtisch fragte mich die Frau dann, und ich kann es heute noch nicht begreifen, daß Akademiker solche Fragen stellen können: »Sagen Sie mal, war Ihr Vater Jude oder Deutscher?« Ich mußte sagen: »Er war Deutscher und er war Jude!« Das waren Akademiker und aufgeklärte Leute – und gerade die reißen etwas auseinander, was für mich zusammengehört! Wenn der Präsident von Israel sagt, daß alle Juden nach Israel gehören, kommen ja solche Fragen auf, wie diese Frau sie gestellt hat. Ich fühle mich als Deutscher, und als ich 1958 zurückkam, bekam ich fast automatisch wieder meine deutsche Staatsangehörigkeit zurück.

Als ich in einem Gymnasium als Zeitzeuge gesprochen habe, hat das meine Gefühle sehr, sehr aufgewühlt; vielleicht war es die Freude über die Reaktion der jungen Leute, die mich so sehr bewegt hat. Das ist wohl auch ein Grund, warum ich gerne hier bin. Es gab auch einen anderen Zeitzeugen dort in der Schule. Er hat erzählt, daß er als ganz junger Mann freiwillig in den Krieg gezogen ist, mit erhobenem Arm »Heil Hitler« schreiend. Den Schülern hat er dann erzählt, wie es ihm noch im Krieg aufgegangen ist, daß das, was er gemacht hat, falsch gewesen ist, und daß er sich schämt, so etwas mitgemacht zu haben. Seitdem kämpfe er dagegen, daß so etwas hier wieder passieren kann. Ich kann mir vorstellen, mit so einem Menschen Freundschaft zu schließen, weil er seine Fehler erkannt hat, darüber spricht und sich einsetzt. Da kann es dann auch Versöhnung geben, nicht aber mit Menschen, die wirklich schuldig waren oder die weggesehen haben und nicht zugeben, einen Fehler gemacht zu haben. Damit kann ich mich nicht abfinden. Da gefällt mir so ein Mensch wie dieser Zeitzeuge besser. Viele wollen aber gar nicht darüber reden, und das sind Menschen, die vielleicht nicht schuldig sind, die aber nichts dazugelernt haben, und mit denen möchte ich eben nicht befreundet sein. Versöhnung gibt es dann, wenn Menschen wahrhaftig sind.

Ich hatte es immer abgelehnt, nach Dresden oder Freital zu fahren. Nach der Wende haben wir aber doch gedacht, daß es nun möglich ist. Vorher hatten wir uns erkundigt, ob irgendetwas geplant war, um meinen Vater, der für Freital viel getan hat und für die Stadt ein bedeutender Mann war, zu rehabilitieren oder zu ehren. Am Anfang stellte die CDU den Bürgermeister, und da hat sich in dieser Richtung nichts getan. Als wir das zweite Mal anriefen, war inzwischen ein SPD-Mann an der Spitze, und als wir den an der Strippe hatten, sagte der: »Heilbut? Von Kurt Heilbut? Ja, wir suchen Sie überall!« Wir haben uns dann bei dem ersten Besuch mit Vertretern der SPD getroffen und sehr intensiv gesprochen. Es gab zu DDR-Zeiten eine Tafel am Rathaus mit allen Antifaschisten, die im Dritten Reich umgekommen sind, und da stand auch Kurt Heilbut drauf. Die erste Tat der CDU nach der Wende ist gewesen, diese Tafel zu entfernen. Wir haben dann zusammen überlegt, daß man entweder eine Tafel anbringt an dem Haus, wo die Familie gewohnt hat, oder eine Straße umbenennt oder einer neuen Straße den entsprechenden Namen gibt. Die SPD-Leute waren guten Willens, aber sie hatten nicht die absolute Mehrheit und wurden immer abgeblockt durch die CDU. Wir hatten inzwischen auch an Kurt Biedenkopf geschrieben, daß man doch etwas für die Rehabilitierung meines Vaters tun solle, und bekamen einen Brief zurück: er habe die CDU-Fraktion angewiesen, man solle eine Ehrung veranstalten. Während einer Ratssitzung gab es dann eine kaum nennenswerte Ehrung. Bald darauf kam ein Buch von Jürgen Franz heraus, welches sich intensiv mit der Geschichte von Freital und auch mit Kurt Heilbut beschäftigt; das Projekt war von der SPD finanziert worden. Dieses Buch hat noch einmal Druck gemacht, und auf Betreiben hauptsächlich des SPD-Vorsitzenden wird in einem halben Jahr eine Platte angebracht an dem Haus, wo wir gewohnt haben. Darüber sind wir hocherfreut. Es ist eine große Genugtuung für uns. In der Nazizeit haben SPD-Genossen im Geschäft meiner Eltern eingekauft, um sie damit zu unterstützen. Besonders eine Familie, die Familie Grube, hat sich sehr um meine Familie gekümmert. Die Töchter leben beide noch in Dresden, und wir pflegen den Kontakt.

Meine Pflegeltern in England sind jetzt 86 und 88 Jahre alt, und zu ihnen und der ganzen Familie haben wir sehr enge Verbindung. Sie behandeln mich wie ihren eigenen Sohn. Ihre Kinder sind 13 bis 26 Jahre jünger als ich, und für die bin ich der große Bruder. Wir sind bei vielen Festen dabei – als ein Teil der Familie. 1938 ist das Ehepaar Borchard nach England geflohen. Wir sprechen jetzt wieder Deutsch zusammen, und sie sprechen immer noch mit starkem Hamburger Akzent. Später haben sie ihr Geschäft in Hamburg wieder zurückbekommen und sind dann permanent zwischen England und Hamburg gependelt. Ohne sie hätte mein Leben in England sicher ganz anders ausgesehen.

EGON M. KORNBLUM

geb.: 1918 in Rathenow/Brandenburg
Rückkehr: 1958
Gespräch: 17. September 1995, Essen

Rathenow – Shanghai – Seattle – Israel – Essen

Ich bin am 15. Mai 1918 in Rathenow an der Havel, Provinz Brandenburg, als drittes Kind des Kaufmanns Alfred Kornblum und seiner Ehefrau Franziska, geborene Windmüller, geboren, habe in Rathenow vier Jahre die Volksschule besucht, bin dann aufs Gymnasium bis zur Quarta und von der Quarta, nachdem ich leistungsmäßig nicht mitkam, auf die Mittelschule gegangen. Die habe ich besucht bis zur Mittleren Reife und bin dann 1934 abgegangen von der Schule. Mein Vater hatte ein Herrenartikelgeschäft.

Wir waren nicht orthodox, aber doch sehr religiös. Mein Vater war zweiter Vorsitzender der Jüdischen Gemeinde in Rathenow – die hatte ungefähr hundert Mitglieder –, und wir hielten die Feiertage. Am Neujahrsfest, Rosch ha-Schanah also und Yom Kippur, an diesen beiden hohen Tagen, hielt mein Vater sein Geschäft geschlossen. Am Schabbat hatte er nicht geschlossen, aber er hat am Schabbat nicht geraucht, ist nicht gefahren und ist zur Synagoge gegangen. Dann war meine Mutter im Geschäft. Wir hatten einmal in der Woche Religionsunterricht, wir hatten einen strengen rituellen Haushalt entsprechend den Speisegesetzen, und unser Kantor und Religionslehrer hat bei uns gegessen, weil wir eben die einzige Familie waren, die koscher gelebt hat.

Mein Judentum war sehr stark ausgeprägt. Mit dem Vater in die Synagoge zu gehen am Freitagabend oder an einem Feiertag, war schon ein erhebendes Gefühl, obgleich man als Kind mit acht oder neun Jahren noch nicht den Ernst des Feiertages begreift. Am Neujahrstag dauert der Gottesdienst immerhin vier Stunden, am Yom Kippur dauert er von früh um acht bis abends zum Sonnenuntergang, und da hat man natürlich nicht immer die Geduld als Kind, die ganze Zeit den Gottesdienst zu verfolgen und ernst zu sein; da ist man zwischendurch rausgegangen auf den Hof und hat gespielt.

Ich habe mich sehr stark hingezogen gefühlt zu Palästina, weil die biblische Geschichte davon berichtet, und das wurde natürlich in dem Maße stärker, wie der Nationalsozialismus sich ausbreitete und die antijüdische Hetze fortschritt. Das hat begonnen am 1. April 1933, am Tag des Boykotts. Das kann ich heute noch verfolgen, so als ob es gestern gewesen ist. Fast alle Geschäfte hatten am Samstag offen. Rathenow war bekannt als Stadt der Optik, es gab große optische Firmen, weltberühmt, obgleich die Stadt nur 27000 Einwohner zählte. Es gab ein jüdisches Warenhaus, was natürlich alles führte, so wie man sich heute Woolworth oder Karstadt vorstellt. Die hatten also meistens am Samstag offen, und da war es natürlich immer sehr schwer, zehn Leute für den Schabbatgottesdienst zusammenzukriegen, weil man bei uns nur in Gemeinschaft beten kann, wenn mindestens zehn Männer da sind. Und dann wurde ich immer von meinem Vater zu den einzelnen Geschäftsleuten geschickt, um sie zu bitten, doch in die Synagoge zu kommen. Die Leute haben sich immer damit entschuldigt, daß ja Samstag sei, sie zu wenig Personal hätten, sie an der Kasse stehen müßten und daß sie einfach nicht abkömmlich seien.

An diesem 1. April 1933 aber, an dem die SA vor den Türen stand, man die Geschäfte beklebt hatte mit Schildern »Kauft nicht bei Juden!«, »Die Juden sind unser Unglück«, als man Davidsterne auf die Scheiben gemalt hatte und die SA keine Leute in die Geschäfte gelassen hatte, da blieb den Leuten nichts anderes übrig, als die Geschäfte zu schließen und in die Synagoge zu gehen. Da hat man dann ironisch gesagt: »Es muß erst ein Hitler kommen, damit die Menschen sich auf ihr Judentum und ihre jüdische Religion besinnen und sich damit beschäftigen!« Gerade das deutsche Judentum war ja oft sehr assimiliert, teilweise so sehr, daß man sich nur an den beiden hohen Feiertagen Rosch ha-Schanah und Yom Kippur, Neujahrstag und Versöhnungsfest, erinnert hat und in die Synagoge ging. Meist wurden noch die christlichen Feiertage mitzelebriert, wo man also Weihnachtsbäume angezündet hat, wo man eben so assimiliert war, daß man unter Umständen überhaupt keine Feiertage mehr respektiert hat.

1934 kam ich dann in die Lehre, wobei unter dem Druck des Nationalsozialismus nicht viel Auswahl bestand. Ich habe mich dann für die Optikerlehre entschieden, mußte in dieser Zeit zur Berufsschule gehen, und in dieser Berufsschule wurde unter anderem auch »Rassenkunde« gelehrt. Da hat man dann, Poster würde man heute sagen, an die Wand geheftet mit dem deutschen, sprich germanischen Typus, auf der anderen Seite der slawische, der russische, der jugoslawische Typus, bis hin zum afrikanischen Typus, alle natürlich karikiert. Und dann kam ein Poster mit dem Juden, so wie ihn der *Stürmer* geschildert hat: krumme Nase, klein, krumme Füße. Und dann fing natürlich der Lehrer an, die Vorzüge oder die Merkmale zu zeigen, wobei er sagte: das ist der germanische Typ, blond, blauäugig, groß. Hier ist der slawische, der ist schon nicht mehr so, da ist die Nase gebogen usw. Und das ging dann hin bis zum Afrikaner mit den wulstigen Lippen, wo man sagte: ja, aber der ist auch geistig zurückgeblieben. Zum Schluß kam der Jude dran, den man natürlich verächtlich gemacht und so weit degradiert hat, daß man ihn verglichen hat mit Ratten und Mäusen, wie Goebbels mal gesagt hat, also mit Ungeziefer, das man zu vernichten hat. Und wenn man in der Klasse saß als einziger Jude und sich dermaßen abfällig über seine Religion, sein Volk oder seinen Glauben geäußert wurde, dann kann man sich vorstellen, wie man sich da vorgekommen ist. Man konnte sagen: man war eigentlich vogelfrei. Es konnte jeder zu einem kommen, konnte einen stoßen, einen schlagen, konnte einen niederboxen, und es gab keine Möglichkeit, sich irgendwo zu beschweren. Man war rechtlos. Der Lehrer war in der Partei, der Rektor desgleichen. Wer irgendwie im öffentlichen Leben stand, der mußte die Naziideologie vertreten, so daß man rechtlos war.

Ich habe diese drei Lehrjahre absolviert, und als die drei Jahre um waren, wurde ich abgelehnt zur Gesellenprüfung mit dem Hinweis: »Juden brauchen keine Gesellenprüfung!« Da war ich also weiter ungelernter Arbeiter. Jetzt ging natürlich der Kampf um einen Arbeitsplatz los, wobei langgediente Beamte vom Arbeitsamt – nicht alle waren durchdrungen vom Nationalsozialismus – versucht haben, mir Arbeit zu verschaffen. Auf dem Gegenpol stand die Deutsche Arbeitsfront, die Nazigewerkschaft, die alles darangesetzt hat, uns Juden jeden Arbeitsplatz streitig zu machen.

Wenn man sich irgendwo vorgestellt hat, mußte man sagen, daß man Jude ist, und da hat's von den großen optischen Firmen, die durchsetzt waren vom nationalsozialistischen Betriebsrat, sofort eine Ablehnung gegeben. Ich erinnere mich an eine Sache, wo ich bei einer großen optischen Firma war, wo ich gefragt wurde, ob ich schon beim Arbeitsdienst war. Als ich das verneinte, meinte er: »Aber Wehrdienst haben Sie schon gemacht?« Sag' ich: »Nein. Ich glaube auch nicht, daß ich dahin komme.« »Wieso?« Sag' ich: »Weil ich Jude bin.« Sagt er: »Ja, das tut mir furchtbar leid, Juden können wir hier nicht beschäftigen.«

Dann habe ich eine Stelle gehabt auf einer Schiffswerft. Es kam Weihnachten, und das Weihnachtsgeld wurde ausgezahlt. Der Arbeitgeber hat gemeint, mir bräuchte er kein Weihnachtsgeld zu geben, weil ich als Jude ja kein Weihnachten habe. Ich war damals frech und bin zur Arbeitsfront gegangen und habe das gemeldet, und da kam auch jemand zu meiner Firma und hat gesagt: »Du, hör mal zu, da gibt es keine Ausnahme, du mußt dem Mann Weihnachtsgeld bezahlen, aber du mußt ihn nicht beschäftigen.« Also hat er dann das Weihnachtsgeld zwar bezahlt, mich aber gleichzeitig entlassen.

Der Vater hatte inzwischen auch kein Geschäft mehr durch die dauernden Boykotts. Dann kam der 15. September 1935 mit dem Gesetz »Zum Schutz des deutschen Blutes« – die Rassengesetze. Man durfte kein christliches Dienstmädchen mehr beschäftigen, man durfte keine christliche Freundin mehr haben, heiraten schon gar nicht. Und so habe ich dann meinem Vater auf der Tasche gelegen.

Ich hatte noch zwei Brüder. Der eine hatte Leukämie und konnte nicht arbeiten; er war eigentlich der Intelligenteste von uns. Der war acht Jahre älter als ich. Mit 29 Jahren ist er gestorben, am 8. Januar 1939. Der zweite hatte Kaufmann gelernt und ist dann in ein Umschichtungslager für Landwirtschaft gegangen; der war sechs Jahre älter. Er trug sich mit dem Gedanken, nach Israel zu gehen – Palästina hieß es ja damals noch. Er war also im Umschichtungslager Steckelsdorf und hat nebenbei in Berlin noch Orthopädiemechanik gelernt. Ich selbst habe dann, im Januar 1938, eine Zuweisung bekommen zu einer Baufirma, die Siedlungshäuser herstellte, und habe dem Polier auch gesagt, daß ich Jude bin, worauf der einfach sagte: »Wissen Sie, wir haben über kurz oder lang doch Krieg, und dann werden die deutschen Männer eingezogen. Juden werden bestimmt nicht eingezogen, und dann sind Sie gut zur Arbeit. Ich mache den Quatsch nicht mit. Wenn Sie wollen, können Sie morgen anfangen.« Ich habe dann als Hilfsarbeiter bei den Zimmerleuten gearbeitet und auch ziemlich gut verdient damals. Der Stundenlohn war 50 Pfennig, glaube ich, und gearbeitet habe ich dann bis zum 10. November 1938.

Mit dem Ausscheiden aus der Schule und mit dem Wechsel des Regimes zum Nationalsozialismus endeten auch die Schulfreundschaften, weil die Jugendlichen ja Angst gehabt haben. Auch die Nachbarn hatten Angst, sich mit Juden sehen zu lassen. Bei der Arbeit habe ich eigentlich keine schlechten Erfahrungen gemacht, mit einer Ausnahme, wo mir jemand den Arm umgedreht hat und mich zwingen wollte, »Wenn das Judenblut vom Messer spritzt« zu singen. Da habe ich ihm den Teerpinsel ins Gesicht gehauen, und er hat losgelassen. Das war damals eine riskante Sache; ich hätte sofort, wenn er mich angezeigt hätte, ins KZ kommen können.

Ich war also bis zum 10. November dort und habe dann in der Frühe gehört, wie die Facharbeiter kamen und einer dem anderen zurief: »Die schlagen den Judentempel kaputt!« Ich wurde natürlich sofort hellhörig. Man hat nur auf die Gelegenheit gewartet, und die ist mit dem Tod von dem Herrn vom Rath gekommen. Dann habe ich den Polier gefragt, ob ich eine halbe Stunde frei haben kann, und bin nach Hause gefahren. Der Vater hatte sich inzwischen etwas dazuverdient, indem er seine ehemaligen Kunden besucht hat auf Wandergewerbeschein. Da gab es ja bei uns dieses jüdische Warenhaus. Er hat seine Kunden besucht und sie gefragt, ob sie was brauchten. Die brauchten ja dann keine Scheu zu haben, weil es sich in der Wohnung abgespielt hat und nicht öffentlich. Wenn die gesagt haben: »Ja, ein Oberhemd«, dann ist er zu Conitzer gegangen, hat sich dann eine Auswahl von verschiedenen Oberhemden genommen, hat dann die Kunden aufgesucht, abgerechnet und seine Prozente gekriegt. Ich bin also nach Hause gefahren mit dem Fahrrad; meine Eltern lagen noch im Bett, es war kurz nach sieben. Ich habe zum Vater gesagt: »Du, hör mal zu, die schlagen die Synagoge kaputt!« Mein Vater war in dieser Beziehung so naiv – er hatte immer noch nicht begriffen, worum es ging und was sich da abspielte, obwohl an allen Ecken der *Stürmer* stand und der *Völkische Beobachter* mit den Hetztiraden, mit den Reden von Hitler und Goebbels. Mein Vater sagte dann: »Wo ist denn die Polizei?« Ich bin dann zurück zur Arbeit, und mein Vater hat mir später erzählt, was sich an der Synagoge abgespielt hat. Die konnte man nicht anzünden, weil sie in einer Häuserreihe stand. Vor der Synagoge stand eine Menge Menschen, und man hat das Krachen gehört. Man hat innen das Inventar, Stühle, Bänke, kaputtgeschlagen, dann die Thorarollen herausgetragen. Den Schmuck der Thorarolle, Silber, Krone usw. hat man extra genommen und beschlagnahmt, aber die Gebetsmäntel und die Gebetbücher und die Thorarollen hat man in den Hof geschmissen und angezündet. An der Rückseite der Synagoge hatten wir noch Kulturbundräume, wo jüdische Künstler auftraten, weil es Juden ja verboten war, Theater und Kino zu besuchen. Da ist man also dahinten hingegangen, hat die Tassen und Teller zerschmettert und das Klavier kleingehackt. Wir hatten einen Leichenwagen aus Holz, den hat man herausgezogen, mit Benzin übergossen und wollte ihn anzünden. Der hat aber nicht gebrannt, weil er aus Eichenholz war. Da haben sich die Leute aufgeregt, daß man nicht mal vor dem Leichenwagen halt macht; nichtjüdische Deutsche haben sich aufgeregt. Die haben sie dann auf Lastwagen geladen und abtransportiert – wohin, weiß ich nicht. Der Polizeibeamte, der für alles zuständig war, und von dem mein Vater auch den Wandergewerbeschein hatte, kam von der anderen Straßenseite auf meinen Vater zu, hat ihn angerempelt und gesagt: »Du Judenschwein, du hast mich angerempelt, du bist verhaftet!« Und so war mein Vater an diesem 10. November der erste Jude, der verhaftet wurde. Dann hat man nach und nach alle männlichen Juden, mit Ausnahme meines kranken Bruders und meiner Wenigkeit, verhaftet, ins Polizeigefängnis getan und sie dort gelassen von Donnerstag bis Mittwoch. Am Mittwoch hat man ihnen das Geld abgenommen, sie mit einem Autobus zur Gestapo nach Potsdam gefahren, und von dort sind sie nach Sachsenhausen gebracht worden.

Ich habe noch Freitag gearbeitet und, ich glaube, Sonnabend auch noch. Dann habe ich erfahren, daß ich auch gesucht werde. Ich habe zu meiner Mutter gesagt: »Ich bleibe keine Minute, ich fahre nach Berlin. Du packst mir jetzt einen Koffer mit den notwendigsten Utensilien.« Meine Mutter hatte eine Schwester in Berlin. Ich bin auf Schleichwegen zum Bahnhof gefahren, habe die Fahrkarte gelöst und bin dann auf die Toilette gegangen. Die war auf dem Bahnsteig, aber vor der Sperre. Damals brauchte man noch eine Bahnsteigkarte oder eine Fahrkarte, um durch die Sperre zu gehen, die kontrolliert wurde, bevor man in den Zug einsteigen konnte. Sehr häufig hat man auch Gestapoleute auf den Bahnhöfen gehabt, die ankommende Juden verhaftet haben, wenn die ein bißchen jüdisch aussahen und dadurch verdächtig waren. Ich wollte kein Risiko eingehen. Als ich die Dampflok gehört habe, bin ich sofort heraus aus der Toilette, durch die Sperre, rein in den Zug. Und wie der Zug sich in Bewegung gesetzt hat, habe ich erstmal tief Luft geholt. Abends kam ich in Berlin an und bin nach Pankow gefahren, wo meine Tante wohnte. Nach ein paar Tagen bin ich zurückgefahren und habe mich ins Bett gelegt, in dem Aberglauben, daß man vielleicht nicht mitgenommen wird, wenn man sagt:«Ich bin krank«.

Freitagabend kam dann mein Vater, den sie aus unerfindlichen Gründen nicht ins Lager geschickt haben, sondern in Potsdam bei der Gestapo festgehalten und dann nach Hause geschickt haben. Man sagt, er war schon sechzig, und deshalb haben sie ihn nicht mehr ins Lager gesteckt – ich weiß es nicht. Er war auch in keiner politischen Partei gewesen. Er hat furchtbar geweint, bitterlich geweint. Als er mich gesehen hat, hat er sofort gesagt: »Du mußt verschwinden. Wenn sie dich kriegen, kommst du ins KZ, und da kommst du nicht mehr heraus!« So bin ich dann am nächsten Tag wieder nach Berlin gefahren, diesmal zu einem Vetter in Karlshorst. Und danach habe ich gesagt: »In Deutschland bleibe ich nicht mehr! Keine Zukunft, kein Land, nichts mehr!« Das war eine späte Erkenntnis, aber es war ja auch schwierig. In Palästina gab es eine Quote, nach der 75 000 pro Jahr einreisen durften. Es gab eine Ausnahme mit Kapitalistenzertifikat, d. h. wenn man tausend englische Pfund hatte, konnte man rein. Ich kannte einen Zahnarzt, Dr. Heinemann, der schon 1934 weg ist nach Palästina. Sein Bürgermeister hat ihn angerufen und ihm gesagt: »Sagen Sie mal, Herr Doktor, warum wollen Sie weg? Ihnen tut doch niemand etwas!« Darauf hat er gesagt: »Ich warte nicht darauf, bis mir jemand etwas tut!« Das waren die ganz wenigen Ausnahmen. Die meisten Juden in Deutschland haben sich als gute Deutsche gefühlt, haben im Ersten Weltkrieg gekämpft, wo ungefähr 12000 von ihnen gefallen sind. Es wäre ihnen nie die Idee gekommen, daß sie wegen ihres Glaubens oder wegen ihrer Religion ausgegrenzt würden. Dazu gehörte auch mein sehr naiver Vater, überhaupt meine Eltern.

Ich habe dann sofort den Paß beantragt. Mein Bruder hat sich ebenfalls um eine Ausreise bemüht und ist mit einem illegalen Transport, der vom Palästinaamt organisiert war, über Österreich und Jugoslawien nach Palästina gekommen, wo man unter Gefahren gelandet ist. Das Schlimme war ja, daß die Welt in Evian zusammengekommen ist und beschlossen hat: »Wir nehmen keine Juden auf, keine Flüchtlinge.« Da war es natürlich furchtbar schwer für die deutschen Juden oder die Juden aus Deutschland, irgendwohin auszuwandern. Man mußte am besten viel Geld haben. Mein Onkel z. B. hat den brasilianischen Konsul bestochen, der pro Visum 5000 Mark genommen hat. Für seine Familie hat er also 25000 Mark hingeblättert, hat die Visa nach Brasilien gekriegt und ist dann mit drei Containern à fünf Meter mit sämtlichen Maschinen aus der Fabrik und sämtlichem Mobiliar seiner Sechszimmervilla nach Brasilien gegangen. Man mußte Verwandte im Ausland haben, in England oder Amerika, die einem eine Bürgschaft geschickt haben, ein Affidavit. Und das hatte ich nicht, wir hatten keine Verwandte im Ausland. Eine begrenzte Möglichkeit gab es noch, und das war Shanghai. Shanghai war von den Japanern besetzt, die 1937 ohne Kriegserklärung in China eingefallen waren. Dahin konnte man gehen, und so sind 19000 Juden aus Mitteleuropa, sprich Deutschland, Polen und Österreich, nach Shanghai gekommen.

Meinen Paß habe ich um den 3. Januar 1939 herum bekommen. Es war natürlich gefährlich, einen Paß schon erhalten zu haben und dann doch noch länger als ein paar Monate in Deutschland zu sein. Dann war man garantiert reif fürs KZ. Ich bin dann immer wieder nach Berlin gefahren, weil mir noch 150 Mark gefehlt haben für die Schiffspassage. Es gab nur drei Schiffe auf dieser Route, die nur eine gewisse Anzahl aufnehmen konnten, aber es waren natürlich bedeutend mehr Leute, die fahren wollten. Mir ist es dann gelungen, im letzten Moment vom Hilfsverein das fehlende Geld zu kriegen und eine Schiffspassage zu bekommen, weil jemand seine Passage zurückgegeben hatte. Schließlich kam dann jemand von der Zollbehörde und hat zugeschaut, wie man den Koffer gepackt hat und was man reintut. Man durfte keinen Schmuck mitnehmen und keine Wertsachen. Zehn Mark hat man mitnehmen dürfen. Mitte März ist dann mein Bruder losgefahren (mit dem illegalen Transport nach Palästina), und ich bin am 26. März von Berlin, Anhalter Bahnhof, nach Italien gefahren. Die Eltern haben mich zum Zug gebracht; der älteste Bruder war kurz vorher gestorben. Es hat natürlich bittere Tränen gegeben von den Eltern und von mir, und ich hatte schon das Gefühl, wir sehen uns nicht mehr wieder. Mein Vater wollte unter keinen Umständen raus aus Deutschland; er hat gesagt: »Fahre du erstmal vor und schaffe dir eine Existenz, und wir kommen dann nach. Uns kann gar nichts passieren. Hitler kann überhaupt keinen Krieg machen, der hat ja nichts zu essen für das Volk!« Er war immer noch dermaßen gutgläubig gewesen! Die Leiterin vom Kreismuseum Rathenow, Frau Dr. Götze, der ich sehr viel verdanke, hat mir Urkunden beschafft, aus denen hervorgeht, daß mein Vater noch im Jahre 1941 im Dezember zur Polizei gegangen ist und angezeigt hat, daß man den Friedhof verwüstet hat, daß man von 60 oder 70 Grabsteinen 50 oder 55 kaputtgeschlagen hat. Er hat immer noch geglaubt, daß es hier mit Recht und Ordnung zugeht. Und im April 1942 sind sie deportiert worden.

Am 29. März 1939 ging mein Schiff nach Shanghai, wo ich am 25. April angekommen bin. Ich habe keineswegs daran geglaubt, daß ich jemals wieder nach Deutschland zurückkehren würde. Man ist in eine ungewisse Zukunft gefahren, erstmal mit dem Gedanken, sein Leben zu retten, wobei man ja gar nicht daran gedacht hatte, daß in Shanghai Krieg war zwischen Japan und China.

Es gab sehr viele Russen in Shanghai, die nach der Russischen Revolution vor dem Kommunismus geflohen waren. Das waren Juden, aber mehr noch Weißrussen, also zarentreue Anhänger. Außerdem gab es Juden, die englische Pässe gehabt haben, irakische Juden, indische Juden mit englischen Pässen, teilweise ungeheuer reich, unvorstellbar! Die haben das Flüchtlingswerk finanziell unterstützt. Wir kamen in Camps, wo man uns nach Gruppen getrennt hat: ein Raum für Ehepaare, ein Raum für alleinstehende Männer, ein Raum für alleinstehende Frauen, ein Raum für Kinder. Das ist natürlich eine furchtbare Zumutung, denn bei Ehepaaren hört jedes Intimleben auf, wenn soundsoviel in einem Raum liegen.

Wir hatten drei Mahlzeiten pro Tag, aber was wir nicht hatten, und was sehr, sehr schwer zu kriegen war, das war Arbeit. Allerdings gab es medizinische Betreuung, die man auch unbedingt brauchte, denn Shanghai liegt in den Subtropen, wo es alle Arten von Krankheiten gibt: Flecktyphus, Bauchtyphus, Gelbsucht, Malaria, Amöbendysenterie, bazilläre Dysenterie ... Ich habe das Glück gehabt, außer Flecktyphus alles zu bekommen. Im Lager hatten wir zwei jüdische Krankenhäuser, ein Isolierhospital für ansteckende Krankheiten lag in einem anderen Lager.

Als ich angekommen bin, wollte man alle Jugendlichen in ein altes Fabrikgebäude tun, welches einem immens reichen englischen Juden gehörte. Ich habe mich dagegen gewehrt und bin dann vorübergehend in ein Heim gekommen, wo man mich erstmal liegengelassen hat, ohne Decke. In der Nacht muß ich mich dann verkühlt haben und bekam Durchfall. Das war der 1. September 1939. Nachmittags kamen die Sonderzettel: »Deutschland ist in Polen einmarschiert.« Der Zweite Weltkrieg war da.

Man hat natürlich alles mögliche versucht in Shanghai, um an Geld zu kommen, denn man wollte schließlich mal Zigaretten rauchen oder ins Kino gehen. Essen hatte man immer, auch medizinische Betreuung. Es hat natürlich Leute gegeben, die sich außerhalb des Lagers ein Zimmer gemietet haben, weil sie mit der Familie zusammen sein wollten. Die hat man insofern bestraft, als man ihnen nicht nur die Verpflegung, sondern auch die medizinische Betreuung entzogen hat. Bei all den Krankheiten konnte man darauf aber nicht verzichten, weil die Ärzte sehr teuer waren. Viele Emigranten machten *Second-Hand*-Geschäfte auf oder Bäckereien, Schuhmachereien. Wenn man außerhalb des Lagers ein Zimmer ergattert hatte und ein Geschäft aufgemacht hatte oder Hausieren gegangen ist, dann war das alles gut und schön, aber in dem Moment, wo man die medizinische Betreuung verloren hatte, wurde es schwer, weil man mit Krankheiten jeden Tag rechnen mußte. Es mußte alles abgekocht werden, Wasser, Gemüse, Salat. Es gab chinesische Läden mit riesigen Bottichen mit kochendem Wasser. Wer sein Essen aufbessern wollte, konnte da kochendes Wasser kaufen. Oder jemand hat eine Küche eingerichtet mit einer Art Blumentöpfe, die man mit Koks befeuerte und mit Fächern anwedeln mußte, damit es besser brannte. Es wurde pro Stunde berechnet. Hat der verdammte

Ofen nicht so gut gebrannt und zwei Stunden bis zum Garkochen gebraucht, dann hat die Frau natürlich entsprechend mehr bezahlen müssen.

Ein WC gab es nicht, nur Plumpsklosett. Jeden Tag kam eine Chinesin mit einem zweirädrigen Karren und hat die Eimer ausgeleert. Das wurde dann als Dünger aufs Feld gebracht. Man kann sich vorstellen, warum alles abgekocht werden mußte. Und trotzdem hat man was gekauft beim Chinesen, denn auf irgendetwas hatte man ja doch Appetit. So habe ich mir einmal eine Gelbsucht eingefangen und x-mal Amöbendysenterie. Am Anfang wußte man nicht, wie man die behandeln sollte: Bazillen, die den Darm anfressen. Hunderte Menschen sind daran gestorben, bis man einen Impfstoff gefunden hat, ein Serum, was man gespritzt hat. In der Rikscha konnte man sich durch die Flecktyphuslaus Flecktyphus holen und durch die Nahrungsmittel Bauchtyphus, der Geschwüre im Darm verursacht. Man darf dann nur flüssige Nahrung zu sich nehmen, denn wenn so ein Geschwür aufplatzte, dann wurde es toxisch, und man war rettungslos verloren.

Es gab verschiedene zionistische Gruppen unterschiedlicher Couleur. Solange der japanisch-amerikanische Krieg nicht war, hatten wir eigentlich ein sehr gutes Verhältnis zu den Japanern. Wir sind sonntags mit unseren Gruppen rausgegangen in die anliegenden Parks, wo auch die Japaner waren mit ihren Familien, und mit denen mußten wir dann Sackhüpfen und Eierlaufen und so etwas veranstalten. Danach sind wir nachmittags oder abends auf den Militärlastwagen mit unseren blauweißen Fahnen zurückgefahren worden in die Stadt. Das änderte sich schlagartig nach dem Angriff auf Pearl Harbour 1941. Da war dann jeder Weiße für die Japaner gleichbedeutend mit dem Ami, und es gab ja auch die Achse Deutschland-Italien-Japan. Nach dem Krieg haben wir gehört, daß die Deutschen verlangt haben, daß die Japaner KZ mit Gaskammern bauen sollten. Weil die Japaner das Rassenproblem nicht kannten, haben sie das abgelehnt. Die Deutschen müssen wohl Druck gemacht haben: »Also, wir haben das Judenprogramm, etwas gegen die Juden müßt ihr machen. Dann sperrt die Juden wenigstens in Ghettos!« Da konnten sie dann nicht mehr nein sagen und haben die Ghettos verfügt. Emigranten, die schon 1933 oder 1934 nach Shanghai gekommen waren, betraf das nicht; die wohnten sowieso in besseren Stadtteilen. Es betraf die Flüchtlinge, die ab 1938 hingekommen sind, ab 1940 noch mit der Transsibirischen Eisenbahn.

So wurde dann ein Ghetto festgelegt. Um außerhalb des Ghettos zu kommen, mußte man einen *Special Passport* haben, den die japanische Militärpolizei ausgestellt hat. Viele, die hausieren gingen, sind auch in die deutsche Kolonie gekommen, wo die Deutschen nicht so antisemitisch waren wie in Deutschland und bei den Juden gekauft haben. In dem Moment, wo das Ghetto kam, ging das natürlich nicht mehr. Wenn man versuchte, diesen Sonderausweis zu kriegen, mußte man sich von den Japanern, die sich als Herrenmenschen gefühlt haben, so wie damals hier die Deutschen, die Nazis, Beschimpfungen gefallen lassen bis hin zu Schlägen. Wenn man erwischt worden ist, daß man ohne Erlaubnis das Ghetto verlassen hat, dann wurde man bestraft. Einmal hatte ich Pech. Es gab eine deutschsprachige Zeitung, von Emigranten gegründet. Ein Bekannter von mir arbeitete bei der Zeitung, und der mußte abends um acht oder neun in die Stadt zu den Nachrichtenagenturen, die letzten Nachrichten holen, und er hat mich überredet mitzugehen. Wir sind auch wunderbar in die Stadt gekommen, aber als ich auf dem Rückweg nur noch ein paar Meter vom Camp entfernt war, stand da ein Polizist, ein Weißrusse, und fragte nach meinem Paß. Mein Freund hatte einen, ich hatte keinen. Er hat mich aufgeschrieben, am nächsten Tag mußte ich zur japanischen Militärpolizei und wurde dann zu drei Tagen Zwangsarbeit verdonnert. Ich hatte dabei noch Glück, daß ich nicht ins Gefängnis mußte, denn im Gefängnis war es dreckig und es bestand die Gefahr, Flecktyphus zu bekommen. Irgendwann später bekam ich Arbeit in einer Lederfabrik und dafür auch ohne weiteres von den Japanern die Sondergenehmigung, dort arbeiten zu können. Da verdiente ich endlich etwas.

Schließlich brach eine Hungersnot aus, denn die Juden, die drüben lebten, waren nicht so betucht, daß sie 19 000 Menschen ernähren konnten. Es hat ein Pfund Brot pro Tag gegeben, das war die ganze Nahrung. Man hat zwar aufgerufen, Patenschaften zu übernehmen, aber man kann nicht Patenschaften für 19 000 übernehmen, und so viele gab es nicht, die Interesse hatten. In dieser Zeit hatte ich Bauchtyphus. Ich kam in ein staatliches Krankenhaus, hatte 30 Tage lang 40°C Fieber und war von den Ärzten aufgegeben. Die gingen nur noch am Bett vorbei und machten so eine Handbewegung. Ich muß wahnsinnig phantasiert haben, furchtbar geschimpft haben, auf die Nazis, die Japaner, und nicht nur tags, sondern auch nachts, so daß die Leute, als ich wieder aufstehen durfte, zu mir kamen und sagten: »Sie haben uns nicht nur schlaflose Nächte bereitet und dermaßen nachts geschrien, sondern wir haben auch Angst gehabt, daß wir alle abgeholt werden: so haben Sie geschimpft auf das Regime!« Ich muß furchtbar ausgesehen haben. Da hat es einen jüdischen Arzt gegeben, den ich vom Isolierkrankenhaus her kannte. Er war aus Berlin und hatte wohl auch Privatpatienten. Der hat gesagt: »Ich spendiere dir 30 Tage ein Mittagessen.« Es hat Emigranten gegeben, die in ihrer Wohnung eine Küche aufgemacht und ein paar preiswerte Gerichte angeboten haben. Mit diesem Arzt habe ich mich also jeden Mittag getroffen, und durch die 30 Tage, die er mir dieses Mittagessen spendiert hat, bin ich langsam wieder auf die Beine gekommen.

Dann habe ich angefangen, abends in den Bars Zeitungen zu verkaufen, den *Jew's Chronicle*, von Emigranten aus Deutschland gemacht. Man hat fünf oder zehn Cents dafür gekriegt und hatte jedenfalls soviel, daß man sich mal eine Schachtel Zigaretten kaufen konnte. Im Camp war's insofern furchtbar, als es da keine Schränke gab. Man hat sich abends ausgezogen, den Anzug auf einen Bügel gehängt, und wenn man morgens aufstand, war der Anzug weg. Den hat man geklaut und ins Pfandhaus getragen, um sich ein paar Pfennige zu verdienen. Es wurde viel geklaut, unter den jüdischen Emigranten, aber auch von Chinesen. In China gab's keinen Mittelstand, es hat entweder ganz Reiche oder ganz Arme gegeben. Jeden Morgen haben Tote auf den Straßen gelegen. Da sind Autos gekommen, so wie hier die Müllabfuhr: man hat die Leute in einfache Holzsärge gepackt und sie dann in die Verbrennungsöfen gebracht; die Särge brauchte man wieder für die Nächsten. Die Chinesen standen die ganze Zeit vor den Camps, auch als es nichts zu essen gab und haben gerufen: »Mipo, Mipo!«, »Brot, Brot!« Mit einem Stück Brot waren die zufrieden. Die sind auch über die Mauer geklettert und haben Wäsche gestohlen, um die nachher zu verkaufen. Unsägliche Armut!

Die Kanalisationsbedingungen in Shanghai waren so katastrophal, daß das Wasser schnell drei Meter hoch stand, wenn es im Taifun regnete. Um von einer Straßenseite auf die andere zu kommen, mußte man ein Boot haben. Wenn man nun in diesem Lager lebte, eine gute Stunde brauchte, um in die Stadt zu kommen und dann auch noch durch dieses Wasser waten mußte, also klitschnaß ankam, dann verlor man im Laufe der Zeit die Lust zur Arbeit, und man vergammelte regelrecht da draußen. Wenn etwas gebraucht wurde, haben viele eben geklaut und das Geklaute dann ins Pfandhaus getragen. Aber es gab auf der anderen Seite auch ein sehr starkes Zusammengehörigkeitsgefühl, was man nur in Notlagen entwickeln kann, wo einer dem anderen beisteht und ihm hilft. Diese Notgemeinschaft hatten wir auch in den zionistischen Gruppen; ich selbst hatte eine Jugendgruppe mit Kindern von zehn bis vierzehn Jahren.

Im August 1945 war da unten der Krieg beendet, mit dem Abwurf der zweiten Atombombe. Die Amerikaner kamen mit amerikanischer Militärration, die alle zwei Wochen verteilt wurde, und außerdem mit Informationen darüber, was mit den Juden in Europa geschehen ist; vorher hatte man überhaupt keine Ahnung gehabt! Ich hatte ja auch keinen brieflichen Kontakt mehr zu meinen Angehörigen gehabt. Die Eltern haben noch bis 1941 geschrieben, zum Schluß: »SOS! Hilf uns, rette uns!« Da hatten die in Shanghai eingesessenen Juden den Japanern gesagt: »Wir können nicht mehr Leute aufnehmen, weil wir sie nicht ernähren können – sperrt die Grenzen!« Da haben die Japaner keinen mehr hereingelassen, und ich konnte meinen Eltern nicht mehr helfen. Irgendwann, 1940 oder 1941, hatten sie ihre Wohnung aufgeben müssen und mußten ein Zimmer in einer anderen Wohnung beziehen, pro Familie ein Zimmer. Im April 1942 wurden die Juden deportiert, die meisten nach Warschau ins Ghetto. Kurz danach hat mein Bruder in Palästina übers Rote Kreuz einen Brief von meiner Mutter gekriegt: »Vater verstorben an Lungenentzündung.« Das habe ich aber erst nach dem Krieg erfahren, als es wieder Briefkontakt gab. Durch die Befreiung durch die Amerikaner und Russen kam diese ganze schreckliche Wahrheit ans Licht. Da hat es Bücher und Filme darüber gegeben, wie man die Lager vorgefunden hat, die Krematorien und das alles. Meine Eltern, meine Tanten und Onkel sind ermordet worden. Auf der einen Seite hatte ich es geahnt, weil Hitler ja leider keinen Zweifel daran gelassen hat, daß er die Juden umbringen wollte, nur hat man das nicht für wahr gehalten! Diese Greuel hat sich niemand vorstellen können! Ich sage ehrlich: es hat einen unbändigen Haß auf Deutschland gegeben. Nähere Einzelheiten habe ich erst im Laufe der Zeit erfahren, hauptsächlich erst, seitdem ich wieder in Deutschland bin. Es hat Leute gegeben, die sich schnell repatriieren ließen, entweder nach Deutschland oder Österreich, um aus diesem Elend herauszukommen. Shanghai war ein Elend! Das einzige Gute daran war, daß man überlebt hat, daß man nicht gestorben ist, wenn man krank war. Man muß würdigen, daß die Chinesen, gewollt oder ungewollt, den Juden Schutz geboten haben, und es gibt immer noch Gruppen, die nach China fahren und sich da verschiedene Orte anschauen und Treffen veranstalten.

Viele wollten damals weg von Shanghai, wußten aber nicht, wohin. Dann kam die Möglichkeit mit Amerika. Das amerikanische Einwanderungssystem kennt Quoten, die sich nach der Staatszugehörigkeit oder Volkszugehörigkeit richten. Die deutsche Quote war eine sehr gute Quote, weil man anscheinend mit Deutschen sehr gute Erfahrungen gemacht hatte in puncto Arbeit und Eingliederung. Die Quote war also sehr hoch, und der JOINT hat durch Verhandlungen mit der amerikanischen Regierung erreicht, daß er ein gewisses Kontingent für ehemalige deutsche Staatsbürger bekam.* Mein Paß war damals nur ein Jahr gültig gewesen, und danach war man kein Deutscher mehr. Der JOINT hat dem amerikanischen Staat die Garantie gegeben, fünf Jahre lang für diese Leute aufzukommen. Nach fünf Jahren konnte man amerikanischer Bürger werden. Der JOINT hatte also ein Sammelaffidavit gestellt für Emigranten auf deutscher Quote. Auf diese Weise bin ich dann am 29. April 1948 auf einem Truppentransporter nach Amerika gefahren. Wir fuhren über Manila auf den Philippinen. Dort lernte ich meine spätere Frau kennen, die ursprünglich mit ihrer Mutter aus Karlsbad stammte. Die kam dann mit einem Komittee von jü-

* Abkürzung für: *American Joint Distribution Committee* (›gemeinsamer amerikanischer Verteilungsausschuß‹); wurde in den USA im Jahr 1914 zur Unterstützung der jüdischen Opfer des Ersten Weltkriegs gegründet und war während des Zweiten Weltkriegs die internationale Zentralorganisation aller jüdischen Wohlfahrtsverbände.

dischen Frauen auf das Schiff und versorgte uns mit Zigaretten und Süßigkeiten. Von Amerika aus haben wir dann miteinander korrespondiert.

Wir kamen an in San Francisco, wo ich ungefähr zwei Wochen geblieben bin. Dann wurde man weitergeschickt, und ich habe mich für Seattle an der Nordwestküste entschlossen, weil ich da Freunde hatte, die ich von Shanghai her kannte. Er war Kantor, später Rabbiner, und sie war in der zionistischen Gruppe. Ich wußte, das sind Leute, mit denen ich harmonieren konnte. Es war ja so, daß ich mit 21 Jahren zum ersten Mal von zu Hause weggegangen bin. Als ich dann nach Amerika kam, war's, als ob ich in den Himmel käme!

In Seattle habe ich ein kurzes Gastspiel gegeben in einer Fabrik, aber ziemlich schnell das Handtuch geworfen. Mit Hilfe meiner Freunde habe ich eine Annonce gefunden in der Zeitung: eine Tuberkuloseklinik, etwa 15 bis 20 Kilometer entfernt, suchte Pfleger und Hilfspfleger, und ich habe mich dort gemeldet. Wenn man nur das Schulenglisch kann und sich damit bewirbt, dann kriegt man da einen Fragebogen auf Englisch und sitzt und rät, was dieser und jener Satz wohl bedeuten kann. Wenn man das einigermaßen geraten hat, dann wird überlegt: wie schreibe ich jetzt die Antwort hin? Ich habe mindestens eine Stunde für den Fragebogen gebraucht und die Antworten schlecht und recht zusammengekriegt. Aber die Shanghaier hatten einen guten Namen, galten als arbeitswillig und arbeitsfreudig, und da hat die Leiterin der Klinik mir den Job gegeben.

Inzwischen war ich 30 Jahre alt, war neun Jahre in Shanghai gewesen und hatte noch keine Frau. Angebote habe ich genug gehabt. Die Oberschwester z. B. wollte mich unbedingt heiraten. Sie hat kein Wort mehr mit mir gesprochen, als sie gehört hat, daß ich mich mit dieser Frau, die ich in Manila kennengelernt habe, telefonisch verlobt habe. Die wollte ich nach Amerika holen, aber sie wollte nicht ohne ihre Mutter kommen. Es war keiner da, der mir für die beiden eine Bürgschaft gegeben hätte, ein Affidavit. Da bekam ich die Idee, daß wir nach Israel gehen; damals war der Staat schon gegründet. Sie hat »ja« gesagt, und wir sind im Sommer 1949 nach Israel gegangen.

In dieser Zeit hat man sehr viel Bücher gelesen über die Naziverbrechen. Es kamen ja immer neue Bücher heraus über die Art und

Weise, wie man die Leute in Viehwaggons deportiert hat, wie man sie schuften ließ, wie man sie umgebracht hat und wie man das heimlich getan hat, um es nicht zum Aufruhr kommen zu lassen. Es gab viele Bücher und viele Filme, und für mich war es so, daß Deutschland nicht mehr existierte auf der Karte. Das stellte sich erst dann wieder ein, als ich in Israel war, ganz allmählich.

Wir haben 1950 in Israel geheiratet, und es war eine sehr, sehr schwere Zeit. Tausende, Zehntausende kamen aus den DP-Lagern herüber, es war alles rationiert, ich war der einzige Verdiener in unserer Familie und es ging uns wirtschaftlich sehr schlecht.* Dazu kamen die dauernden Überfälle der Araber, die ohne Rücksicht Frauen und Kinder ermordet haben in den Orangenhainen und die Schulen überfielen. Dann kamen die ersten Entschädigungsgesetze. Sie sagen immer »Wiedergutmachung« – wiedergutmachen kann man es nicht. Wenn man Leute umgebracht und Existenzen vernichtet hat, gibt's keine Wiedergutmachung.

Aber es gab die ersten Entschädigungen. Wir wohnten in einem kleinen Reihenhaus mit anderthalb Zimmern. Man kam herein in eine Küche, die sehr klein, sehr primitiv war, wo's kein elektrisches Licht gab, keine Heizung. Dann gab's ein Zimmer, was wir als Wohnzimmer eingerichtet haben und ein ganz kleines Zimmer für die Kinder. Die Mutter hat in der Küche geschlafen, im Wohnzimmer haben wir gelebt und gegessen, und abends haben wir die Couch aufgemacht und da geschlafen. Im Kinderzimmer haben die Kinder gewohnt, die damals ein und zwei Jahre alt waren. Wenn wir heizen wollten, haben wir dafür einen Gurkentopf aus Blech gehabt, in den wir unten Löcher hineingeschnitten hatten. Der wurde auf den Herd gestellt, der wie in Shanghai mit Petroleum brannte. Der Topf strahlte dann ein bißchen Wärme aus, die man im Winter brauchte, wenn es auf zehn oder acht Grad herunterging. Wenn man im Sommer 40°C hat, dann friert man im Winter schneller.

Es kamen dann Gesetze heraus, daß auch diejenigen, die aus

* Nach 1945 hielten sich ca. 8,5 Millionen Menschen, die während des Zweiten Weltkriegs von den deutschen Besatzungsbehörden bzw. von der SS verschleppt oder deportiert worden waren, als »Displaced persons« (DP) im ehemaligen deutschen Reichsgebiet auf und wurden teils von der UNO in sogenannten DP-Lagern betreut.

Ostdeutschland stammen, Ansprüche haben. Da habe ich mit meiner Frau überlegt: Was machen wir jetzt? Wenn wir jetzt die Entschädigung beantragen und etwas Geld bekommen, dann haben wir die Möglichkeit, uns in Schulden zu stürzen und uns in Israel eine Wohnung zu kaufen, oder aber wir kaufen uns Möbel. Die Misere wäre aber geblieben, weil die Mutter nicht mitverdienen konnte, weil sie schwer herzkrank war. Meine Frau konnte nicht arbeiten; sie mußte sich um die Kinder kümmern, die ja noch klein waren. Das erste kam in die Schule, das zweite in den Kindergarten, und ich konnte das gar nicht allein verdienen. Dazu kam das Fahrgeld: Ich bin jeden Tag eine dreiviertel Stunde nach Tel Aviv gefahren, wo ich in einer Margarinefabrik den Boden aufgewaschen habe. Da hat man eben jede Arbeit angenommen. Die wirtschaftliche Misere würde also bleiben und auch die Unsicherheit im Land zwischen Israelis und Arabern. Meine Frau wäre sehr gerne nach Amerika gegangen, weil sie in Manila erlebt hat, wie die Stadt durch die Amerikaner von den Japanern befreit wurde, in Straßenkämpfen von Haus zu Haus. Ich habe meiner Frau das dann ausgeredet, indem ich ihr gesagt habe: »Ich habe es damals nicht geschafft, für dich und deine Mutter ein Affidavit zu besorgen. Wer gibt uns heute eine Bürgschaft für eine Familie von fünf Personen?«

Sie wollte partout nicht nach Deutschland, aber ich hatte eigentlich schon daran gedacht, weil ich mir gesagt habe, daß es uns in Deutschland finanziell besser gehen würde und weil ich außerdem die Sprache konnte. Amerika hätte bedeutet: man muß sich wieder integrieren, wieder irgendwo neu anfangen, sich wieder eingewöhnen und Anschaffungen machen, während es in Deutschland immerhin die Gelder der Wiedergutmachung gab für die Eingliederung. Daß ich Arbeit finden würde, daran habe ich überhaupt nicht gezweifelt, denn immerhin war es ja 13 Jahre nach dem Krieg. Man hat außerdem gewußt, daß teilweise eine neue Generation herangewachsen ist. Leute, die 1940 geboren wurden und bei Kriegsende fünf Jahre alt waren, kann ich ja nicht verantwortlich machen für das, was die Nazis angerichtet haben. Es hat natürlich sehr viel Überredungskunst gebraucht gegenüber meiner Frau, um ihr plausibel zu machen, daß Deutschland eigentlich die einzige Möglichkeit ist, um aus der wirtschaftlichen und politischen Misere in Israel herauszukommen – obgleich ich dieses Land sehr liebe und es heute noch als mein Land betrachte. Aber es wurden auch von Seiten der Regierung viele Fehler gemacht, und es war nicht genug organisiert.

Es waren also rein praktische Gründe, daß ich wieder nach Deutschland wollte, denn gefühlsmäßige Bindungen daran gab es überhaupt nicht mehr, keineswegs. Ich betrachte mich heute nicht mehr als deutschen Juden, sondern als »Juden in Deutschland«. Man kann nicht einem Menschen sagen: »Du bist kein Deutscher, du bist ein Dreckjude, du bist Ungeziefer!«, und morgen heißt es: »Nun ja, das ist mal gesagt worden!« Ich bin ein Gegner der Assimilation, und leider hatte das Judentum in Deutschland und Österreich sich dermaßen assimiliert, daß die Leute sich nur noch als Deutsche gefühlt haben, und Judesein war nur noch eine Religion für sie. Man muß ein bißchen Charakter und Selbstbewußtsein zeigen. Das hat mir der Staat Israel vermittelt. Früher hat man immer gesagt: »Man muß bescheiden sein, man muß ruhig sein, auf Anpöbeleien nicht reagieren, wir sind unterprivilegiert, eine Minderheit.« Die Gründung des Staates Israel hat mir eigentlich sehr viel Selbstbewußtsein gegeben, und ich sehe nicht ein, warum wir uns ducken müssen. Wir haben der Welt die Bibel gegeben, die monotheistische Religion gegeben, wir haben viele jüdische Wissenschaftler, Schriftsteller, Erfinder – und ich sehe nicht ein, daß ich mich deshalb heute ducken muß. Ich fühle mich heute gleichberechtigt in Deutschland, habe auch einen deutschen Paß, betone aber immer wieder, daß ich Jude bin. Ich habe daraus auch keinen Hehl gemacht, als ich bei der Stadt angefangen habe.

Durch die Hilfe eines Beamten beim Arbeitsamt habe ich mich 1961 bei der Stadt beworben, nachdem ich zuerst zweieinhalb Jahre bei der Krupp-Krawa im Lastwagenbau gearbeitet hatte, und war dann 20 Jahre lang Verwaltungsangestellter. Ich habe deswegen immer sofort gesagt, daß ich Jude bin, damit ich nicht unfreiwillig unerfreuliche Bemerkungen höre, denn mein Judesein steht mir ja nicht auf der Stirn. Es ist mir mal passiert am Anfang, daß ein Verwaltungslehrling mir unbeabsichtigt eine Kaffeekanne heruntergeworfen hat, sich entschuldigte und fragte, was er machen soll. »Sie kaufen eine neue, und der Fall ist erledigt.« Daraufhin hat einer, der bestimmt in der Partei war, gehetzt und gesagt:

»Brauchst du nicht, der hätte sie ja nicht da stehen lassen brauchen!« Da bin ich dann explodiert und habe gesagt: »Hier scheint immer noch die Meinung vorzuherrschen, daß man gewissen Leuten Schaden zufügen kann, ohne dafür geradezustehen!« Da hat er sich auf den Schlips getreten gefühlt und gesagt, ich solle doch endlich die Vergangenheit ruhen lassen. Dann hab ich gesagt: »Nein, warum? Wenn ich etwas kaputt mache, muß ich dafür geradestehen, egal welche Hautfarbe oder Religion der Mensch hat!« Auf diesem Standpunkt stehe ich, und den vertrete ich auch heute! Wenn ich in Schulen oder Kirchengemeinden spreche, dann sage ich immer: »Der Türke hat sich seinen Geburtsort nicht ausgesucht, und wenn seine Mutter ein Kind kriegt, tut's ihr bestimmt genauso weh wie einer Deutschen. Man kann ihn nicht verachten, nur weil er in der Türkei oder in Afrika geboren ist!« Diese Intoleranz kann mich richtig in Rage bringen!

Wenn ich zurückdenke an die Zeit, als ich die Idee hatte, nach Deutschland zu gehen, da mußte ich vor allen Dingen meine Frau überzeugen. Ich glaube, das habe ich dadurch geschafft, daß ich gesagt habe: »Wenn es durchaus nicht klappen sollte, dann können wir immer noch versuchen, von Deutschland nach Amerika zu gehen.« Wir hatten also eine Hintertür eingebaut. 1958 kriegte ich die erste Entschädigung; das waren viereinhalbtausend Mark »Ghettoentschädigung« für die Zeit, die ich im Ghetto von Shanghai gelebt habe. Ich habe mir dann gesagt, daß ich das Geld zu einem Teil für die Reise nach Deutschland nehme und zum anderen meiner Frau einen Betrag da lasse, damit sie leben kann. Ich bin nämlich erst einmal alleine nach Deutschland gefahren, mit dem Schiff bis Frankreich, dann quer durch's Land und bei Kehl über die Grenze. Das Schlimme bei der deutschen Bürokratie war Folgendes: durch Hitler war ich ja ausgebürgert worden. Um jetzt wieder nach Deutschland zu gelangen, mußte ich den Nachweis erbringen, daß ich Deutscher war, daß meine Mutter und meine Großeltern Deutsche waren. Insgesamt hatte das ungefähr ein Jahr gedauert, bis ich meine Unterlagen beisammen hatte! Später habe ich eine Zeit beim Ausländeramt in Deutschland gearbeitet, und da hat mich wieder eine unbändige Wut gegen die Deutschen gepackt. Da kamen z. B. Leute aus Jugoslawien an, mit einem Ausweis vom steiermärkischen Heimatbund. In diesem Heimatbund waren Kroaten gewesen, die auf der Seite Hitlers gegen Tito gekämpft haben. Die wurden im Handumdrehen, nach vier Wochen, deutsche Staatsbürger! Ich begreife nicht, daß man nicht gesagt hat: »Gesetze, die Hitler gegen die Juden gemacht hat, sind automatisch null und nichtig!« Ich kenne Leute, die gesagt haben: »Wir weigern uns, einen Antrag auf Wiedereinbürgerung zu stellen. Man hat uns nicht gefragt, ob wir ausgebürgert werden wollen, und es ist Sache der Deutschen, uns automatisch wieder einzubürgern.« Was man nicht getan hat! Ich selbst hatte die deutsche Staatsbürgerschaft am letzten Tag meiner Ausreise aus Israel bekommen, nach ziemlichem Ärger mit dem englischen Konsulat in Haifa, das die deutschen Interessen vertreten hat, denn die diplomatischen Beziehungen zwischen Deutschland und Israel fingen ja erst 1965 an.

Ich bin damals mit einem Bekannten gefahren, der wegen einer Wiedergutmachungssache nach Deutschland wollte. Seine Familie hatte ein Haus gehabt, was sie nun zurückforderten. Das Gericht hatte entschieden, daß sie das Haus nur dann bekommen, wenn sie es für sich in Anspruch nehmen. Ich hatte das Dokument »Wiedereinbürgerung in den deutschen Staatsverband«, also den Nachweis, daß ich Deutscher war, und er hatte nur den israelischen Paß. So sind wir dann zur Grenze, um beim deutschen Grenzposten ein Visum für ihn zu besorgen, weil es in Straßburg kein deutsches Konsulat gab. Als der Deutsche gehört hat, daß wir aus Israel kommen, sagte er, daß er SS-Mann gewesen sei und daß es sein Wunsch ist, einmal nach Israel zu fahren. Er hat richtig von den Israelis geschwärmt, weil die die Araber dreimal besiegt hätten! »Ein wunderbares Land«, sagte er, »im Moment wird mir das ja nicht möglich sein, aber es ist mein Wunsch, einmal dorthin zu fahren und dieses Land kennenzulernen.« Mein Bekannter bekam sein Visum, und dann sind wir erst einmal ins Bahnhofsrestaurant von Kehl gegangen, wo ich deutschen Spargel mit Kalbsschnitzel gegessen habe. Das hat mir über den ersten Schock hinweggeholfen, wobei ich noch nicht einmal daran denken konnte, ob der SS-Mann vielleicht eine Funktion in einem Lager hatte, ob er geholfen hat, jemanden umzubringen.

Als ich in meinem Zug nach Hannover saß, ging ich in ein Abteil, in dem noch ein Platz frei war und holte ein Buch in englischer Sprache heraus: *Der Nazarener* von Shalom Ash. Die fünf in dem

Abteil waren alle evangelische Pfarrer, zum Teil aus den Niederlanden. Die sprachen mich auf iwrit an: »Sie werden sicher erstaunt sein, in einem deutschen D-Zug in Ihrer Landessprache angesprochen zu werden«, worauf ich auf deutsch fragte, woher sie denn wüßten, daß ich aus Israel komme. Sie hatten's natürlich vom Buchtitel her vermutet. Als wir dann über die Vergangenheit sprachen, kriegte ich den zweiten Schock. Wir sprachen über das, was die Nazis gemacht haben, und ich sagte, daß man ja sogar Lampenschirme aus der Haut der ermordeten Juden gemacht habe und aus dem Fett Seife. Da wurden die furchtbar wütend: »Es sind nun schon so viele Verbrechen und so furchtbare Verbrechen, da muß man die Sache doch nicht noch zusätzlich hochputschen und von Lampenschirmen und Seife erzählen! Das gehört ja nun wirklich in die Fabelwelt!« Also, das war schon ein denkwürdiger erster Tag, der mich sehr aufgewühlt hat. Es war dann doch ein bißchen beruhigend, daß man ganz junge Menschen gesehen hat auf den Stationen, als Stationsvorsteher, als Schaffner.

Diese Hemmschwelle gegenüber den Älteren aber, die besteht eigentlich bis heute. Ich bin in einem Seniorenclub, wo die Leute alle in meinem Alter oder älter sind. Die erzählen natürlich alle von der Zeit im Dritten Reich, von HJ und BDM. Die sind begeistert und erzählen, wie schön es war, die Kinderlandverschickung und KdF und das alles. Die wissen natürlich, daß ich Jude bin. Es gibt verschiedene, die ihre Meinung revidieren und eine gewisse Einsicht zeigen, aber es gibt auch die Ewiggestrigen. Für meine Person kann ich eigentlich nichts Nachteiliges sagen, aber es gibt diese Hemmschwelle, weil man nicht weiß: wie haben die agiert im Dritten Reich? Haben die mitgeholfen, Juden zu vernichten? Über so etwas sprechen die nicht und wollen auch nicht darüber sprechen. Ich habe mit einer Frau gesprochen, die erzählt hat, daß sie als junges Mädchen in der Tschechoslowakei war und sie es selbst nicht in Ordnung gefunden hat, daß die Tschechen auf der Straße gehen mußten, wenn die BDM-Mädchen in Uniform ankamen. Von Zeit zu Zeit führen wir im Seniorenclub immer wieder Gespräche. Die sind natürlich alle vorbelastet durch die jahrelangen Einimpfungen damals.

Die Stadt Essen hatte jetzt kürzlich wieder zehn ehemalige Essener Bürger eingeladen. Das ist eigentlich jedes Jahr so, nur sollte das diesmal aus Geldmangel ins Wasser fallen. Die Kirche hat sich eingeschaltet, und da hat man wenigstens zehn Leute statt der sonst üblichen 20 bis 30 eingeladen und im »Handelshof« bewirtet. Diese Leute gehen unter anderem auch, wenn sie hier sind, in die Schulen und reden als Zeitzeugen über ihre Erlebnisse, und man hört immer wieder, daß sie diese Hemmschwelle haben, wenn sie Nachbarn treffen, Bekannte von damals, die im gleichen Alter sind, also in den 70ern oder 80ern. Sie wissen eben nicht, ob die in der SS oder SA waren. Oder sie wissen, die waren in der SA, aber sie wissen nicht, ob die wirklich beteiligt waren oder nur Mitläufer gewesen sind. Ganz anders empfinde ich es, wenn ich vor jüngeren Menschen spreche, vor nach dem Krieg Geborenen, vor Schülern, die ja alle vollkommen unbelastet sind. Je mehr Fragen in den anschließenden Diskussionen gestellt werden, desto mehr Interesse ist vorhanden, und die Schüler sind eigentlich viel interessierter daran, die Dinge von einem Zeitzeugen zu erfahren als aus einem Lehrbuch. Bei einem einzigen Mal, in Premnitz, nicht weit von Rathenow, habe ich es als sehr schlecht empfunden. Da war nichts, Totenstille! Nachher habe ich mir gesagt, daß vielleicht der Lehrer nicht richtig orientiert gewesen ist über die Geschichte, oder die Schüler haben damit genug zu tun, ihre jüngste Vergangenheit, sprich DDR, zu verarbeiten, bevor sie dazu kommen, was erst zur DDR geführt hat.

Was die ersten Jahre hier betrifft, kann ich mich an ein negatives Erlebnis erinnern. Als ich noch bei Krupp-Krawa gearbeitet habe, hat mir einer gesagt, daß er in der Partei war und daß er das Programm von Hitler gut fand, auch in puncto Juden. Ich habe ihm dann geantwortet, daß er doch eigentlich ein Verräter sei, worauf er mich ganz erstaunt anguckte. »Du warst in der Partei und hast den Führereid geschworen: Führer befiehl, ich folge dir! Bist du ihm gefolgt?« Er hat sich herumgedreht, ist weggegangen, hat keinen Ton mehr gesagt. Das war ein Einzelfall, aber es ist natürlich so, daß sich die Leute nur an die für sie angenehmen Seiten des Dritten Reiches erinnern. Jedenfalls bekomme ich das mit, wenn ich unfreiwillig Zeuge eines Gespräches bin, z. B. im Zug. Was mich so furchtbar erregt und so furchtbar wütend macht, das ist, daß für viele Deutsche der Krieg erst 1945 angefangen hat, als man begonnen hat, die Deutschen aus dem Sudetengebiet und aus den anderen Ostgebieten auszutreiben! Sie vergessen, daß der Krieg am 30. Januar 1933 angefangen hat und daß ihr Führer ja nicht nur die Ausländer und die Juden verfolgt hat, nicht nur die Andersdenkenden wie Kommunisten, Sozialdemokraten, Pfarrer usw., sondern daß er auch gegen seine eigenen Volksgenossen gewesen ist! Ich hab' 1934 in einem Krankenhaus gelegen wegen einer Blinddarmoperation. In dem Zimmer lagen 20 Leute, wobei ich der einzige mit einer Operation war. Die übrigen 19 Leute sind alle sterilisiert worden! Weil irgendeiner in der Familie nicht ganz dicht war, eine Tante oder ein Onkel, hat man einfach die Leute bestellt und sie sterilisiert.

Ich habe nur ganz wenige nichtjüdische Deutsche kennengelernt, die auf Hitler und seine Verbrechen auch gegen das eigene Volk so wütend sind, wie ich das bin. Man verzeiht ihm sehr wahrscheinlich nicht, daß er den Krieg verloren hat. Man ist dabei, einen Denkprozeß durchzumachen, daß es vielleicht doch ganz gut war, daß er den Krieg verloren hat. Aber es gibt einen großen Unterschied zwischen meiner Generation, die begeistert mitgemacht hat, weil man ja bis Stalingrad von Sieg zu Sieg marschiert ist, bis dann das ernüchternde Erwachen kam, und den jüngeren Generationen. Ich finde auch nichts Besonderes an dem Attentat 1944, denn bis dahin hat man ja mitgemacht. Die damalige Jugend ist im preußischen Geist, Drill und Gehorsam erzogen worden. Wenn man sich dagegen die heutige Bundeswehr anschaut: die kann man überhaupt nicht im gleichen Atemzug nennen mit der damaligen Wehrmacht! Es gibt ein ganz neues Deutschland, eine ganz neue Generation, zum ersten Mal vielleicht, die viel freier ist, die ihre Meinung offenlegt, die nicht den blinden Kadavergehorsam hat, in dem wir erzogen worden sind.

Ich fühle mich eigentlich gut in diesem Deutschland, eigentlich sehr gut. Wenn das nicht so wäre, wäre ich sehr wahrscheinlich wieder nach Israel zurückgegangen. Aber meine Frau hat nie einen Hehl daraus gemacht, daß sie lieber nach Amerika gegangen wäre. Der Anfang hier war auch sehr, sehr schwer. Die Gelder, die wir am Anfang bekommen haben, gingen dafür drauf, daß wir erstmal ins Hotel ziehen mußten. Wir haben erst ein Jahr später eine Sozialwohnung gekriegt. Die mußte eingerichtet werden, man mußte Anschaffungen machen, und ich war wieder der einzige Verdiener, wobei der Verdienst bei Krupp natürlich nicht berühmt war. Ich wurde wieder eingeteilt zur ungelernten Arbeit, weil die meiste Arbeit für gelernte Schlosser oder Techniker war, die mit den Maschinen umgehen konnten. Ich mußte Ersatzteile, die oft sehr schwer waren, vom Wagen werfen, in die einzelnen Regale bringen und sortieren. Ich hatte damals schon durch die vielen Krankheiten, die ich in Shanghai mitgemacht habe, einen Schwerbehindertenausweis und sollte eigentlich keine schwere Arbeit machen. Das war aber nicht möglich; das einzige war, daß man ein paar Urlaubstage mehr bekam. Ein guter Bekannter beim Arbeitsamt, der bei den Nazis versteckt war, weil er eine jüdische Mutter und einen christlichen Vater hatte, hat mich dann gefragt: »Warum meldest du dich eigentlich nicht bei der Stadt?« Ich war noch in dem alten Vorurteil, daß die Stadt ja wohl keine Juden einstellt. Das steckte noch in mir drin: es war ja eine Behörde, und Behörden stellen ja keine Juden ein ... Ich hab dann einen Fragebogen ausgefüllt und kriegte nach zwei Wochen den Bescheid, dann und dann ins Rathaus zu kommen, um eine Prüfung abzulegen. Ich war schon Mitte 40, Beamter konnte ich nicht mehr werden. Irgendwann bekam ich das Ergebnis, daß ich die Prüfung bestanden hätte, und mußte nun noch zum Gesundheitsamt. Da hat mein Bekannter gesagt: »Alle Krankheiten, die du in Shanghai gehabt hast, die vergißt du. Du bist vollkommen gesund, dir fehlt überhaupt nichts!« So hab ich's dann auch gemacht und sofort angefangen bei der Meldestelle. Nach drei Tagen, als ich mich schon ein wenig mit den Leuten angefreundet hatte, die furchtbar nett waren, kam plötzlich ein Anruf, daß ich ins Ausländeramt versetzt werden sollte, weil ich 20 Jahre im Ausland war, und deshalb dort gebraucht würde. Es war damals die Zeit, wo man angefangen hatte, ausländische Arbeitskräfte einzuholen über das Arbeitsamt, erst aus den EWG-Staaten, später dann aus der Türkei usw. Achteinhalb Jahre habe ich dort gesessen, bis ich dann 1969 zum Bauamt gegangen bin. Da war ich bis 1979.

Wenn ich ein Fazit ziehen müßte, ob meine Rückkehr für mich gut war, dann müßte ich sagen: ich fühle mich gut hier. Ich habe ein sehr gutes Verhältnis zu den Nachbarn hier, bin im Vorstand der Jüdischen Gemeinde Mülheim-Duisburg-Oberhausen und außerdem im Vorstand der Gesellschaft für Christlich-Jüdische Zusammenarbeit. Vor kurzem hatte ich ein Interview zu geben am Moses-Mendelssohn-Institut an der Uni in Potsdam. Die haben mich nochmal gebeten und veranlaßt, daß ich an der Volkshochschule in Berlin vor Lehrern spreche und einen Tag später nochmal an die Uni von Potsdam gehe. Neben diesen Vorträgen als Zeitzeuge spreche ich auch in Kirchengemeinden und Schulen über Judentum, jüdische Feiertage und jüdische Bräuche. Ich freue mich über dieses Interesse, weil ich es so erschreckend finde, wenn Menschen auch heute noch Antipathien gegenüber Juden haben und Räubergeschichten erzählen. Wir haben heute in Deutschland bei 80 Millionen Einwohnern ungefähr 45 000 Juden; viele Städte haben überhaupt keine Juden. Viele Erwachsene und Schüler haben überhaupt noch nie einen Juden gesehen. Wenn die sich dafür interessieren, was Judentum ist, dann finde ich das nur anerkennenswert, und ich nehme für meine Vorträge deshalb auch kein Geld.

Doch, ich glaube, ich habe mein Leben gemeistert. Nachdem ich in Rente gegangen war, wegen meiner Schwerbehinderung etwas früher, habe ich den Hausmann gemacht, weil meine Frau als Krankenschwester hier im Klinikum auf der Neurochirurgie Nachtdienst gemacht hat. Ich war dann eben mit meinem jüngsten Sohn zusammen. Der hatte zuerst eine Lehre gemacht und war Verkäufer. Er war der einzige, der eine Stimme hat von meinen drei Kindern, wollte eigentlich immer Kantor werden und hat sich dann dazu durchgerungen. Seine Ersparnisse sind dafür draufgegangen, und sein Auto hat er verkauft. Meine Frau hat das nicht mehr erlebt; sie ist 1986 gestorben. Mein Sohn ist für zwei Jahre nach Israel gegangen und hat dort als zukünftiger Kantor die Gesänge für die verschiedenen Feiertage studiert. Ein Jahr lang war er dann in Magdeburg und hat dort gekündigt, weil die ihm zu liberal waren; die wollten in deutsch beten und mit Orgelbegleitung. Er ist sehr religiös und fährt z. B. nicht am Schabbat. Also hat er in Magdeburg gekündigt, sich bei der Hamburger Gemeinde beworben, der die Lübecker Synagoge untersteht, und dieses Jahr einen unbefristeten Arbeitsvertrag gekriegt. Er fühlt sich sehr gut, hat vor einem halben Jahr geheiratet und ist, glaube ich, sehr zufrieden und glücklich.

Seitdem ich Rentner bin, ist es mir wichtig, eine Aufgabe zu haben, die mich wirklich ausfüllt, und ich glaube, ich habe sie gefunden. Wenn ich in Schulen und Kirchengemeinden Vorträge halte und Gespräche führe, so hoffe ich, daß ich einen Beitrag dazu leiste, daß der Holocaust nicht vergessen wird. Ich will, daß wir unsere Lehren daraus ziehen, daß wir ein Stück weiterkommen auf dem Weg zu einem besseren Zusammenleben.

LEON SPIERER

geb.: 1928 in Berlin
Rückkehr: 1963
Gespräch: 4. Dezember 1995, Berlin

Berlin – Luxemburg – Buenos Aires – Stockholm – Berlin

Ich bin 1928 in Berlin geboren. Meine Mutter kam aus Kiew und ging mit ihren Eltern und Geschwistern – ich glaube, das war nach der Russischen Revolution – nach Berlin. Sie kamen hauptsächlich deswegen, weil ein Bruder, Efim Schachmeister, in Berlin Violine studierte und später sehr erfolgreich ein Tanzorchester leitete. Da die Familie sehr eng zusammenhielt, sind alle hierhergekommen. Meine Mutter hat dann einige Zeit bei der sehr bekannten Konzertdirektion Wolff gearbeitet.

Mein Vater ist in Galizien geboren. Er verließ sein Elternhaus in den zwanziger Jahren und ging zuerst nach Hamburg und dann nach Berlin. Meine Eltern haben 1927 geheiratet.

Wir blieben bis 1933 in Berlin; dann wurde es schwierig. Meine Eltern haben der politischen Entwicklung nicht getraut. Darum ging mein Vater sofort nach Argentinien, um eine neue Existenz aufzubauen und uns später nachzuholen. Mein Onkel Efim, der im Berlin der zwanziger Jahre der »König der Tanzgeiger« genannt wurde – es gibt sogar Schallplatten von ihm –, sorgte für die ganze Familie. Die Schwester meiner Mutter heiratete auch einen Musiker, Sigmund Olevsky, der ebenfalls ein Tanzorchester leitete. Und dann gab es noch einen weiteren Onkel, der Klavier in einem Unterhaltungsorchester spielte. Also, mütterlicherseits waren alle Musikanten – bei meinem Vater niemand.

Eine der ganz wenigen Erinnerungen, die ich an meine Kinderjahre in Deutschland habe, ist folgende: Ich ging mit meinem Onkel, dem Pianisten, in Berlin spazieren – ich muß vier oder fünf Jahre alt gewesen sein – und ein Uniformierter kam vorbei, machte den Hitlergruß und sagte »Heil Hitler!« Ich weiß noch, wie mein Onkel schweigend vorbeiging. Ansonsten kann ich mich kaum an mein Leben damals in Berlin erinnern.

Die Familie ging 1933 oder 1934 zuerst nach Luxemburg wie so viele jüdische Emigranten. Dort war ein sehr reges Musikleben, und beide Onkel konnten dort mit ihren Orchestern tätig sein. 1935 ging die Schwester meiner Mutter nach Argentinien, und Ende 1936 folgten meine Mutter und ich. In späteren Jahren hat mein Vater einen großen Teil der Familie nach Argentinien rüberbringen können, aus Deutschland und aus Polen. Er fing in Argentinien absolut bei Null an – ein *Selfmademan.* Er hat als Nachtwächter mit einem Hund in irgendeiner Fabrik angefangen und später dann mit Ersatzteilen für Textilmaschinen gehandelt. In Argentinien gab es eine große Textilindustrie, die die einheimische Schafwolle verarbeitete. Er machte das sehr gut und kam dann zu einem respektablen Wohlstand, der allerdings nachher durch die ununterbrochenen Inflationen in Argentinien fast zu Nichts wurde.

Als Kind habe ich nichts verstanden von dem, was politisch vor sich ging. Möglicherweise hat man mir etwas davon erzählt, aber zu der Zeit war ich zu klein – heutzutage sind die Kinder ja viel wacher. Es war eine glückliche Kindheit in Luxemburg. Ich ging zur Schule und konnte sogar die Sprache, die ich leider sehr schnell wieder vergessen habe. Ich habe keine negative Erinnerung an diese Zeit, auch nicht daran, daß meine Mutter oder die Verwandten irgendwelche Ängste oder Sorgen mir gegenüber geäußert hätten. Ich war ganz in meiner Kinderwelt. Das änderte sich natürlich, als ich älter wurde.

In Argentinien lernte ich schnell Spanisch. Schon in Luxemburg hatte ich ein bißchen Geige gespielt, und in Buenos Aires bekam ich intensiven Unterricht. Die Schwester meiner Mutter hatte auch einen Sohn, und wir sind praktisch wie Brüder aufgewachsen. Julian Olevsky war ein Geigenwunderkind und wurde in Buenos Aires sehr gefördert; später ging er nach Amerika und machte Karriere. Er ist leider 1985 gestorben. Ich hatte in Buenos Aires eine sehr glückliche Jugend. Obwohl ich mir nicht vorstellen könnte, irgendwo anders als in Europa zu leben, ist meine Denkart noch ziemlich argentinisch. Das Schicksal von der Familie meiner verstorbenen Frau war sehr ähnlich: die Eltern kamen aus Rußland und Lettland und lebten in Berlin. Der Vater spielte in einem Unterhaltungsorchester, studierte aber auch Medizin und wurde Arzt. Sie emigrierten ebenfalls nach Buenos Aires. Weil das deutsche Medizinstudium dort nur teilweise anerkannt wurde, mußte er nochmals studieren und hat erneut seinen Doktor gemacht. Durch meine Eltern bin ich mehr in europäisch-jüdischen als in argentinischen Kreisen aufgewachsen. Die meisten meiner Freunde waren von europäischen Eltern, aber natürlich hatte ich auch ein paar argentinische Freunde.

Inzwischen war Spanisch zu meiner Hauptsprache geworden. Obwohl meine Eltern nicht in Deutschland geboren sind, haben wir zu Hause Deutsch gesprochen. Nur wenn meine Eltern wollten, daß ich etwas nicht verstehe, dann sprachen sie Russisch. Meine Russischkenntnisse bestehen deshalb leider nur aus wenigen Sätzen. Auch im Hause meiner Tante sprachen wir Deutsch; bei meinen späteren Schwiegereltern Deutsch und Russisch. Also, Deutsch als Sprache hat sich in den Familien immer durchgezogen. Meine Eltern hätten aber nie gesagt: »Wir sind Deutsche.« Sie hatten auch, so weit ich weiß, gar keinen deutschen Paß; ich vermute, sie haben einen Nansenpaß gehabt.* In Argentinien war ich von meinem neunten bis zum 27. Lebensjahr – eine Lebensspanne, in der man Freundschaften schließt, die ein Leben lang halten.

Mein Vater hatte Zweifel, daß man beruflich mit Musik weiterkommen kann. Er hatte nicht so sehr dieses musikalische Verständnis und sah auch das Beispiel an meinen Onkeln, die es mit der Unterhaltungsmusik in Argentinien sehr schwer hatten. Auf seinen Rat hin und weil ich auch selber nicht hundertprozentig überzeugt war von meinen violinistischen Möglichkeiten, habe ich Wirtschaft studiert und das Studium auch beendet. In einem Hinterzimmer habe ich eine schöne Urkunde hängen über mein Examen als »Contador Publico Nacional« an der Universität von Buenos Aires. Dieses Wissen habe ich niemals angewendet, weil die Liebe zur Geige viel stärker war. In Argentinien hatte ich einen hervorra-

* Auf Anregung von Fridtjof Nansen wurde der Nansenpaß nach dem Ersten Weltkrieg zunächst für staatenlose russische Flüchtlinge ausgestellt und war für ein Jahr gültig. Nach dem Zweiten Weltkrieg wurde der Nansenpaß durch das London Travel Document (1946) und später durch das Reisedokument der Genfer Flüchtlingskonvention von 1951 ersetzt.

genden jugoslawischen Geigenlehrer, Ljerko Spiller, aus Zagreb, der in den dreißiger Jahren an der École Normale in Paris unterrichtet hatte, bevor er nach Argentinien emigrierte, obwohl er nichtjüdisch ist. Inzwischen ist er 85 Jahre alt. Ich hatte dann das Glück, ein Stipendium vom British Council zu bekommen, um in London bei einem sehr berühmten Lehrer, Max Rostal, zu studieren. Der hatte in Berlin Anfang der dreißiger Jahre an der Hochschule gelehrt und war nach London emigriert. Bei dem konnte ich dann etwas über ein Jahr studieren.

Ich habe die argentinische Staatsbürgerschaft nie zurückgegeben, obwohl meine Kinder – die sind 36, 35 und 32 Jahre alt – inzwischen die deutsche Staatsbürgerschaft haben. Die Behörden haben angeboten, uns alle einzubürgern, vielleicht weil ich eine offizielle Position im Berliner Philharmonischen Orchester hatte. Wir haben dankend »ja« gesagt mit der Bedingung, daß meine Frau und ich auch die argentinische Staatsbürgerschaft behalten wollten, aus Dankbarkeit, daß dieses Land uns aufgenommen hat. Zu der Zeit ging das aber nicht, und so haben sich unsere Kinder eingebürgert und wir nicht. Die Behörden haben unsere Entscheidung voller Verständnis akzeptiert.

Es ist sehr schwer, nach 50 Jahren zu sagen, was man empfunden hat, als man von Auschwitz hörte. Natürlich haben meine Eltern viel stärker reagiert als ich, weil ich als kleines Kind aus diesem Land herausgekommen bin und gar keine Beziehung zu ihm hatte. Für mich war Deutschland irgendein fernes Land! Vom tragischen Schicksal der Juden und all den anderen unschuldigen Opfern in Deutschland waren ich und meine Freunde natürlich zutiefst getroffen. Eine Auswirkung hatte es doch, daß ich in Deutschland geboren bin, als nämlich in den letzten Kriegsmonaten Argentinien in den Krieg gegen Deutschland trat. Den einzigen Ausweis, den ich hatte, war irgendein deutsches Dokument, und so war ich plötzlich – wie meine Eltern auch – »Feind des Staates«. Das war während der Schulzeit, als ich so ein bißchen zu fühlen bekam, was es heißt, ein »Feind des Staates« zu sein. Aber es war eigentlich nicht oft. Das Leben in Argentinien war sehr angenehm. Ich habe mich natürlich ganz als Argentinier gefühlt und mich mit dem Land völlig identifiziert.

Dann kam das Jahr in London, und danach hatte ich das Glück, in zwei Orchestern tätig zu sein: zuerst eine Saison in Nürnberg und eine in Bremen. Ich kann nicht sagen, daß ich die Rückkehr nach Deutschland als wirkliches Problem empfunden habe, da das Entgegenkommen der Menschen so positiv war. In Nürnberg haben wir sofort Freunde gefunden, einen Pianisten und seine Frau. Die Verbindung existiert jetzt noch. Mit ihm war ich oft auf Tournee, auch noch in den letzten Jahren, bis er aus Altersgründen aufgehört hat zu spielen.

Ein Onkel von mir namens Leo Schachmeister war mit einer Frau verheiratet, die das war, was man hier »Arierin« nannte; eine phantastische Frau, aus Dresden! Als wir nach Argentinien gingen, sind sie nach Brüssel gegangen. Als Belgien von Deutschland besetzt wurde, wurde er, da er Russe und Jude war, ins Konzentrationslager in Belgien gesteckt. Und sie, die nichtjüdisch war und deutsch, hatte den ungeheuren Mut, ununterbrochen zu den deutschen Behörden zu gehen: sie wolle ihren Mann wiederhaben! Obwohl man ihr nahegelegt hatte, sie solle sich scheiden lassen, sie sei doch eine deutsche Frau, wollte sie nichts davon wissen – sie wollte ihren Mann haben. Und nach neun Monaten hat sie ihn zurückbekommen: total gebrochen, total! Bis Kriegsende lebten sie in Brüssel und sind auch dort geblieben. Diese Tante Gertrude schlug sich durch, indem sie als Putzfrau gearbeitet hat, und er machte gelegentliche Malerarbeiten. Er war früher Hobbymaler und hat dann eben Wände gestrichen. Aber er war ein total gebrochener Mensch. Er hatte solche Angst, daß er nicht einmal mehr in einen Fahrstuhl stieg. Ich liebte diese Tante, sie war alles für mich! Zuerst haben wir ihnen nach dem Krieg Pakete geschickt, und dann, als meine Frau und ich nach Europa kamen, fingen die Besuche in Brüssel an, so oft wie möglich. Mein Vater hat noch eine Schwester mit ihrer ganzen Familie nach Argentinien rüberbringen können; zwei ihrer Kinder leben noch dort. Sonst hat niemand von der Familie meines Vaters überlebt. Alle sind verschollen; wir haben nie wieder etwas von ihnen gehört.

Wie mein Vater diese Tragödie verkraftet hat, daß nahezu seine gesamte Familie ausgelöscht worden ist, kann ich nur ahnen. Er war ein sehr schweigsamer Mensch. Obwohl er sehr emotional war, konnte er seine Emotionen nicht zeigen und sprach über seine Probleme sehr wenig. Und wenn, dann besprach er sie mit meiner

Mutter, aber nicht mit mir. Ich war auch – das muß ich leider zugeben – viel zu unbekümmert dafür in meiner so schönen Jugend. Es gab also eine sehr große Trennung zwischen der Lebenserfahrung meiner Eltern und meiner eigenen.

Die Jahre in Stockholm waren eigentlich sehr schön. Als ich damals von Nürnberg und Bremen weitergewandert bin nach Stockholm, habe ich gemerkt, daß in Schweden das Individuum, also jeder Mensch, ungeheuer respektiert wurde. Hier in Deutschland wurde man dagegen ein bißchen überrannt. Das hat man noch mehr gefühlt, als man nach Berlin kam. In Berlin mußte man sich wirklich verbal verteidigen. Es braucht eine Zeit, bis man es begreift, aber dann hat man es fast gerne. Der Berliner hatte Humor und war aggressiv, aber wenn man ihm Kontra gegeben hat, funktionierte es sofort. In den sechziger Jahren, diesen doch recht schwierigen Jahren, konnte man hier in Berlin mit einem Spaß, mit einem Witz, immer durchkommen. Und das fand ich immer so schön! Es hat sich in den letzten Jahren durch all die Umbrüche leider sehr geändert.

Die Schweden sind ganz reizende Menschen, aber sehr introvertiert. Zuerst wird man korrekt, aber freundlich – man kann sagen: korrekt-freundlich-kühl – behandelt, bis man akzeptiert wird. Wenn man dann akzeptiert ist, ist es sozusagen fürs Leben. Mit den Freunden, die wir dort vor 30 Jahren gefunden haben, sind wir immer noch eng verbunden. Ich bin sehr oft dort, spreche noch die Sprache, und der Kontakt ist sehr gut. Die einzige Schwierigkeit war: in einer Atmosphäre wie in Argentinien sind die Menschen sehr temperamentvoll bzw. zeigen ihr Temperament. Je nördlicher man kommt, desto weniger zeigen sie es. Da ist es ein bißchen schwierig, mit Menschen zu arbeiten. Ich war fünf Jahre in Stockholm, und in dieser Zeit hatte ich nur eine einzige richtig temperamentvolle Explosion mit einem Musikerkollegen! Man merkt den Menschen an, daß sie innerlich kochen, aber sie werden kein Wort sagen! Das fehlt einem, wenn man's gewohnt ist, und das ist in Berlin leichter.

Meine Kinder sind alle drei in Stockholm geboren. Zu Hause sprachen wir Deutsch und Spanisch. Es gab selten einen Satz, der in der gleichen Sprache endete, wie er angefangen wurde; wir haben immer gemischt. In diesem mix-up sind die Kinder aufgewachsen.

Draußen, im Kindergarten oder wo immer hörten sie Schwedisch, aber grundsätzlich sind sie mit Deutsch und Spanisch aufgewachsen.

Der Wechsel 1963 nach Deutschland hatte einen ganz einfachen Grund. Wenn man Orchestermusiker ist, gibt es nur ganz wenige Orchester in der Welt, in denen man sehr gerne sein möchte, und eines von den ganz speziellen ist das Berliner Philharmonische Orchester. In der Fachzeitschrift *Orchester* hatte ich gelesen, daß das Berliner Philharmonische Orchester einen Ersten Konzertmeister suchte. Ich habe mich beworben, wurde zu einem Probespiel eingeladen und hatte das Glück, erfolgreich zu sein. Das war der Grund, warum wir hierher gekommen sind. Wenn die Berliner Philharmoniker in Timbuktu wären, wären wir nach Timbuktu gegangen. Wir sind aus beruflichen Gründen hergekommen, wegen der Qualität dieses phantastischen Orchesters. Es waren dann 30 Jahre voll von reinem Musikglück, bis ich 1993 pensioniert wurde. Das ist ein Reichtum, den man bis zum Ende seiner Tage behält.

Nach meiner Pensionierung hätte ja nicht unbedingt die Notwendigkeit bestanden, in Berlin zu bleiben, aber ich bin eben doch geblieben. Meine jetzige Frau und ich fühlen uns hier wohl und haben Freunde in der Stadt. Berlin bietet alles, was man kulturell gerne haben möchte. Daß ich hier geboren bin, ist für mich dabei ziemlich unbedeutend. Ich war zu jung, als die Familie weggegangen ist.

Nach 32 Jahren in Deutschland bzw. in Berlin: bin ich Deutscher? Nein! Bin ich Argentinier? Nein! Bin ich Schwede? Nein! Jude bin ich grundsätzlich, aber kein praktizierender, kein fanatischer Jude, sondern es ist etwas, was ich ganz tief in mir drin habe. Und meine Kinder auch! Ich weiß, es gibt sehr viele Menschen, die fühlen sich zugehörig zu diesem oder jenem Land – ich nicht! Ich habe dieses Gefühl gar nicht. Wenn, dann fühle ich mich zugehörig zu mehreren Ländern. Das wären Argentinien, Schweden, Spanien und Berlin – ich kann nicht sagen: Deutschland. Deutschland kenne ich im Grunde sehr wenig. Es soll nicht snobistisch klingen, aber durch die Reisen mit dem Berliner Philharmonischen Orchester bin ich in den letzten 30 Jahren öfter in Japan gewesen als z. B. in Frankfurt. In Spanien verbringen wir seit vielen Jahren immer den Sommer, immer an der selben Stelle. Wir sprechen die Sprache und haben deshalb sofort Kontakt zu den Menschen dort. Also, es ist schwer zu sagen, wo ich hingehöre. Ich gehöre zu keinem Land, sondern zu einigen Menschen. Nein, ich habe kein Heimatland – und es macht mir gar nichts aus; ich leide nicht darunter.

Wie meine Kinder die Frage der Identität sehen, müßte man sie selber fragen. Der Älteste ist praktizierender Chirurg in Berlin, der Jüngste ist Dirigent und lebte fünf Jahre in Kiel. Erst seit kurzer Zeit ist er wieder hier, weil er jetzt freischaffend ist. Alle drei haben während ihrer Studienzeit ein paar Jahre in Amerika studiert. Die Tochter wollte an der Universität dort *Liberal Art* studieren, was sie auch getan hat. Sie hat eine große Liebe zu Amerika, hat sich dort niedergelassen und lebt seit einigen Jahren in New York. Die anderen beiden sind zwar hier in Deutschland, aber ich würde sagen, der Dirigent wird hingehen müssen, wo er eine gute Position bekommt. So ähnlich wie ich also. Ich habe in der Provinz begonnen und hatte das Glück, in die Hauptstadt zu kommen.

Als ich damals nach Deutschland ging, wurde ich natürlich am Anfang von meinen Eltern oft gefragt: »Warum gerade nach Deutschland?« Ich habe gesagt, daß ich aus rein beruflichen Gründen gehe, daß es eigentlich der Beruf ist, der uns zieht. Auch in Bremen und Nürnberg haben wir uns wohlgefühlt, und die Erfahrungen mit den Menschen waren im Grunde genommen sehr positiv. Anders war eine sehr frühe Erfahrung mit einer Fotografin in Berlin. Aufgrund meiner Position im Orchester wollte sie mich fotografieren, und in der Unterhaltung sind ihr sofort ein paar wirklich antisemitische Äußerungen entwischt. Durch die Jahre haben wir uns dann oft wiedergesehen und uns nur von weitem gegrüßt. Vor einem Jahr ungefähr – sie ist inzwischen gestorben – hat sie ausgesprochen, was für einen Riesen-Fauxpas sie vor 30 Jahren begangen hätte und daß es ihr leid täte. Damals hat es mich sehr enttäuscht und mich auf der Hut sein lassen. Diese Vorsicht hat sich dann mit den so vielen positiven Erfahrungen ziemlich gegeben.

Mein Vater war inzwischen gestorben; er starb, als wir noch in Schweden waren. Meine Mutter kam oft zu Besuch nach Berlin, zusammen mit ihrer Schwester, die inzwischen auch Witwe war. Ich glaube nicht, daß es ihnen schwergefallen ist, Deutschland zu besuchen, aber für meine Mutter kam es nie in Frage, wieder auf Dauer zurückzukommen. Sie fühlte sich wohl in Buenos Aires. Anfang der siebziger Jahre ist sie gestorben. Meine Schwiegereltern aber sind von Argentinien wieder zurückgekommen nach Berlin, in der Zeit, als wir schon hier waren. Mein Schwiegervater hat hier als Arzt weitergearbeitet, bis zu seinem Tod – ebenfalls Anfang der siebziger Jahre. Er und seine Frau konnten hier gut leben; sie hatten Kontakte zur Jüdischen Gemeinde und viele jüdische Freunde. Er hat eine Praxis übernommen, die sehr gut ging, und spielte weiter sein Cello. Ab und zu war er in einem Ärzteorchester tätig – also, sie fühlten sich sehr wohl hier.

Die ganzen Jahre habe ich im Orchester nur gute Erfahrungen gemacht. Nach meinem Wissen waren wir drei jüdische Mitglieder. Daß Herbert von Karajan in der NSDAP gewesen ist, hat mich enorm gestört. Aber im Musikalischen habe ich mit ihm die herrlichsten Erfahrungen gemacht, und persönlich war er sehr nett zu mir. Hauptsächlich in den letzten zehn bis zwölf Jahren hatten wir ein sehr gutes Verhältnis zueinander. Wir haben aber nie über diese Themen gesprochen, die zwischen uns standen. Wenn es eine Unterhaltung gab, dann nie in so einem persönlichen Sinn.

Dummen Antisemitismus von Stammtischniveau habe ich nur in sehr wenigen Fällen erlebt, aber eigentlich ist das Positive en masse viel stärker als diese einzelnen Fälle. Es gibt Menschen, die – ich weiß nicht warum – hassen müssen: arme Menschen! So etwas findet man ja auch nicht nur in diesem Land; auch in Argentinien gab es sehr viel Antisemitismus. In der Schule habe ich das von dem einen oder anderen erfahren, der sehr extrem rechtsradikal war.

Wenn man all die Familienschicksale bedenkt, war es am Anfang doch sehr schwer, sich mit Deutschland zu versöhnen. Trotzdem muß ich heute sagen: ich hatte und habe ein gutes Leben in diesem Land.

M. B.

geb.: in Solingen
Rückkehr: 1967
Gespräch: 26. August 1995, Köln

Köln – Holland – Israel – New York – Köln

Eigentlich weiß ich gar nicht, warum meine Rückkehr erwähnenswert sein soll. Ich bin hier geboren und gehöre hierher, auch wenn ich rausgeschmissen worden bin. Allerdings glaube ich überhaupt nicht, daß meine Anwesenheit eine freudige Tatsache ist, denn ich habe große Schwierigkeiten mit meinem Gewissen, daß ich mit meinen potentiellen Mördern auf quasi freundschaftliche Weise umgehe. Der Unterschied zwischen mir und meinen nichtjüdischen Freunden, von denen ich ganz, ganz viele habe, die sich auch ganz fantastisch verhalten, vor allem, wenn ich krank bin – dieser Unterschied ist folgender: Wenn ich eingeladen bin und neben einem ehemaligen SS-Mann sitze, stehe ich auf und gehe – und die anderen werden vielleicht sitzenbleiben und das akzeptieren.

Als Kind habe ich sozusagen Silber- oder Goldlöffel im Mund gehabt. Meinen Eltern ging es sehr gut, was damals auch bedeutete, den Kindern eine gute Erziehung zu geben und dafür zu sorgen, daß sie körperlich fit sind und alles Mögliche tun, um sich gesund zu erhalten. Ich war das einzige Kind. Mein Vater besaß elektrotechnische Fabriken, die er zusammen mit seinem Bruder geerbt hatte. Ich bin sehr liebevoll und geborgen aufgezogen worden. Das hat mir fürs ganze Leben gutgetan, daß ich zu Hause so akzeptiert worden bin. Meine Oma hat im Winter bei uns gelebt, und im Sommer waren wir in deren Haus. Das waren ganz enge, liebevolle Bande, woran ich gute Erinnerungen habe. Später, als ich in der Pubertät war, gab es natürlich Differenzen darüber, was ich wollte, und was meine Eltern glaubten, was gut für mich war. Das ist ja ein normaler Konflikt. In Bezug auf Schule und Studium war das Beste gerade gut genug.

Vom Judentum habe ich kaum etwas gewußt. In Solingen, wo wir kurz gewohnt haben, bevor wir nach Köln gingen, hat mein Vater mich einmal in die Synagoge mitgenommen. Da war eine Abbildung von Moses mit den Gesetzestafeln, und einer seiner Freunde kam und fragte mich: »Was ist das denn?« Da sagte ich: »Das ist unser Herr Jesus Christus«. In Mutters Familie waren sehr viele Getaufte. Wir haben zu Weihnachten einen Weihnachtsbaum gehabt, und an den hohen Feiertagen ging man vielleicht, aber keineswegs immer, in die Synagoge. Mein Vater war Freimaurer, und so hat das Judentum bei uns keine besondere Rolle gespielt. Meine Eltern hatten viele nichtjüdische Freunde und ich auch. Jahrelang bin ich in der Schule – es war eine katholische Schule – die einzige Jüdin gewesen. Mit meinen Freundinnen bin ich oft, weil ich Orgelmusik so gerne habe, sonntags in die Kirche gegangen. Meine Mitschülerinnen haben einmal darum gebeten, auch eine Synagoge zu sehen, und da habe ich sie an einem Freitagabend mitgenommen – sonst ging ich aber eigentlich nie hin. In Solingen habe ich auch christlichen Religionsunterricht gehabt, und als dann erwähnt wurde, daß man Christus ans Kreuz geschlagen hat, da drehten sich ein paar Kinderköpfe herum und guckten, was ich wohl für eine Reaktion darauf zeigen würde. Ganz eigenartigerweise fällt mir das wie ein Lichtstrahl gerade ein. Aber auch in diesem, übrigens protestantischen, Religionsunterricht habe ich nie das Gefühl gehabt, daß ich nicht integriert war, daß ich nicht dahin gehörte.

Mein Vater war Offizier im Ersten Weltkrieg und zwar sehr bewußt; er hat sich damit sehr identifiziert. Es war eine ganz wichtige Zeit für ihn, über die er auch Tagebuch geführt hat. Zugleich war er als Dolmetscher eingesetzt, weil er etliche Sprachen sprach. Das hat er in mir fortgesetzt: er wollte sehr gern, daß ich mich mit Sprachen beschäftige. Ich bin also nicht anders aufgewachsen als andere Kinder auch: als Deutsche unter Deutschen. Mir ist noch nicht einmal ganz klar, ob mir überhaupt bewußt war, daß ich Jüdin bin. Die Frage ist nie aufgekommen, auch nicht im Verhältnis z. B. zu der Familie, die im gleichen Haus wohnte, und mit der wir innig befreundet waren. Wir haben auch alles gegessen, was andere Leute essen. Ich habe auch in meinen späteren Jahren, trotz aller Erfahrungen, nie versucht, mich zu ghettoisieren, weil die Welt eigentlich nicht so gemacht ist, daß die Leute sich trennen sollen.

Nachdem ich hier in Köln Abitur gemacht hatte, habe ich eine zweijährige Lehre absolviert in einer christlichen Apotheke. Erst nach dem Apothekerexamen 1932 habe ich von den jüdischen Apotheken in der Stadt erfahren – vorher wußte ich das gar nicht. Ich wollte in einer Landapotheke arbeiten, wo Tierarzneien gemacht wurden. Ein Logenbruder meines Vaters lebte in Thüringen und hat mir einen Job besorgt in Ohrdruf in der Apotheke eines Truppenübungsplatzes, bei sehr, sehr netten Leuten. Dieser Logenbruder wohnte in einem Kurort, Bad Tabarz und lud mich eines Tages zum Mittagessen ein. Bei diesem Essen erzählte er mir dann, daß seine Stadt jetzt »judenfrei« sei. Da habe ich einen Schock gekriegt und gesagt: »Das ist judenfrei bei Ihnen gewesen – jetzt nicht mehr! Und ich möchte sofort aufstehen und gehen!« Er wußte nicht, daß ich Jüdin bin. Ein harter »hit on the head«! Der Apotheker, bei dem ich als Assistentin arbeitete, war sehr freundlich zu mir und hatte auch einen netten Sohn, zu dem ich weinend hingelaufen bin. Ich war ganz aufgelöst über diese Begegnung, weil mir so etwas noch nie passiert war.

Im April 1933 gab es den Boykott der Geschäfte. Hier in Köln spielte sich eine folgenschwere Geschichte ab. Es gab einen Metzger namens Katz Rosenthal. Da gab es zu der Zeit schon Tische, an denen man Würstchen essen und Bier trinken konnte. Irgendein Gast hatte eine Maus in eine Suppe gesteckt, und es hieß dann, daß die Katz Rosenthal ihre christlichen Kunden mit Mäusen traktiere. Es war ein unvorstellbarer Aufruhr und die erste Boykottmaßnahme, die hier in Köln stattfand. Es wird immer gesagt, hier sei es sehr großzügig gewesen – das ist gar nicht wahr! Es gibt inzwischen Bücher vom Jüdischen Dokumentationszentrum, die nachweisen, wie groß der nationalsozialistische Einfluß in Köln war. Hitler wurde hier sehr früh schon Ehrenbürger, und der Bürgermeister war ein furchtbarer Kerl. Köln war nicht besonders großartig in Bezug auf seine jüdischen Mitbürger. Ich weiß noch, wie in Mülheim jüdische Rechtsanwälte durch die Straßen gezerrt wurden.

Nachdem die Nazis an die Macht gekommen waren, bin ich nach Berlin gegangen. Die Schwester meines Vaters war in Berlin verheiratet und hat mir dort erst einmal in einer jüdischen Apotheke einen Job besorgt. Zwei Jahre danach wurde den jüdischen

Apotheken die Lizenz genommen, weil die ja das Volk vergiften könnten und würden. Danach habe ich noch bei einem Russen in einer pharmazeutischen Fabrik gearbeitet und schließlich mit Hilfe von Freunden versucht, mich nach Holland abzusetzen. Ich hätte viel weiter weggehen können, aber mit Rücksicht auf meine Eltern, die das für ihr einziges Kind nicht wollten, bin ich nach Holland und habe auch meine Eltern dorthin nachkommen lassen.

In Berlin hatte ich schließlich nur noch jüdische Freunde und war mit einem Rechtsanwalt liiert, der natürlich auch jüdisch war. So bin ich in diese Kreise gekommen, in denen ich früher eigentlich nicht war. Diese ganze Zeit ist bei mir aber ein bißchen ausgewischt. Ob ich die verdrängt habe? Ich weiß eigentlich nur noch, daß wir alle damit beschäftigt waren, aus Deutschland herauszukommen. Schon als ich nach Berlin kam, war mir klar, daß ich hier nicht mehr leben konnte, und trotzdem hat es noch bis 1938 gedauert.

An der Grenze wurde ich angehalten, und die ersten holländischen Worte, die ich lernte, waren: »zonder middelen van bestaan« – »ohne finanzielle Mittel«. Zehn Mark hatte ich! Mein Freund hat mir dann über seinen Bruder in Holland Geld überweisen lassen, damit die Holländer mich überhaupt hereinließen – obwohl mein Arbeitgeber gesagt hatte, daß ich ein gutes Gehalt bekommen und dem Staat nicht zur Last fallen würde. Es war eine ganz furchtbare Erfahrung da an der Grenze.

Deutschland hat mich da gar nicht mehr interessiert. Mich haben die Menschen bewegt, die ich hier zurückließ, in Berlin und in Köln! Meine Eltern haben das ganz anders gesehen als ich. Ich war mir sicher, daß wir zum Tode aufgeschrieben waren und habe mir darüber nie Illusionen gemacht. Nie! Es gab Leute, die tausend Mal gescheiter waren als ich, aber das nicht erkannt haben. Ich hatte *Mein Kampf* gelesen und war mir klar darüber: der meint jedes Wort, was er sagt! Das Ganze hat mich sehr überfallen, weil ich mich nie für Politik interessiert hatte, sondern für Literatur, Musik und schöngeistige Dinge. Politik habe ich immer als ein miserables Geschäft empfunden, und das finde ich auch heute noch.

Ich bin stets sehr realistisch gewesen, mein ganzes Leben, und habe ganz klar und deutlich gesehen, was los war. Die Gefühle wurden bei mir durch den Verstand filtriert, was mir sehr gut getan hat.

Ich beobachte scharf, ich sehe oft Dinge, die kein anderer Mensch wahrnimmt, weil viele Jahre die Menschen für mich potentielle Killer waren: in Deutschland, aber auch in Holland. Weil mir ganz klar wurde: wenn es etwas zu erben gibt, da will man doch den loswerden, von dem man etwas erwarten kann.

Mit den Holländern habe ich *persönlich* keine schlechten Erfahrungen gemacht. »Hier habe ich wieder den jüdischen Blick verloren«, habe ich nach Hause geschrieben, »ich gucke jetzt nicht mehr, ob einer jüdisch ist!« Sofort hatte ich wieder lauter nichtjüdische Freunde, ohne daß ich das geplant hätte. Oft waren es aber auch Emigranten, mit denen ich zusammenkam. Später, als ich meine Eltern nach Holland geholt hatte, habe ich angefangen, als Putzfrau zu arbeiten, für interessante Leute, Rechtsanwälte z. B., und habe so die Eltern von Anne Frank kennengelernt. In unserem Kreis haben wir jüdische Religionsphilosophie betrieben mit Professor Levkovitz, damit man ein bißchen aus der Misere des Alltags herauskam. Ich habe mir aber auch sofort Holländisch beigebracht, und obwohl ich nicht eine einzige Stunde Holländisch hatte, beherrschte ich die Sprache hervorragend. Sozial war ich als Dienstmädchen eher unten angesiedelt. Die Arbeit lag mir nicht.

Tragisch war die Situation mit meinem Freund, mit dem ich verlobt war. Die holländische Regierung hat mir erklärt, ich könnte entweder den Mann ins Land bringen oder meine Eltern. Ich habe so schrecklich darunter gelitten, das war ganz furchtbar. Am Ende sind alle untergegangen, obwohl ich alles versucht habe. Der Mann ist gar nicht erst hereingekommen, worunter ich entsetzlich gelitten habe. Meine Eltern kamen mit nichts, ganz ausgeraubt, nach Holland. Kurz darauf bin ich in den holländischen Widerstand gegangen und konnte daran mitwirken, daß drei Leute, Mutter, Sohn und Tochter, die jetzt in Israel leben, auch untertauchen konnten.

Im Juni 1942 wurde ich aufgefordert, zum Arbeitseinsatz, wie es genannt wurde, nach Deutschland zu gehen. Ich habe der Sache nicht getraut, aber auch nicht gewußt, wo ich hinsollte, weil ich kein Geld hatte, und habe mich dann entschlossen, nicht zu gehen. Meine Mutter war dafür, daß wir alle Selbstmord begehen, aber das wollte ich nicht. Eine Freundin wußte einen Untertauchplatz für mich, in Nordwijkerhout, etwas außerhalb von Amsterdam. Ich habe dem Mann, bei dem ich bleiben konnte, überhaupt nicht getraut, und er wurde dann auch bald verhaftet, weil er einen Diebstahl begangen hatte. Für eine Weile bin ich in Nordwijk im Irrenhaus untergetaucht, aber kurz darauf kam die deutsche Kommandatur dorthin.

Ich bin immer nur geflüchtet, mit dem Fahrrad und ohne Geld. In Amsterdam war ich in einem Packhaus zusammen mit dreizehn Untergetauchten, und ich bin die einzige, die überlebt hat, weil ich mittellos war und ein Verrat sich nicht gelohnt hätte. Später, nach dem Krieg, habe ich im Jüdischen Museum in Amsterdam entdeckt, daß man für einen abgelieferten Juden 7,50 Gulden erhielt. Man kann dort eine Quittung sehen: jemand hat fünf Juden abgeliefert und 37,50 Gulden dafür kassiert.

Meine Eltern wohnten in der Rheinstraße in Amsterdam und sind einfach abgeholt worden. Sie sind nicht, wie ich damals, benachrichtigt worden, sondern es gab eine Razzia. Eine Freundin von mir, die gerade da war, bekam einen Nervenzusammenbruch und mußte in die Nervenheilanstalt. In dem Haus in der Rheinstraße war unten ein Zigarrenhändler, bei dem mein Vater seine wertvolle Geige gelassen hatte. Als ich untergetaucht war und kein Geld hatte – ich habe während des Untergetauchtseins nie Geld gehabt –, wollte ich dahin und die Geige abholen, um sie zu verscherbeln. Da hat dieser Mann gesagt: »Wenn du nicht ganz schnell weggehst, rufe ich die Polizei!« Sein Sohn ist ein berühmter Geiger geworden – vielleicht mit der schönen Geige meines Vaters. Also, die Holländer haben auch Flecken auf der Weste, aber die Ärzte z. B. haben nicht wie die deutschen Ärzte ihre jüdischen Kollegen aus den Praxen vertrieben und diese anschließend übernommen. Das gab's in Holland nicht.

Insgesamt war ich an 30 verschiedenen Plätzen untergetaucht, weil ich immer herumgelaufen bin und verschiedene Sachen gemacht habe, z. B. Übersetzungen von englischen Pamphleten, Verteilen von Lebensmittelkarten – alles Mögliche. Es gab viele aufregende Erlebnisse. Wir mußten die Reifen von den Fahrrädern nehmen, weil sie konfisziert wurden. Ich bin also auf den Felgen gefahren, in die Straßenbahnschienen gekommen und gestürzt und habe mir ein Bein gebrochen. Im Hospital in Haarlem kommt zufällig der einzige protestantische Geistliche, den ich in der Stadt kannte, Dominee van der Waal, sieht mich da und sagt: »Um Gottes Willen, was machst du denn hier? Hier ist doch die halbe

Belegung deutsch! Du verhältst dich jetzt ganz ruhig und tust so, als ob du bewußtlos wärest. Wir holen dich hier heute nacht mit dem Roten Kreuz heraus!« So war es dann auch, und ich bin zu einem Bauern nach Halfweg gekommen. An einem Morgen im November wurden wir um sechs Uhr aus den Betten geholt, und von meinem Fenster aus wurde ein Untergetauchter erschossen, der gerade die Kühe auf der Weide gemolken hat. Alle Leute, die in dem Ort wohnten, mußten herauskommen, und jeder zweite Mann wurde vor unseren Augen erschossen. Also, wenn die Holländer eine solche Wut auf die Deutschen haben, dann kann ich das nur zu gut nachempfinden. Die Menschen haben Furchtbares mitgemacht.

Danach hat der Krieg noch ein halbes oder dreiviertel Jahr gedauert, und ich hinkte und humpelte mit diesem gebrochenen Bein. Ich habe sogar Behandlungen bekommen von Physiotherapeuten; alles lief ohne Geld. Wie das möglich war, weiß ich heute gar nicht mehr. Dreieinhalb Jahre bin ich praktisch ohne einen Pfennig gewesen. Darüber habe ich mal als Gast in einer schönen Radiosendung gesprochen: »Leben ohne Geld«. Nach Kriegsende war ich ganz fix und fertig und auf der Suche nach den Leuten, die abgeholt worden waren. Ich wurde krank, todkrank, wochenlang – es war wie ein Zusammenbruch. Dazu kam eine Fischvergiftung. Die Leute kamen zurück aus den Konzentrationslagern und fraßen und fraßen, und ich habe gekotzt und gekotzt. In dieser Zeit hatte ich noch einen Ring von meiner Oma und 20 Gulden. Da wurde mir meine Tasche gestohlen, und ich hatte gar nichts mehr.

Dann bin ich eingezogen bei einer Frau, die mit den Nazis kollaboriert hatte, was ich aber zuerst nicht wußte. Sie war eine Deutsche, mit einem Holländer verheiratet, und beide haben Juden während des Krieges ausgenommen. Sie wurde festgenommen und bekam ihren Prozeß. In ihre Wohnung kamen noch zwei Leute rein, und jeder von uns hatte ein Zimmer. Wir haben also in Sachen gesessen, die von Juden geraubt waren!

Nach dem Krieg habe ich für eine Stiftung der Widerstandsleute gearbeitet und kam auch zu einem Mann, der sich darauf berief, daß er Juden geholfen hätte, und bei dem auch ich eine Zeitlang untergetaucht war. Es stellte sich aber heraus, daß er die Juden gleich an die SS verraten hatte. Mit Glück war ich ihm damals entwischt.

Ich war nun also die Inspektorin für seine finanziellen Ansprüche aufgrund seiner »Widerstandsleistungen«. Da war er aber an der ganz falschen Adresse. Ich wußte ja, was er gemacht hatte, und habe ihn und seine Kumpane gleich abgeliefert bei den Widerstandsleuten.

Als der Krieg zu Ende war, hatte ich kaum ein Gefühl der Befreiung, weil ich so fertig war und so krank. Erst allmählich kam ich richtig zu mir und habe die ganze Tragweite von dem begriffen, was passiert war. Vorher hatte ich das gar nicht so erfaßt, weil ich immer beschäftigt war und Leute versorgt habe. Ich habe also nicht gejubelt – dafür war das alles viel zu schmerzlich. Man war endlich, endlich frei, aber die Deutschen haben bis zum Schluß geschossen, und ich kenne jemanden, der noch am letzten Tag von Deutschen erschossen worden ist. Also, die haben in Holland aufs Grausigste gewütet! Was immer die Holländer fühlen mögen, kann ich verstehen. Ich habe nie jemanden angestachelt: »Du mußt hassen!« Ich hasse auch hier nicht. Wenn ich mit Haß leben würde, könnte ich hier nicht leben. Das will ich nicht! Das ist das, was der Hitler gemacht hat und was der auch von mir wollte – aber das lasse ich mir nicht aufoktroyieren. Ich sehe mir jeden meines Alters ganz, ganz vorsichtig, mit doppelten Gläsern an, und wenn ich ein bißchen an der Oberfläche kratze, komme ich auch schon dahin, wo etwas ist. Wenn man mit jungen Menschen über deren Opa spricht, dann bekommt man schnell mit, daß da einiges passiert ist, worüber nicht gesprochen wird. Aber trotzdem: mit dem Haß kann ich nicht leben, und so bin ich auch nicht großgeworden. Ich habe ja noch Glück gehabt, weil es ja immer auch Leute gab, die unheimlich lieb und gut zu mir waren. Also, das muß ich mal sagen: von den Holländern ist mir sehr viel Gutes widerfahren. Mir persönlich hat keiner etwas getan. Ich habe nicht um Mitleid gefragt, habe so gearbeitet wie jeder andere auch – und die haben mich durch den Krieg gebracht!

In Holland geblieben bin ich bis 1947. Dann bin ich nach Israel gefahren, wo ich Freunde hatte. Ich wollte mal gucken, wie's da so wäre für mich. Aber diese Situation mit den Arabern, diese Millionen Araber gegen dieses kleine Stückchen Land! Ich habe gedacht: hier kann es keinen Frieden geben, hier kann ich nicht leben. Es gibt andauernd so viele Probleme, und man gönnt sich nichts.

Und ich wollte absolut im Frieden leben! Eine Zeitlang habe ich bei den Engländern als Apothekerin gearbeitet. Es wurde mir sehr schwer, Hebräisch zu lernen, obwohl ich ziemlich sprachbegabt bin. Und dann habe ich ein Schlüsselerlebnis gehabt: ich war krank und lag im Bett in einem Haus für junge Frauen, die den Krieg überlebt hatten. Wir waren zu mehreren auf einem Zimmer, jede mit einem eigenen schweren Schicksal. Und während ich im Bett liege, gibt es einen Wahnsinnsschrei, einen Urschrei. Es war eine Putzfrau, die ihren einzigen Sohn aus Polen gerettet hatte, während ihre Eltern, ihr Mann und acht Kinder umgekommen waren. Und dieser einzige Sohn wurde an diesem Tag von den Arabern ermordet! Jeden Tag gab es Szenen wie diese, irgendwo in Israel, und da habe ich gedacht: nein, dafür habe ich nicht überlebt, das kann ich nicht ertragen!

Mit den Kindern meiner Freundin, die ich habe retten können und die in Israel gelebt hat, bin ich sehr befreundet und fahre auch immer wieder dorthin. Auch heute geschehen diese furchtbaren Dramen, und in beinahe jeder Familie in Israel ist schon etwas passiert. Selbst wenn es mir gutginge und ich dort in einer schönen Wohnung wohnen würde, so könnte ich doch nicht übersehen, was mit meinem Nachbarn ist. Und daß ein Junge für nichts und wieder nichts fällt, weil ein Araber sich eine Kanone um den Bauch bindet, ist doch sinnlos, total sinnlos! Ich war etwa ein halbes Jahr in Israel, als dieser erste Krieg ausbrach. Ich hatte eine polnische Freundin, die im polnischen Konsulat arbeitete und dafür gesorgt hat, daß ich ein Visum bekam, um aus Israel herauszukommen. Ich bin zurück nach Holland gegangen und habe von dort aus das Notwendige erledigt, um nach Amerika auszuwandern. Eine Kusine von mir hat mir schließlich ein Affidavit, eine Bürgschaft, geschickt, und so bin ich 1948 nach Amerika gefahren.

Mit 19 Dollar in der Tasche kann man zunächst nicht so sehr viel unternehmen. Meine reiche Kusine holte mich in New York vom Schiff ab und ließ mich das Taxi zu ihrer Wohnung bezahlen. In unserer Armut in Holland hatten wir Pakete an ihre Eltern geschickt, die wir uns wirklich abgehungert haben, und jetzt das! Ich hatte zwei Kusinen in Amerika, und eine davon war superreich. Am Anfang haben sie mir ihre alten Kleider geschickt und auch Lebensmittel, aber Kleider zu schicken, ist ja kein großes Opfer.

Sicherlich haben die sich gefreut, daß ich überlebt hatte, aber das war's dann schon. Da stand ich nun alleine. Für fünf Dollar von den zehn, die mir geblieben waren, habe ich mir ein Zimmer gemietet in Washington Heights und dann einen Job bekommen bei einer Firma namens *Leo Wolf and Company.* Die machten Geschäfte mit der Diamantenbörse in Amsterdam und Brüssel oder Antwerpen, und ich habe dort die internationalen Telefongespräche angenommen.

In Washington Heights wohnten viele deutsch-jüdische Emigranten, und in der Nähe hatte ich eine Freundin, die sehr nett zu mir war. Ich hätte immer zu meiner Kusine zum Essen gehen können, aber die Fahrt dahin war sehr lang, hin eine Stunde und zurück auch. In diesem Job verdiente ich 35 Dollar die Woche. Zuallererst hatte ich noch ein paar Wochen in einem Haushalt gearbeitet, wo die Hausfrau erkrankt war. Da habe ich versucht, mit einem »pressure cooker« zu kochen, hatte aber keine Ahnung von so einem Ding, und prompt kam mir der Deckel entgegen. Ich werde nie vergessen, wie mir bei diesem Unfall die Bluse ins Fleisch gegangen ist von diesem Dampfkochtopf! Die Leute waren aber versichert; der Versicherungsmann war gleich zur Stelle und bot mir ein paar hundert Dollar an, was eigentlich viel zu wenig gewesen ist. Da hätte ich schon dreinschlagen müssen, denn endlich hätte ich mal etwas gehabt außer den paar Dollar. Ein Rechtsanwalt aus Berlin, den ich gut kannte, hat mir gesagt: »Du Wahnsinnige! Da hättest du mal etwas kriegen können, damit du ein paar Monate lang nicht arbeiten brauchtest!«

Ich hatte nicht vorgehabt, im Haushalt zu arbeiten und habe das nur am Anfang gemacht, weil man Essen und Trinken hatte und gleichzeitig ein bißchen Geld sparen konnte. Vermittelt wurden diese Jobs von einer Arbeitsvermittlung deutscher Emigranten, »Self help«. Das hat mich inspiriert zu dem Gedanken, selbst gerne eine Arbeitsvermittlung haben zu wollen – nicht für Hausangestellte und Sekretärinnen, sondern z. B. für Wissenschaftler mit pharmazeutischem Hintergrund! In einer Agentur habe ich eine technisch-chemische Abteilung aufgebaut, die großen Firmen angerufen und gefragt, ob sie Wissenschaftler und Chemiker gebrauchen könnten. Ich habe auf Kommission gearbeitet, also nur dann Geld verdient, wenn jemand eingestellt wurde. Eine ganz harte

Sache war das, ganz hart. Aber ich wollte Unabhängigkeit und Freiheit.

Mein Selbstbewußtsein ist eigentlich nie untergraben worden. Was immer ich an Leuten getroffen habe, habe ich festgestellt, daß die eigentlich nicht intelligenter oder gebildeter waren als ich. Ich war ja schon ein bißchen ausgereift und hatte eine Persönlichkeit entwickelt. Wer zehn Jahre jünger war, hatte es vielleicht schwerer. Ich hatte mich mit Psychologie beschäftigt, ein bißchen auch mit Journalismus und hatte sehr interessante Freunde. Und wenn ich tausendmal ein Dienstmädchen war, hatte ich nie das Gefühl, daß mich das erniedrigt hätte. Das habe ich nicht aufkommen lassen, obwohl ich diese Arbeit schrecklich ungern getan habe – ich hätte das verfluchen können. Aber dadurch gedemütigt fühlte ich mich nicht; das habe ich nicht zugelassen. Diese Hausfrauen, die ich kennengelernt habe, waren geistig wirklich weit unter meinem Niveau, und die hätten nicht durchgestanden, was ich ausgehalten habe. Ich kann nicht sagen, daß das Elend und das Leid mich unterjocht haben, obwohl ich natürlich körperlich sehr kaputt war, auch durch die ungewohnte Arbeit. Ich war immer sehr zart und schlank, und es hat mir schon schwer zugesetzt. Es war schwierig für mich.

Die ganze Zeit über hatte ich Nachforschungen angestellt über meine Familie und meine Freunde. Vor einigen Jahren bin ich selbst in Auschwitz gewesen – ich wollte das wissen. Ich selbst bin untergetaucht im Juni 1942 und meine Eltern wurden im August des gleichen Jahres abgeholt und wahrscheinlich, nach Auskünften der heutigen Gedenkstätte Westerbork, nach Auschwitz transportiert. Aber in Auschwitz gibt es dafür keine Unterlagen. Als ich dort war, bin ich wirklich zusammengebrochen, da haben mich meine Kräfte total verlassen. Ich war mit zwei Bekannten aus Köln nach Polen gefahren, aber nach Auschwitz wollte ich allein. Das war keine gute Entscheidung. Meine Eltern sind wahrscheinlich direkt von der Rampe in die Gaskammer gekommen. Ich bin in einem erbärmlichen Zustand am Tor gestanden, und zum Glück kam ein deutsches Auto mit ganz, ganz netten Leuten aus Heilbronn, und das hat angehalten. Ich habe einen richtigen Heulkrampf gekriegt. Wir haben dann erstmal zusammen Kaffee getrunken, und anschließend haben die mich nach Krakau gefahren.

Mit den Leuten habe ich später noch einmal Kontakt aufgenommen und sie hierher eingeladen, damit sie einmal den Karneval erleben. Die haben mir in einer schrecklichen Situation geholfen – ganz reizende junge Menschen. Einer davon erzählte mir, er sei nach Auschwitz gefahren, weil sein Vater SS-Mann war. Vor vier Jahren ist das gewesen.

Für mich war von Anfang an klar gewesen, daß es keine Hoffnung gab, meine Familie wiederzusehen. Es ist schwer, sich damit auseinanderzusetzen, aber für mich war das ein ganz klarer Fall. Ich selbst habe immer Zyankali dabei gehabt, und wenn die mich gepackt hätten, hätte ich mich gleich selbst umgebracht. Es war für mich ausgeschlossen, daß ich mich in deren Hände begeben und dadurch vielleicht auch Leute gefährden würde, die man aus dem Untergrund kannte. Das ist ja eine ganz schwierige Angelegenheit, wenn man gefoltert wird.

Zu Deutschland hatte ich insofern eine Beziehung, als ich mit Schulfreundinnen Kontakt gehabt habe. 1957 bin ich zum ersten Mal von Amerika aus nach Deutschland gefahren, weil ich hier meine Ansprüche regeln wollte für den Gesundheitsschaden und die Wiedergutmachung. Das lief von Amerika aus überhaupt nicht und wurde immer abgewehrt. Wer immer mich untersuchte, hat gesagt, daß sie da gar nichts anerkennen können. Ich hatte schreckliche Gallenanfälle und bin sehr hinfällig gewesen, immer wieder, hatte Schlafstörungen und Angstträume und bin zeitweise in psychotherapeutischer Behandlung gewesen. Auch der Aufbau dieser Agentur hatte mich viel Kraft gekostet, ganz zu schweigen von meinem Leben als Untergetauchte in Holland. Aber anscheinend verfüge ich über unglaubliche geistige Kräfte. Also, bei meiner ersten Europareise bin ich zuerst nach Wien gefahren zu meiner besten Freundin, mit der ich als Kind von meinem siebten Lebensjahr an zusammen auf der Schule gewesen bin. Die hat sich totgefreut! Auch in München hatte ich noch eine Freundin, und die haben mich beide so liebevoll und gut empfangen! Als ich damals in Berlin lebte, war meine Münchner Freundin in Köln. Sie hatte keine Mutter und liebte meine Mutter sehr und hat sie jede Woche besucht. Sie ist dann nach England gegangen, weil sie nicht in Deutschland sein wollte. Ich kannte also einige nichtjüdische Deutsche, die im Dritten Reich nicht mitgemacht hatten.

Von München aus bin ich schließlich nach Köln gefahren, wo ich mit dem Anwalt zu tun hatte. Ich kannte niemanden mehr. Ich weiß nur, daß bei meiner Ankunft gerade ein Feiertag war, der 17. Juni, und man konnte an der Bank kein Geld kriegen. Da bin ich zur Jüdischen Gemeinde gegangen und wollte die bitten, ob ich bei jüdischen Leuten wohnen könne – ich sei wegen der Wiedergutmachung da. »Mit Wiedergutmachung wollen wir nichts zu tun haben!« – damit wurde ich einfach weggeschickt! Ich war ganz entsetzt darüber, zumal ich doch gar nichts von denen wollte, außer einen Tag gegen Bezahlung bei jemandem wohnen. Das ist auch der Grund, warum ich später keinen Kontakt zu der Gemeinde aufgenommen habe; ich gehöre nicht der Synagoge an. Ich war schließlich in einem Hotel, dessen Eigentümer Juden waren. Ich habe herausgefunden, daß das genau der Platz war, wo die Juden damals zusammengepfercht wurden und von dort aus gleich nach Polen gingen. Sobald ich das erfahren hatte, rief ich eine Schulfreundin an, mit der ich auch heute noch befreundet bin. Die ist sofort mit dem Auto gekommen und hat gesagt: »Da schläfst du nicht – du schläfst bei mir und bleibst bei uns!« Sie hat es von sich aus gesagt – ich hätte sie bestimmt nicht gefragt. Ich war dann sehr froh, daß ich nicht in diesem Hotel wohnen mußte, wo ich die Wisperstimmen der schrecklichen Vergangenheit hörte.

Als Heimatstadt habe ich Köln damals nicht empfunden, das kann ich überhaupt nicht sagen. Ich war weggegangen aus Berlin, aber in Köln gemeldet, weil meine Eltern hier lebten. Die Bundesversicherungsanstalt hat bestritten, daß für mich jemals Rentenbeiträge geleistet worden seien, aber durch einen unglaublichen Zufall fand ich die Tochter des Berliner Apothekers, bei dem ich gearbeitet hatte, und die hat bezeugt, daß für mich einbezahlt worden war. Ich habe überhaupt keine Gefühle gehabt, es war wie abgeschnitten. Und so geht es mir auch mit Deutschland. Die sogenannte Wende hat mich z. B. gar nicht tangiert, obwohl ich das jetzt wahnsinnig interessant finde. Einen großen Teil meines sensiblen Gefühls habe ich mir abgeschminkt; da ist etwas gestorben. Die Leute sagen ja nicht die Wahrheit, was da passiert ist und was sie gemacht haben.

Auf Leute meiner Generation gehe ich nicht mehr zu, ohne mich genau zu orientieren. Wenn ich sehe, wie diese Leute schwelgen, wie es denen unverdient gutgeht und sie meinen, das stünde ihnen auch zu! Und dann sind sie immer so apologetisch und erklären, daß sie das ja auch gar nicht so gewußt haben. Sie sind eigentlich immer in der Verteidigung. Ich habe da weder Haß noch gute Gefühle. Es ist so, daß meine Freunde zwischen 20 und 50 sind. Ich gehe nirgendwo hin, wo ich ältere Leute kennenlernen muß. Wenn die mich im Radio hören oder einen Artikel gelesen haben, kriege ich manchmal auch von denen Zuschriften, daß sie mich gerne kennenlernen und mit mir sprechen möchten. Da gehe ich meistens nicht drauf ein, und komme mir eigentlich ein bißchen wie die Überlebende im Zoo vor. Die wollen sehen, wer denn da übriggeblieben ist. Ich bin sehr mißtrauisch. Ich frage mich immer: was ist das Motiv? Wie weit haben die in ihrer eigenen Familie geforscht, was da war? Ich habe nach heutigem Muster ja das Glück, daß ich auf der anderen Seite war, aber dieses Glück hat man teuer bezahlt.

Meine Lehrerin damals in Köln hat sich aber immer, zu allen Zeiten, ganz fantastisch verhalten unter der Naziherrschaft. Von ihr habe ich noch wunderbare Briefe. Ich hatte so den Wunsch, sie wiederzusehen und sie in die Arme zu schließen! Sie hatte uns in Holland besucht und alles Mögliche für uns getan – eine ganz fantastische Frau! Ihr Bruder, sein Name war Schwering, war Bürgermeister von Köln. Leider ist sie an Krebs gestorben, und ich habe sie nicht mehr gesehen.

Bei diesem ersten Besuch war ich gar nicht lange in Deutschland, sondern bin bald wieder nach Österreich und dann zurück nach Amerika gefahren. Und da ist etwas passiert, wodurch ich angefangen habe, an eine Rückkehr nach Deutschland zu denken. In dem Gebäude, wo ich meine Agentur hatte, war ein schrecklicher Überfall – morgens, als hunderte von Leuten in dem Haus waren. Auf dem Balkon hat ein Schwarzer eine Frau mit dem Messer bearbeitet und vergewaltigt. Wenn ich abends allein im Büro war, habe ich Todesängste gekriegt und bin dann zu dem Schluß gekommen: meine Angstschwelle ist sehr niedrig – das kann ich gar nicht bringen, hier weiter zu leben. Ich habe furchtbar schlecht geschlafen und dann beschlossen: ich will das Ding verkaufen und daran arbeiten, daß ich eine Rente bekomme, die mir zusteht. 1967 habe ich mein Büro dann an einen meiner Angestellten verkauft und bin zurück. Von da an hat's noch sieben oder acht Jahre gedauert, bis ich meine Wiedergutmachung in Ordnung bekommen habe. Zuerst habe ich ein Zimmer in Porz gehabt, gegen englische Sprachstunden. Es war mir klar gewesen, daß ich nach Köln wollte, denn hier hatte ich laufend gerichtliche Unterhandlungen, und ziemlich bald habe ich auch diese Wohnung hier bekommen. Heimweh war ganz sicher überhaupt kein Grund, nach Köln zu kommen! Ich habe nicht davon geträumt, hier zu sein, und es waren keine Menschen da, mit denen mich etwas Besonderes verbunden hätte. Wenn man mir das früher gesagt hätte! Ich habe es immer furchtbar gefunden, wenn jemand zurückging in das Land der Mörder und Plünderer. Hier habe ich dann ja noch mehr Details erfahren, als das im Ausland möglich war. Und dann habe ich gedacht: »Also, wenn du hier bleibst, dann wirst du nachforschen, auch wenn vieles unter Datenschutz verschlossen ist und man nicht an die Akten kommt.« Meine amerikanischen Bekannten haben es schlimm gefunden, daß ich zurückging. Obwohl sie ihre Wiedergutmachungen bekamen, z. T. ohne daß sie viel dafür getan haben und das keineswegs verachtet haben, verachteten sie aber diejenigen, die zurückgingen! Die kamen hierher, um mal im Hotel Excelsior ein paar Nächte zu schlafen, aber hier zu bleiben, das fanden die natürlich ganz furchtbar! Aber was andere von mir denken, hat mich überhaupt noch nie gestört. Ich muß verantworten, was ich da mache, und ich gebe niemandem das Recht, das zu beurteilen. Das einzig Wichtige ist, wie ich selbst darüber denke – und da ist es so, daß ich es selber nicht gut finde. Es ist sehr schwer, sich von dem Haß freizuhalten. Es ist für mich nicht gesund, für mein mentales Wohlbefinden, immer unter den Leuten zu sein, denen ich eigentlich nicht vertraue. Das ist keine gute Atmosphäre, sondern eine infektiöse Atmosphäre.

Ein Gegengewicht ist aber, daß ich hier sehr, sehr nette Freunde gefunden habe, die sich unglaublich gut verhalten und sehr liebevoll gewesen sind, als ich jetzt so schwer krank war. In den vier Wochen Krankenhaus bin ich nicht einen Tag allein gewesen. Die jungen Leute, die ich so kenne, sind rührend gekommen und haben für mich gesorgt. Auch frühere Zivildienstleistende – zweimal in der Woche kommt ein »Zivi« und macht Arbeiten, die ich nicht machen kann – sind gekommen. Das ist etwas, worauf ich mich stützen und verlassen kann. Es sind wunderbare Beziehungen, auch zu den Söhnen und Töchtern meiner Freunde. Ich glaube, ich bin für sie ein bißchen Vorbild, wie man ein Leben meistern kann. Ich wußte erst, wie krank ich war, als ich die Gesichter meiner Freunde gesehen habe. Im Krankenhaus habe ich gedacht: »Ja, dann mußt du zum Tode liegen, wenn die so gucken!« Die konnten kaum die Tränen verbergen und wollten gar nicht weggehen. Auch auf die Intensivstation sind sie gekommen – rührend! Da habe ich gespürt: ich bin denen wichtig, und die wollen nicht, daß ich sterbe!

Ich picke mir die Menschen heraus und habe eine sehr gute Intuition, was Menschen betrifft. Nur letztens hat mich ein »Zivi« bestohlen, mit dem ich eine sehr gute Beziehung hatte. Da fühle ich mich wieder grausam geschunden, wenn mir jemand etwas klaut. Da fällt mir eine Geschichte ein: vor ein paar Jahren habe ich in der U-Bahn eine Handtasche gefunden, voller Schlüssel und mit adressierten Briefen. Ich habe dann die Eigentümerin herausbekommen und angerufen. Wenn da etwas von Nazis drin gewesen wäre, wäre das Ding in den Mülleimer gegangen. Ich hatte dann die Mutter der Eigentümerin, einer Altenpflegerin, am Apparat, und es stellte sich heraus, daß das eine katholisch getaufte Jüdin war. Sie hat mich dann eingeladen und mich mit einer anderen Jüdin bekannt gemacht, die zufällig eine israelische Freundin von mir gut kannte.

Oft habe ich mit mir selbst gefochten, ob ich nicht nach Holland gehen soll. Ich kann die Sprache und habe eigentlich gar keinen Grund, nicht zu gehen. Aber ich habe da nicht die engen Bande, die ich hier inzwischen gefunden habe. Aber wenn morgen irgendeiner meiner Freunde sagen würde: »Jetzt gehen wir nach Belgien oder in die Schweiz!«, dann würde ich gestern die Koffer packen. Es sind Menschen, die mich hier halten, und ich habe nichts anderes, wo ich hin kann. Amerika ist für einen alten Menschen eine Katastrophe; Städte wie New York sind so kriminell, daß es da gar keine Diskussion gibt, ob man da hin kann. Höchstens für acht Tage kann man dahin fahren. Ich habe keine Alternative.

Aber ich habe mir hier auch eine Aufgabe gesucht: ich will unbequem sein und gegen das Schweigen anreden. Das hat wohl etwas mit dem Überleben zu tun, denn anscheinend wird man von diesem Überlebenskampf unheimlich stark. Aber die Leute, die mit mir nicht übereinstimmen, werden mir das nicht sagen; die wissen ja, wie ich eingestellt bin und hüten sich, offen mit mir zu reden.

Ich gehe nun nicht jeden Tag herum und sage mir: »Jetzt muß ich wieder mal etwas entdecken, was da so ist!« Ich stoße darauf. Die Gesellschaft insgesamt sehe ich mit wachsendem Entsetzen. Arbeitsplätze werden abgebaut, und einzelne bereichern sich daran. Die Gesellschaft ist materialistisch und entmenschlicht. Menschen in der Dritten Welt werden ausgebeutet, damit hier die Firmen konkurrenzfähig sind. Das ist dieser entsetzliche Egoismus: so, wie die Leute Rad und Auto fahren, so gehen sie miteinander um. Das ist in den letzten zehn Jahren viel schlimmer geworden. Ich habe kaum Hoffnung für diese Gesellschaft; es wird immer schlimmer.

Ich zweifle nicht daran, daß meine Rückkehr falsch war – auch wenn ich ganz schöne menschliche Verbindungen habe. Ich lebe ja nicht mehr so mittendrin in der Abhängigkeit. Wo immer ich unabhängig lebe, da kann man sich das einrichten. Ich kann sagen, was ich will, ich kann machen, was ich will. Ich glaube, ich hätte gerne in einem besseren Klima, am liebsten mit weniger Deutschen, gelebt. Vielleicht irgendwo in der Schweiz, obwohl – die Schweizer sind zu wenig leidgeprüft, als daß sie Menschlichkeit entwickeln. Ich frage mich, ob sich das Überleben, um das ich so hart gekämpft habe, gelohnt hat. Ich weiß es nicht. So alt zu werden, wie ich geworden bin: fragwürdig! Obwohl ich geistig noch in einem ganz guten Zustand bin. Das Überleben wird immer mühseliger – ein zweifelhaftes Vergnügen!

WALTER UND DR. LOTTE GRÜNWALD

geb.: Walter 1903 in Stuttgart, Lotte 1907 in Mannheim
Rückkehr: 1986
Gespräch: 21. Januar 1996, Neustadt/Weinstraße

Stuttgart – Chile – Mallorca – Neustadt/Weinstraße

WG: Ich bin im Dezember 1903 als jüngster Sohn einer alteingesessenen Stuttgarter jüdischen Familie geboren. Mein Vater war Schuhgroßhändler und ist auf dem Land, in Nordstetten bei Horb, zur Welt gekommen. Der Vater war früh gestorben, und seine Mutter hat nach dem Tod ihres Mannes eine Gastwirtschaft in Nordstetten geführt. Mein Vater ist also in einer kleinbürgerlich-ländlichen Umgebung als richtiger schwäbischer Bauernbub aufgewachsen. Nach dem Einjährigen, wie man es damals genannt hat, also nach dem neunten Schuljahr, kam er zuerst nach Frankfurt, wo er in dem Geschäft seines Onkels die Juwelierbranche kennengelernt hat und ist dann nach Stuttgart gegangen. Zusammen mit dem Mann einer Schwester hat er dann eine Schuhgroßhandlung gegründet, die er im Laufe der Jahre – nachdem sein Schwager ausgetreten war – zum größten württembergischen Schuhgroßhandel ausgebaut hat. Wir haben also in gutbürgerlichen, sehr guten finanziellen Verhältnissen gelebt.

Unser Haus war nicht orthodox, aber wir waren uns immerhin unseres Judentums bewußt. Man war so ein bißchen Feiertagsjude, ist während des Jahres kaum oder gar nicht in die Synagoge gegangen, sondern nur an den hohen Feiertagen. Aber man hat bewußt dazugehört – so bewußt, wie man auch zu Deutschland gehört hat. Man hat sich hundertprozentig als Deutscher gefühlt. Ich weiß noch, wie der Erste Weltkrieg angefangen hat: da hat man als Bub mit Begeisterung den Soldaten zugeschaut, die für den Krieg gedrillt wurden und war ganz selbstverständlich mit seinen Kameraden und Schulfreunden dabei. Gut, man ist in einen anderen Religionsunterricht gegangen, aber hat sonst hundertprozentig dazugehört, und daß man eine andere Religion hatte, spielte gar keine Rolle.

Im Ersten Weltkrieg ist dann mein älterer Bruder gefallen, als deutscher Soldat. Wegen eines Herzklappenfehlers war er zurückgestellt, aber er hat sich freiwillig gemeldet. Sie haben ihn genommen, und er ist im Jahr 1917 gefallen.

LG: Mein Vater war Kinderarzt in Mannheim, stammt aus Ulm, und genau wie bei meinem Mann kommt die Familie eigentlich vom Land. Seine Eltern waren in schwäbischen Kleinstädten geboren. Meine Mutter war aus einer völlig freien Familie; ihr Vater war Bankier in Stuttgart, und sie haben sehr wenig vom Judentum gewußt. Die Eltern meines Vaters aber waren noch ganz streng jüdisch, und sie waren eigentlich die einzigen, wo wir wirklich etwas vom Judentum erfahren haben. Meine Eltern waren jüdisch in der Hinsicht, daß mein Vater immer bei allem dabei war; in der B'nai B'rith-Loge war er Präsident und hat dort eine große Rolle gespielt. Er war sich also seines Judentums schon sehr bewußt, aber eine starre Bindung haben wir nicht gehabt. Ansonsten war es wie bei meinem Mann: in der Schule und überall sonst hat man ganz dazugehört und sich absolut mehr als Deutscher denn als Jude gefühlt. Das Jüdische war für uns nur Religion.

Meine Eltern hatten einen sehr zionistischen Freund, und ich habe ihre zionistischen Debatten mitbekommen. Meine Eltern waren eigentlich immer sehr dagegen und haben gesagt: »Wir sind Deutsche – was soll's? Wir haben sonst keinerlei Bindungen irgendwohin. Das Jüdische ist unsere Religion, aber das hindert uns nicht daran, unser Leben hier wie alle übrigen Deutschen zu führen!«

1926 habe ich dann Abitur gemacht in der Lieselotte-Schule in Mannheim und mein Studium der Romanistik angefangen, zuerst in Heidelberg, dann in Genf. Das Wichtige für mich war, die Welt kennenzulernen.

WG: Ich war bis zum Einjährigen in einer Privatschule und bin dann nach einer schwierigen Prüfung aufs Reformrealgymnasium gegangen, bis zum Abitur. Nach dem Abitur bin ich in die Lehre gekommen an der Darmstädter Bank. Nachdem ich 1923 die Lehre fertig gemacht hatte – es war gerade die Zeit der Inflation –, war ich jeweils ein halbes Jahr in Frankfurt und in Berlin. Bei Geschäftsfreunden meines Vaters sollte ich mich noch ein bißchen in der Branche umsehen und etwas lernen – mit der Absicht, nach diesem Jahr in das väterliche Geschäft einzutreten. Das habe ich dann auch gemacht. Mein Vater war inzwischen gestorben, aber meine beiden Schwäger haben das Geschäft weitergeführt, und so hat meine Tätigkeit im Geschäft begonnen: zum Teil reisend, zum Teil im Büro – bis zur Auswanderung.

LG: Die allerersten Anzeichen des Nationalsozialismus waren ja schon früh sichtbar. Es hat auf uns damals einen furchtbaren Eindruck gemacht – aber nicht nur auf mich, sondern auf die ganze Klasse –, daß eine Klassenkameradin, deren Bruder schon sehr früh in der Partei war, plötzlich angefangen hat, etwas gegen die Juden zu sagen. Aber ich muß sagen, daß da die ganze Klasse empört war. Dieses eine Mädchen wurde geschnitten und wir jüdischen Schülerinnen haben weiter dazugehört. Das war eigentlich die einzige Erfahrung mit Antisemitismus vor der Nazizeit. Später beim Studium war es so, daß man sogar mit den Corpsstudenten zusammen war, und es war allen einerlei. Aber ich muß sagen: man hat es mir nicht angesehen; ich war blond und blauäugig. Es hat keiner daran gedacht, daß ich Jüdin bin, obwohl ich es nie verheimlicht habe und auch bei den jüdischen Verbindungen dabeigewesen bin.

WG: Ich habe 1922 das Maturum gemacht, und in meiner Schulzeit war die nationalsozialistische Bewegung noch im Hintergrund. Ich weiß nur, daß im letzten Schuljahr in unserer Parallelklasse einer mit dem Hakenkreuz erschienen ist. Die A-Klasse war ganz evangelisch und die B-Klasse gemischt – jüdisch, evangelisch und katholisch. In unserer Klasse waren wir entsetzt, daß in der A-Klasse ein Nazi war. Aber damals war Hitler erst ganz in den Anfängen. Persönliche Erfahrungen mit Antisemitismus habe ich vorher nicht gemacht.

LG: 1931 haben wir geheiratet. Ich hatte gerade vorher das Doktorexamen gemacht in Heidelberg und meine Arbeit noch korrekturgelesen, als ich schon im Krankenhaus mit dem ersten Kind lag. Ich hab's dann praktisch nicht mehr in einem Beruf verwertet, obwohl es mir später in der Emigration doch geholfen hat, eine Stelle zu bekommen. In Deutschland war ich nur Hausfrau und habe die beiden Kinder bekommen. Der zweite Sohn ist 1935 geboren; da war man natürlich schon unruhig und hat gedacht: »Darf man es wirklich noch wagen?«

WG: Der Tag von Hitlers Machtergreifung war zufällig der Tag, an dem die Großmutter meiner Frau in Karlsruhe beerdigt wurde, und ich bin dorthin gefahren. Das Kind war noch klein, meine Frau konnte nicht weg, und so bin ich allein gefahren. Ich weiß noch, wie Lottes Onkel, mit dem ich im Auto saß, ganz schockiert war, daß Hitler jetzt Reichskanzler wurde. Aber das Ausmaß dessen, was das bedeutete, hat man nicht gesehen. Damals ist Hitler ja nicht allein an die Macht gekommen, sondern man hat ihn nur zum Reichskanzler berufen, und die Deutschnationalen unter Hugenberg haben immer so getan – und wir haben es geglaubt –, daß sie ihn besänftigen würden und das Sagen hätten. Aber das war ja alles Illusion.

LG: Ich erinnere mich – aber vielleicht kam das auch erst nachträglich –, daß man bei dieser Beerdigung damals gesagt hat: »Na, vielleicht ist es ganz gut, daß die Alten es jetzt nicht mehr erleben!«

WG: Bei meiner Mutter – sie ist im April 1933 gestorben – habe ich auf jeden Fall gedacht, daß ihr viel erspart geblieben ist.

LG: Die Emigration war dann auch bald Thema, weil Freunde von uns schon früh weggegangen sind. Mit denen hatte man natürlich alles besprochen, und ich erinnere mich noch gut, daß ich damals gesagt habe – und dafür schäme ich mich noch heute: »Wir wollen unseren Kindern noch so lange wie möglich ein gutes Leben erhalten, und so lange es uns noch gut geht, bleiben wir. Draußen haben wir dann kein Geld mehr, und wer weiß, was dann kommt. Das wollen wir unseren Kindern ersparen.« Es war natürlich furchtbar dumm, aber so war man damals.

WG: Der Hauptgrund dafür, daß wir erst so spät rausgekommen sind, nämlich erst 1939 nach Kriegsbeginn, war, daß unser Geschäft, welches seit 1888 bestand, bei allen kleinen Schuhhändlern in Württemberg sehr fest etabliert war. Hitler hatte ja das Glück, zu einem Zeitpunkt an die Macht zu kommen, wo das Schlimmste der Wirtschaftskrise weltweit schon überschritten war und es überall wieder aufwärts ging, auch in Deutschland. Er hat ja gleich mit der Aufrüstung angefangen; der Straßenbau hat die Arbeitslosen beschäftigt, und dadurch sind die Geschäfte überall besser gegangen. Unsere Kundschaft hat uns trotz der Parolen, daß sie nicht beim Juden kaufen sollen, weil sie sonst Volksverräter wären, zu 99 Prozent die Treue gehalten und weiterhin bei uns gekauft. Unsere Umsätze sind in der Folge des allgemeinen Aufschwungs trotz der Propaganda gestiegen anstatt zurückzugehen! Und dann kam das Jahr 1936 mit der Olympiade. Für kurze Zeit wurde die Propaganda etwas zurückgestellt, damit die vielen Ausländer, die zur Olympiade kamen, keinen schlechten Eindruck bekämen. So sind wir eigentlich eingeschläfert worden, aber man hat sich auch gerne einschläfern lassen. Wir und unsere arischen Freunde haben gesagt: »Ach, das kann nicht lange dauern!«

LG: »Arisch« in Gänsefüßchen! Aber in den Beziehungen zu den nichtjüdischen Deutschen haben wir natürlich schon einige Veränderungen gemerkt. Bei uns im Haus hat ein Oberst gewohnt, ein sehr netter höherer Offizier, mit dem wir gut befreundet waren und der immer zu uns gekommen war. Plötzlich ist er auf die andere Straßenseite gewechselt, wenn er uns gesehen hat, und hat uns geschnitten. Da haben wir zum ersten Mal richtig gemerkt, daß wir außerhalb stehen sollen. Unsere Freunde waren aber wunderbar! Mit denen haben wir wirklich nur gute Erlebnisse gehabt – bis auf eine Ausnahme. Ich war mit einer Schulfreundin, deren Vater Tscheche war, sehr eng befreundet; wir haben alles zusammen gemacht und waren sogar zusammen in der Jugendbewegung. Ihre Gruppe war richtig völkisch, aber auch da hat es noch nichts ausgemacht, daß ich Jüdin war. Ich war genauso dabei wie sie; wir haben gesungen, und es war alles gemeinsam. Sie hat dann einen jungen Ingenieur geheiratet, der Nazi war. Das war das erste Mal, daß ich gemerkt habe: mit diesen Menschen kann man nicht mehr zusammen sein. Und ganz plötzlich war dann Schluß.

Durch die Nazipropaganda, die uns Juden ja als Volksschädlinge und als Ungeziefer dastellte, hat sich unsere jüdische Identität natürlich gestärkt, denn wir haben als gemeinsam Verfolgte nun mehr dazugehört. Wir sind zu den jüdischen Kulturveranstaltungen gegangen, und unser Großer mußte ja dann schon in die jüdische Schule, wo er sich natürlich früher als wir zum Judentum zugehörig gefühlt hat. Wir haben auch mit größerem Interesse die jüdischen Zeitungen gelesen, die uns vorher egal waren. Wir fühlten uns mit dem CV verbunden, dem *Centralverein deutscher Staatsbürger jüdischen Glaubens.* Daß wir Deutsche waren, haben wir uns aber trotzdem nicht ausreden lassen. Wir haben gesagt: »Der Hitler kann uns das lange sagen – wir sind, wer wir sind!« Unsere Freunde haben uns natürlich sehr bestärkt darin; für die sind wir ganz gleich geblieben. Deutschland war für uns damals etwas anderes als die Nazis, weil wir durch unsere Freunde nur gute Erlebnisse gehabt haben. Wir hatten einen sehr guten Freund, der in Stuttgart Sänger am Radio war. Als sie uns dann verboten haben, ins Theater und in Konzerte zu gehen, hat er mit seiner Begleiterin, von der man nicht wußte, wie sie politisch eingestellt war, in seiner Wohnung für uns Konzerte veranstaltet und gesagt: »Bringt jüdische Freunde mit. Ich singe nur für euch!« Das war wirklich gefährlich für ihn. Er hieß Bruno Müller, ein damals sehr bekannter Mann. Er hat bei meiner Schwägerin im Haus gewohnt und ist wer-weiß-wie-oft zur Gestapo zitiert worden: wie er sich unterstehe, noch bei einer Jüdin zu wohnen? Anscheinend hat man ihn aber sehr gebraucht und nicht gleich einen Ersatz für ihn gefunden. Ihm ist nie etwas geschehen, trotzdem er sich sehr exponiert hat. Ich weiß noch, daß er nicht klingeln durfte, wenn er zu uns kam, damit die Nachbarn nichts merkten. Er hat uns also jedes Mal ein Steinchen gegen das Fenster geworfen und man wußte dann: aha, da kommt der Bruno Müller und hat ihm aufgemacht. Wir hatten Anlaß, unsere Nachbarn zu fürchten. Im Nebenhaus wohnte ein SS-Führer; der hat uns nichts weiter getan, aber er war halt bei der SS. Er hatte einen kleinen Jungen im Alter von unserem jüngsten Sohn. Die Kinder haben wunderbar miteinander gespielt, und wenn der Vater vorbeigegangen ist, hat er auf die andere Seite geguckt und sich im Grunde gefreut, daß sein Sohn einen so netten Spielkameraden hatte. Er hatte gar nichts dagegen, aber ich wollte nichts mit ihm zu tun haben, weil er in Uniform war. Menschlich wußten wir nichts von ihm.

WG: Noch nach Kriegsbeginn, also 1939, als es schon wirklich schlimm war, konnten wir uns bei einem Schulfreund von mir in seiner Wohnung in Berlin aufhalten. Er war Anthroposoph und als solcher geimpft gegen den Nationalsozialismus. Aber auch bei meiner Kundschaft habe ich keinen Angriff und keine Kränkung erfahren: Ich erinnere mich aber an das Erlebnis, als es wirklich schlimm für uns wurde und wir erkannt haben, daß wir trotz aller Treue der Kunden das Geschäft aufgeben mußten. Ich war auf einer Verkaufsreise im Odenwald – damals bin ich mit Chauffeur gereist – und kam nach Erbach. Der erste Kunde hat mir abgekauft, wie er das immer getan hat. Und dann hat er gesagt: »Nun habe ich eine Bitte, Herr Grünwald. Schicken Sie mir bitte die Ware mit dem neutralen Absender irgendeines Ihrer Angestellten. Die Gefahr ist hier für mich zu groß, wenn ich von einer jüdischen Firma Ware bekomme.« Da habe ich zu ihm gesagt: »Mein lieber Freund! Ich danke Ihnen vielmals für Ihren Auftrag. Aber es tut mir leid – das machen wir prinzipiell nicht. Ich schätze es, daß Sie trotzdem bei mir bestellen wollten.« Ich habe den Auftrag zerrissen und gesagt: »Wir können leider nicht liefern.« Dann bin ich weitergefahren zum zweiten Kunden am Platz. Direkt über seinem Haus war ein Riesenspruchband quer über die Straße gespannt: »Wer beim Juden kauft, ist ein Volksverräter!« Daraufhin habe ich zu meinem Chauffeur gesagt: »Jetzt fahren wir aber heim, jetzt habe ich genug – der Odenwald ist für mich gestrichen!« Das war etwa ein Jahr, bevor ich mein Geschäft verkaufen mußte.

Ein anderes Erlebnis hatte ich in Kempten: da komme ich nachmittags zu einem Kunden, der zu mir sagt: »Einen Moment, Herr Grünwald, entschuldigen Sie – können Sie nicht morgen früh kommen?« Am nächsten Tag sagt der Kunde: »Ich muß mich sehr bei Ihnen entschuldigen, daß ich Sie extra noch einmal hab' kommen lassen. Aber wissen Sie: nachmittags ist mein Junge hier, der ist in der Hitlerjugend. Wenn der sieht, daß ich bei Ihnen kaufe, wäre der imstande und zeigt mich, seinen eigenen Vater, bei seinem Fähnleinführer an. Dem kann ich mich nicht aussetzen, aber morgens, wenn er in der Schule ist, kann nichts passieren.« Die mußten vor ihren eigenen Kindern Angst haben! Wieder ein anderer Kunde war Ortsgruppenleiter und SA-Mann und hat mir in seiner Uniform Aufträge gegeben: »Mir kann ja nichts passieren. Ich bin

Ortsgruppenleiter, und also gibt es hier keine Stelle, wo man mich anzeigen könnte. Ich kann ruhig bei Ihnen einkaufen.« Das dürfte 1936 oder 1937 gewesen sein. Im Frühjahr 1938 ist dann »arisiert« worden. Zu diesem Zeitpunkt hatte die Propaganda bewirkt, daß wir tatsächlich nicht mehr weiter konnten. 1936 hatte von unserer wesentlichen Konkurrenz in Stuttgart der jüdische Teilhaber verkauft, noch einigermaßen freiwillig. Der Bruder des Käufers hat dann nachher unser Geschäft übernommen. Er hat das Goldene Parteiabzeichen gehabt und damit natürlich alle Vorteile. So hat er dafür gesorgt, daß wir nur den reinen Wert der Ware bekamen. Das ist auf ein Sperrkonto gekommen und war damit so oder so verloren. Da hat man nur noch gedacht: »Wie kommt man jetzt raus?« Nun war klar, daß wir hier keine Zukunft haben. Dadurch, daß wir so lange immer geglaubt haben, daß es vielleicht doch geht, hatten wir auch keine Vorbereitungen für die Auswanderung getroffen, uns also nicht rechtzeitig eine Nummer vom amerikanischen Konsulat geben lassen. Ich hatte immer gesagt, daß ich eigentlich nicht nach Nordamerika, sondern nach Südamerika wollte, wenn wir auswandern müßten. In Nordamerika haben sie schließlich nicht auf uns gewartet, während in Südamerika doch eher die Möglichkeit bestand, mit dem, was man in Deutschland gelernt hatte, etwas zu werden. Dort war es schon von Vorteil, daß man Europäer war.

LG: Als feststand, daß wir auswandern mußten, haben wir überhaupt nicht den Gedanken gehabt, eines Tages wiederzukommen, sobald das Regime zusammengebrochen sein würde. Man hat nicht zurückgeschaut. Vielleicht liegt es auch daran, daß wir jung waren; man hat immer nur gedacht: was kommt jetzt? Wie wird die Zukunft sein? Wie werden wir leben?

WG: Wir sind so spät ausgewandert, daß man sich nicht mehr die Illusionen gemacht hat, die man noch in den ersten Jahren hatte. Dazu kam, daß wir erst im Krieg herausgekommen sind, und da dachten wir nur: nichts wie weg! Es war ein endgültiger Abschied. Bei all diesen Kundgebungen hat man ja auch gesehen, wie die Mehrheit der nichtjüdischen Deutschen Hitler unterstützt hat. Man hat ja jeden Tag Radio gehört und die Fotos von den Aufmärschen gesehen und die Hypnose gemerkt, unter der das Volk stand!

Zu denen, die nicht wirklich zu uns gehalten haben, hatten wir keinerlei Verbindungen mehr.

Am 8. November 1938 war ich auf der Reise mit unserem Nachfolger, dem Mann mit dem Goldenen Parteiabzeichen. Das hat er allerdings nicht angelegt, wenn wir zusammen reisten. Ich habe ihn bei unseren Lieferanten in der Pfalz, in Pirmasens und Umgebung, bekannt gemacht. Das war natürlich alles andere als angenehm, aber ich mußte es tun. Er hat keine Animositäten mir gegenüber gezeigt, weil er darauf angewiesen war, daß ich ihn angelernt habe. Trotzdem wir wußten, daß er ein Erznazi war, hat man sich mit ihm formal verständigen müssen. Ich erinnere mich, daß wir auf der Rückfahrt von Bruchsal eine Zeitung gekauft haben. Darin stand, daß der Herr vom Rath in Paris ermordet worden ist, und nachts haben dann die Synagogen gebrannt. Am nächsten Morgen waren wir, wie so oft vergeblich, auf Visumsuche – diesmal auf dem argentinischen Konsulat. Meine Schwiegermutter hatte schon aus Mannheim angerufen, wo unser Sohn zu Besuch war: wir sollten unseren Bub holen – der Vater sei geholt worden. Mein christliches ehemaliges Kinderfräulein hat unseren Bub dann zurückgeholt. Die hat bei uns ganz zur Familie gehört und mit meiner Schwester zusammengelebt. Am Morgen waren wir also auf dem argentinischen Konsulat und haben in der Stadt noch die Synagoge brennen sehen. Nachmittags, als unser Junge wieder da war, sind wir mit unseren beiden Kindern in einem nahen Wald stundenlang spazierengegangen, weil es schon in der Nacht geheißen hatte, daß die Männer alle abgeholt würden. Als wir abends zurückgekommen sind, hat im Radio der Goebbels erklärt, die Aktion gegen die Juden sei beendet, und man hat sich beruhigt ins Bett gelegt. Morgens um sechs Uhr läutet bei uns das Telefon: am Apparat ist meine Nichte, die ganz in der Nähe wohnte. Ihr Vater, also mein Schwager, sei jetzt doch verreist und ich könnte das Auto – wir haben ein gemeinsames Auto gehabt – holen. Aufgeschlüsselt hieß das: »Du kannst noch fliehen!« Da habe ich mir überlegt: wenn ich jetzt das Auto hole und fliehe und die mich auf der Flucht erwischen, dann geschieht mir sicher noch viel Schlimmeres! Also habe ich das Auto nicht geholt, mich wieder ins Bett gelegt mit meinen beiden Kindern, und bin eine Stunde später geholt worden.

LG: Das Interessante war dabei, daß es fast noch in der Nacht war; es sollte niemand von den Nachbarn etwas mitbekommen. Das war schon sehr praktisch eingerichtet, daß man so früh geholt worden ist.

WG: Bemerkenswert ist vielleicht auch das Verhalten der Bevölkerung. Wir kamen aufs Polizeipräsidium in Stuttgart, wo wir an die Wand gestellt wurden. Da habe ich geglaubt: jetzt kommt einer und schießt uns in den Rücken! Das geschah aber nicht, und nach einiger Zeit wurde man wieder zusammengetrieben und auf Lastwagen durch die Stadt ins Stadtgefängnis gebracht. Es waren offene Pritschenwagen, und ich habe mir das Publikum angeguckt; die wußten ja, worum es ging, denn kurz vorher hatten ja die Synagogen gebrannt. Es hat uns keiner mit Steinen beworfen oder so etwas; im allgemeinen haben sie weggeguckt.

Am nächsten Tag sind wir dann mit Lastwagen nach Dachau befördert worden, und dort war ich sechs Wochen. Ein Schwager ist am ersten Tag aus Dachau wieder rausgekommen. Er war als Rechtsanwalt nicht mehr zugelassen und hat als Rechtsbeistand von Juden gearbeitet, war außerdem befreundet mit einem großen Nazi, dem obersten Staatsanwalt in Stuttgart. Er war sehr national eingestellt, ein hundertprozentiger Deutscher. Im Ersten Weltkrieg war er Leutnant gewesen, hatte auf dem Schrank noch seinen zerschossenen Stahlhelm aus dem Krieg stehen und war sehr stolz auf das alles. Der nazistische Staatsanwalt hat sofort dafür gesorgt, daß er entlassen wurde; man bräuchte ihn als Vertreter der Juden, und er müsse sofort zurück. Das war sein Unglück. Er ist in Auschwitz umgekommen, weil er gesagt hat: »Seht, mir kann nichts passieren, ich habe den Schutz von oben.« Er hat sich um keine Auswanderung, um nichts gekümmert: »Ich bleibe!« 1942 ist er nach Theresienstadt gekommen. Meine Schwester hat's überlebt, weil sie in Theresienstadt in der Uniformschneiderei war und nicht weiterdeportiert wurde. Aber ihr Mann kam weg und ist nicht mehr zurückgekommen. Als sie nach der Befreiung nach Stuttgart zurückkam, hat sie immer noch geglaubt, sie würde ihn wiedersehen, aber man hat später herausgefunden, daß er von Theresienstadt nach Auschwitz kam und dort vergast wurde. Meine Schwester ist sofort, noch 1945, in die USA gegangen.

LG: Für mich war die Zeit, als mein Mann in Dachau war, natürlich schrecklich – vor allem, bis man wieder von ihm gehört hat! Dann kamen die berühmten Karten, ganz genau eingeteilt, soundsoviel Worte, soundsoviel Zeilen, mit der Nachricht: »Ich bin am Leben«. Sehr bald schrieb mein Mann dann: »Wir sind geholt worden, damit wir die Auswanderung beschleunigen. Wenn Ihr jetzt irgendeine Möglichkeit für die Auswanderung habt, dann sorgt dafür!« Da sind wir Frauen dann herumgerannt und haben versucht, irgendwelche Visen zu erhalten. Wir hatten schon vorher nach Visen gesucht und nie etwas gekriegt. Auf den Konsulaten haben die Herren Konsuln für teures Geld Visen verkauft. Die hat man dann an die Regierungen geschickt, und die haben's verweigert. Das ist uns x-mal passiert, und wir haben eine ganze Sammlung Visen gehabt, die alle ungültig waren. Aber es war ja jetzt wurscht, ob gültig oder nicht: man mußte nur ein Visum vorweisen. Dann gab es sofort die Schwierigkeit, weil es geheißen hat: »Ja, Sie können ein Visum haben, aber kommen Sie denn fort? Bekommen Sie denn eine Schiffskarte?« Da mußte man also eine Schiffskarte suchen. »Eine Schiffskarte können wir Ihnen doch nur dann geben, wenn Sie ein Visum haben!« Es war also ein Teufelskreis. Aber wir haben ja immer wieder auch gute Erfahrungen gehabt, und in einer Reiseagentur haben wir dann doch Schiffskarten bekommen und damit auch Visen – ich glaube, für Uruguay. Dann ist mein Mann herausgekommen.

In der Zeit, als er weg war, sind Waisenkinder aus dem abgebrannten Esslinger Jüdischen Waisenhaus auf Familien verteilt worden. Diejenigen, die ich beherbergt habe, sind nach England gegangen. England ist ja das einzige Land, das positiv etwas in dieser Richtung getan hat. Als die Kinder weg waren, kamen noch zwei junge Verwandte, die aus ihren Städten geflohen waren, weil sie dachten: »Wenn wir nicht zu Hause sind, werden wir nicht geholt.« Die beiden sind an einem Tag abgeholt worden; einen haben sie sofort gefunden und den zweiten, einen ganz jungen Kerl, 16 Jahre alt, aus dem Schlaf hochgerissen. Dann habe ich gefragt: »Kann ich ihm noch etwas richten, was er mitnehmen kann?« »Nein, wo der hingeht, da braucht er nichts mehr!« Dann ist der SA-Mann in mein Schlafzimmer gegangen, hat meinen Wäscheschrank aufgerissen und aus purer Bosheit, bloß um mich zu demütigen, meine ganze

Wäsche herausgerissen! Völlig sinnlos! Solche Kerle hat's natürlich gegeben. Aber das war das einzige, was uns passiert ist; die Wohnung zerschlagen haben sie uns nicht.

WG: Es war ja behauptet worden, wir kämen ins Konzentrationslager wegen dem Mord an vom Rath. Als wir nach Dachau kamen, haben uns die kommunistischen oder die schwulen Häftlinge – die waren ja alle aus verschiedenen Gründen im KZ – erzählt, daß sie schon seit Monaten damit beschäftigt waren, den Judenstern auf die Häftlingsanzüge aufzunähen. Das war also schon lange geplant und die Sache mit vom Rath nur ein Vorwand.

LG: Kurze Zeit darauf ist auch mein Vater zurückgekommen, der ja auch in Dachau war. Die Alten und Kranken sind ganz hundsgemein behandelt worden, und denen, die ein bißchen Mut hatten und auch einmal die Hände in die Hosentasche gesteckt haben, ist es viel besser gegangen. Ich werde nie vergessen, wie entsetzt mein Vater darüber war, daß die jungen Kerls oben in den Wachtürmen standen in ihren dicken Pelzmänteln – er hat das einfach immer noch zu menschlich gesehen! Genauso ist's ihm später im Deportationszug gegangen: da hatte er seine Orden angelegt, woraufhin dann ein junger SS-Mann kam und ihm die Orden weggerissen hat. Das war auf der Deportation nach Gurs in Südfrankreich, und von Gurs sind meine Eltern nach Auschwitz gekommen. Als wir unsere Visen nach Chile eingereicht haben, haben wir ihnen gesagt, daß wir für sie mit einreichen würden. Der Vater hat gesagt: »Ich bin zu alt, ich kann das nicht mehr. Ich warte, bis ihr irgendwo ein bißchen Fuß gefaßt habt, und dann kommen wir nach.« Und dann war's zu spät. Chile hat gesperrt, meine Schwester hat es dann auch noch mit Amerika versucht, aber es hat alles nicht mehr geklappt.

WG: Es hätte schon noch geklappt, aber als sie zur Visumerteilung schon nach Marseille vorgeladen waren, ist Amerika in den Krieg eingetreten, und da haben sie kein Visum mehr gekriegt.

LG: Sie waren dann in Gurs. Mein Vater konnte dort noch als Arzt im Lager arbeiten, und meine Mutter hat auch sehr helfen können.

Dann kam der Zeitpunkt, wo die, die unter 60 waren, nach Auschwitz abtransportiert wurden. Der Vater war über 60, er hätte nicht mit müssen, aber er hat zu meiner Mutter gesagt: »Ich lasse dich nicht allein!«

In einem Buch über die Juden von Mannheim wird mein Vater öfter erwähnt. Diese ganzen Geschichten regen mich immer wieder so sehr auf. Das ist genau das, was ich immer finde: das Hiersein schlaucht einen viel mehr, weil man viel näher an all diesen Dingen ist als draußen. Natürlich liegt es auch daran, daß man draußen arbeiten mußte, um für das Leben und die Kinder zu sorgen. Bis heute war ich noch nicht wieder bei unserem Haus in Mannheim. Es muß nicht sein – es kommt einem eben alles wieder furchtbar nahe.

Die Emigration hat übrigens damals noch so gerade geklappt; wir haben ein Visum für Chile bekommen und sind mit dem Schiff dorthin gereist. Sehr bald haben wir erfahren, daß an einer englischen *Boarding School* Lehrer gesucht wurden. Ich habe die Stelle bekommen, und da war einfach alles für uns da: die Buben konnten in die Schule, und wir alle konnten dort wohnen. Ich habe viel Arbeit gehabt und in Unter- und Oberklassen unterrichtet. Nach einem Jahr hat das englische Konsulat die Erlaubnis verweigert, eine Deutsche in der Schule zu beschäftigen – obwohl wir das »J« im Paß gehabt haben. Es war reine Spionageangst. Anscheinend hat es Fälle gegeben, wo sich wirklich Spione daruntergemischt haben, aber in meinem Fall war es lächerlich, denn was hätte ich da ausspionieren können, an einer englischen Schule? Die haben damals grundsätzlich alles abgewehrt, und man konnte es auch verstehen.

WG: Dann habe ich die Möglichkeit gehabt, ein Geschäft zu kaufen – mit Hilfe eines Darlehens von einer entfernten Verwandten. Das Darlehen habe ich nie zurückzahlen müssen. Eigentlich haben wir von dem Moment an, als wir in Chile waren, ein normales Leben geführt – bis auf die seelische Last, vor allem die Sorge über die Leute, die zurückgeblieben waren. Die Kinder sind in gute Schulen gegangen und normal aufgewachsen.

LG: Die Leute haben einem wunderbar geholfen. Wir müssen immer wieder das Loblied der Chilenen singen! Es ist ein unwahrscheinlicher Unterschied zu dem, wie jetzt hier die Asylanten behandelt werden.

WG: Die Chilenen waren kolossal anständig. Zuerst, als meine Frau als Lehrerin Arbeit hatte, habe ich kleine Vertretungen gehabt und Sachen verkauft, die sehr schwer zu verkaufen waren. Als die Chilenen gemerkt haben: da kommt ein Emigrant, der kann kein richtiges Spanisch und dem geht's nicht gut, haben sie mir fast ausnahmslos einen Auftrag gegeben. Da haben wir damals die besten Erfahrungen gemacht. Wir haben in einem kleinen Ort in der Nähe von Valparaiso gelebt. Da hat es außer uns keine Emigranten gegeben, und wir sind oft in die Stadt gefahren, wo es eine jüdische Gemeinde gegeben hat. Später haben wir dann auch Chiledeutsche als Bekannte gehabt, also Nichtjuden.

LG: Unsere Kinder sind dreisprachig aufgewachsen. Wir haben weiter Deutsch mit ihnen gesprochen, auf der englischen Schule mußten sie natürlich Englisch sprechen, und Spanisch haben sie überall gesprochen. Vollkommen dreisprachig – es war wunderbar!

WG: Aber wir haben unsere deutsche Sprache behalten – eigentlich das Schwäbische. Unser Sohn spricht Deutsch wie wir alle hier, aber Deutsch schreiben kann er nicht. Er ist ja nie in eine deutsche Schule gegangen und macht wahnsinnige Schreibfehler.

LG: Er ist Arzt und war kürzlich in Bad Homburg auf einem Kongreß und hat auf deutsch einen Vortrag gehalten. Da ist er später gefragt worden, ob er in Stuttgart niedergelassen ist oder wo sonst im Schwäbischen. Er lebt aber in Amerika.

Nach Kriegsende haben wir mit Deutschland erstmals wieder Berührung gehabt, als uns Leute von dort angebettelt haben.

WG: Durch die jüdischen Hilfsorganisationen haben wir die Verbindung zu meiner Schwester gesucht, die aus Theresienstadt zurückkam – das war das erste. Dann kam die Verbindung mit ehemaligen Bekannten und Freunden, da die meisten unsere Adresse ausfindig gemacht haben. Gerade zu meinem besten Freund haben wir Verbindung gehabt. In den in Deutschland schlimmen Jahren

1946 und 1947 haben die den Gedanken gehabt, auch nach Chile auszuwandern; er war Textilingenieur. Ich hatte für sie schon die Einreiseerlaubnis besorgt, und ihre Bücher waren bereits in Chile angekommen. Wir hätten sie sehr gerne in Chile gehabt, aber dann hat er einen Brief geschrieben, daß er das Geld für die Überfahrt nur geliehen bekommt und zurückzahlen muß. Da habe ich ihm ehrlich geschrieben: »Also, wenn Du schon mit Schulden hier ankommst! Hier haben die Leute auch nicht gerade auf Dich gewartet!« Ich hatte zwar einen Anstellungsvertrag für ihn bekommen, aber der war nur pro forma, um die Einreise zu ermöglichen, und er hätte da nicht arbeiten können. Sie haben dann den Plan aufgegeben, nach Chile zu kommen, und ich schickte ihm die Bücher wieder zurück nach Deutschland.

LG: Nachrichten darüber, daß in Deutschland Schreckliches passiert war, waren gegen Ende des Krieges durchgesickert. Daß meine Eltern umgekommen sind, haben wir schon eher gewußt. Wir haben durchs Rote Kreuz erfahren, daß sie 1941 nach Gurs gekommen sind und 1942 nach Auschwitz. Den ganzen Abgrund haben wir erst später erfahren.

WG: Erst 1966, nachdem wir die Wiedergutmachung bekommen hatten, waren wir finanziell in der Lage, an eine Reise nach Europa zu denken. Ein Vierteljahr waren wir dann in Europa und haben eine Reise durch England, Frankreich, Italien und Israel gemacht. Über Österreich sind wir dann nach Deutschland gefahren. Als ich über die Grenze kam, habe ich gedacht: »Also, an meine geschäftliche Vergangenheit will ich mich in Deutschland überhaupt nicht erinnern!« Wir sind von Salzburg gekommen, fahren in Bad Reichenhall rein und kommen in eine Straße: »Ach, da an der Ecke, das ist ja das Geschäft von meinem alten Freund Ulbrich! Da kann ich einfach nicht vorbeifahren!« Das war noch genauso wie 28 Jahre vorher. Ich bin ausgestiegen und reingegangen. Eine mir vollständig unbekannte Frau, so Mitte 40, bedient da gerade. Ich warte, bis sie fertig ist, und als der Kunde weg ist, habe ich mit folgendem Satz angefangen: »Seit 28 Jahren betrete ich zum ersten Mal wieder deutschen Boden.« Darauf schlägt sie die Hände über dem Kopf zusammen: »Jesus, der Grünwald!« Also, ich war verblüfft, daß mich da jemand erkannt hat! Es hat sich herausgestellt, daß sie die Tochter meines Kunden war, der inzwischen nicht mehr lebte. Als sie ein kleines Mädchen war – 1936 oder 1937 wird es wohl gewesen sein –, war ich mal übers Wochenende in Bad Reichenhall und habe am Sonntag die ganze Familie von dem Kunden mit dem Auto zu einem Ausflug abgeholt. Das hat die Tochter anscheinend so beeindruckt, daß sie mich nach den ersten Worten wiedererkannt hat.

Auf dieser Reise 1966 sind wir hauptächlich in Stuttgart gewesen, um unsere Freunde wiederzusehen. In Stuttgart hatten wir auch noch das väterliche Haus.

LG: Es war einem fremd. Die Landschaft war schön und ich habe den Wald gerne wiedergesehen – aber mit den Menschen hat man weiter nichts zu tun gehabt. Man wollte es auch nicht im geringsten! Es war nur, daß wir die Freunde wiedersehen wollten.

WG: Wenn mir damals jemand prophezeit hätte, daß wir einmal auf Dauer nach Deutschland zurückkehren, hätte ich gesagt: »Das kommt gar nicht Frage!«

LG: Darin sind wir ein bißchen verschieden, weil ich auch tatsächlich nicht mehr zurückgegangen wäre. Meinem Mann war das wichtiger als mir, und das ist der Punkt, in dem wir uns nicht einig waren.

WG: Erstens ist meine Frau sehr sprachbegabt und ich sehr wenig. Und zweitens haben wir in Chile noch eine Enkelin; unser älterer Sohn ist mit 26 in einer Mine tödlich verunglückt. Dort gibt es keine derartigen Heime, wo man so untergebracht ist wie hier. Wir waren schon 1972 unter der kommunistischen Herrschaft von Allende aus Chile weggegangen, hauptsächlich deswegen, weil unser zweiter Sohn in Amerika gesagt hat: »Das wird gehen wie in Kuba – ihr könnt nicht zu uns, und wir können nicht zu euch. Ihr müßt dafür sorgen, daß ihr aus Chile herauskommt!« Wir wollten, daß unsere chilenische Schwiegertochter und unsere Enkelin mitgingen, und deshalb kam nur ein spanischsprachiges Land in Frage. Da haben wir uns entschlossen, nach Mallorca zu gehen. Die Schwiegertochter ist mit unserer Enkelin wieder zurück nach Chile, weil das Mädchen ganz unglücklich war in der dortigen Schule und Heimweh gehabt hat nach ihrer deutschen Schule in Chile. Aber wir sind dann 14 Jahre in Mallorca geblieben und haben dort quasi als Touristen gelebt, in einem möblierten Appartement, ohne dort feste Wurzeln zu fassen.

LG: Das Gefühl haben wir ja überhaupt, daß wir nirgends mehr feste Wurzeln haben. Heimat gibt es nicht mehr – so zugehörig fühlen wir uns nicht mehr. Man kann sich überall wohl fühlen.

WG: Nach Chile und nach Mallorca wußten wir dann nicht mehr, wohin wir gehen sollten.

LG: Also, ich hätte es schon gewußt: nach Chile! Vor allem wegen der Enkelin, aber auch deshalb, weil es für uns sehr wichtige Jahre waren und wir uns in Chile sehr zugehörig gefühlt haben.

WG: Wir haben auch die doppelte Staatsangehörigkeit. 1952 haben wir die chilenische bekommen; vorher waren wir ja staatenlos. Dann sind wir nach Mallorca und haben jährlich Reisen nach Amerika gemacht, weil unser Sohn dort lebt. Mit dem chilenischen Paß bekamen wir immer nur das Visum für eine einmalige Einreise, während wir mit einem deutschen Paß ein Dauervisum bekommen konnten. Da sind wir aufs deutsche Konsulat und haben ganz ehrlich gesagt, daß wir lediglich aus praktischen Gründen den Antrag stellen. Der Konsularbeamte hat gesagt: »Das interessiert uns gar nicht. Die einzige Bedingung, die wir stellen, ist, daß Sie den deutschen Paß benutzen, wenn Sie nach Deutschland reisen.«

LG: Der war sehr nett. Er hat gemeint, daß er das gut verstehen könne, daß es uns Juden unwichtig ist, einen deutschen Paß zu haben, daß wir es aus praktischen Überlegungen wollen und es keinerlei sentimentale Gründe gibt. Das war nur so ein Papier, denn wir fühlten uns eher als Chilenen!

WG: Nach Amerika zu gehen, hatte ich Bedenken wegen der Sprache. Ich spreche sehr schlecht Englisch, und außerdem wollten wir nicht direkt zu den Kindern, weil wir denen nicht zur Last fallen wollten. Und in Amerika noch einmal anzufangen, kam auch nicht in Frage. In Mallorca hätten wir in unserer Wohnung auf die Dauer nicht wohnen können, weil es keinen Aufzug gab und wir drei Treppen steigen mußten. Dann wurden wir von der Stadt Stuttgart aus nach Deutschland eingeladen. Wir hatten Bekannte, die auch in Chile gelebt hatten und nun hier in diesem Wohnstift waren. Nach dem Besuch in Stuttgart haben wir uns ein Auto geliehen und sind ein bißchen durch Deutschland gefahren, unter anderem auch hier vorbei.

LG: Wir haben uns auch das jüdische Altersheim in Neustadt angeguckt, aber das ist eins von diesen kleinen Heimen, wo man so aufeinandersitzt, während man hier privat ist. Das ist schon ein großer Unterschied! Hier ist es ideal – insofern haben wir es wunderbar. Man ist ganz für sich, wenn man das will. Es wird viel geboten, kulturell ist enorm viel los, und man kann schnell mal irgendwohin fahren. Aber es war ein innerer Kampf für mich, wieder nach Deutschland zu ziehen.

WG: Das hat sie nie gesagt!

LG: Ja, ich wollte es dir nicht schwer machen, weil ich gewußt habe: du willst es unbedingt. Es ist ja auch alles recht, aber ich hab's schwer gehabt.

Es ist nicht schön, das Zurückkommen. Alles ist so furchtbar lebendig geblieben; in Chile haben wir nicht so viel daran gedacht. Ein Grund ist vielleicht auch: hier im Altersheim denkt man bei jedem, den man nicht kennt: um Gottes Willen, was hast du gemacht? Bei den Festen, z. B. Karneval, machen wir nicht mit, denn mit gleichaltrigen nichtjüdischen Deutschen können wir nicht feiern, obwohl wir hier auch gute Erfahrungen machen und es allen sagen, daß wir Juden sind. Die guten Erfahrungen sind, daß die Leute wirklich kommen und man über alles spricht und dann wirklich weiß, wer sie sind.

WG: Wir erfreuen uns hier im Stift – ich weiß nicht, warum – einer ganz besonderen Beliebtheit. Wir haben hier noch nichts Negatives erlebt in den zehn Jahren.

LG: Wir sitzen mit furchtbar netten Damen an einem Tisch, und die wissen natürlich von uns. Wenn die Leute zu uns kommen, dann tun sie es ganz bewußt.

WG: Ein Herr hat mir mal gesagt, als wir allein im Aufzug waren: »Also, ich muß Ihnen das doch mal sagen, um es endlich loszuwerden: ich war ein großer Nazi!« Wir grüßen uns nach wie vor freundlich, haben aber keine nähere Beziehung. Er wollte es einfach loswerden.

LG: Im Vergleich zu der Vergangenheit ist es manchmal fast komisch, daß wir für das Haus geradezu »die Juden« sind. Wenn irgendjemand ein jüdisches Thema hat, dann kommt er zu uns und bespricht es mit uns. Es freut mich aber in der Hinsicht, daß man jetzt als Jude etwas tun kann – daß es vielleicht doch einen Sinn hat, daß man wieder hier ist. Eine Frau, die wir überhaupt nicht gekannt haben, hat plötzlich von ihrem Schwager erzählt. Er war Soldat und hat in Auschwitz irgendetwas tun müssen und hat das so grauenhaft gefunden, daß er sich nach seiner Rückkehr aus dem Krieg umgebracht hat. Sie wollte es unbedingt Juden erzählen und hat es dann eben uns gesagt. Aber dieses Bekenntnis war ein Einzelfall.

WG: Es gibt natürlich Leute, mit denen wir, wenn die zu uns kommen, ganz offen von Mensch zu Mensch sprechen. Das sind die, die sich dafür interessieren, was gewesen ist. Gerade wenn's jüngere Leute sind, ist es sehr, sehr wichtig, daß sie es erfahren, weil sie ja sonst keine Gelegenheit haben zu fragen. Manche sagen: »Unsere Eltern haben nie darüber gesprochen. Jetzt erzählen Sie mir mal, wie es wirklich war!«

LG: Mit der Mutter von solchen jungen Leuten haben wir einmal etwas erlebt, was eigentlich schon lustig war. Wir saßen zusammen im Auto und sind in irgendein Konzert gefahren. Da hat sie gesagt: »Daran, daß ich kein Klavier gelernt habe, sind eigentlich die Juden schuld. Meine Eltern haben mir einmal angeboten: ›Du, der Herr Sowieso wandert jetzt aus, und dessen Klavier können wir kaufen!‹ ›Was, ein Klavier von einem Juden? Kommt gar nicht in Frage!‹ Ich war in der Hitlerjugend und ganz überzeugt.« Mit großer Harmlosigkeit hat die uns das erzählt – es war natürlich eine dumme Person. Aber die Kinder von ihr wollten uns unbedingt kennenlernen, um endlich etwas zu erfahren.

WG: Oft kommt das erst in der zweiten oder dritten Generation, weil die Eltern nicht geredet haben. Und das sind die Punkte, die wir immer positiv finden, weil man dann etwas tun kann – mehr als in der Emigration.

Das hat für uns ja auch sehr praktische Gründe, daß wir jetzt wieder hier leben. Dadurch, daß ich als junger Mann bei der Versicherung einbezahlt habe, haben wir eine Altersversorgung und sind krankenversichert. In dieser Beziehung kann man also viel ruhiger sein.

LG: Es ist besser gegangen mit den Menschen, als ich es mir vorher gedacht habe. Bei unseren Reisen vorher war das Schlimme, daß ich wirklich bei jedem sofort gedacht habe: »Um Gottes willen, was warst du, was hast du getan?« Das ist im Laufe der Jahre besser geworden, und wir haben gute Freunde gefunden. Ich kann aber nicht sagen, daß ich unseren Entschluß richtig finde.

WG: Wenn mir angeboten würde, in ein genau gleiches Haus in Chile zu ziehen, würde ich gleich ja sagen!

LG: Gell, würdest du doch auch sagen! Man ist viel mehr Weltbürger geworden dadurch, daß man auch nach Chile gehört. Ich fühle mich nicht als Deutsche, das muß ich weiterhin sagen, sondern viel mehr jüdisch jetzt, dem jüdischen Schicksal zugehörig. Es ist mir überall wohl – mir war's ja auch in Frankreich wohl und in Chile –, und ich könnte mich überall zurechtfinden. Verwurzelt wäre ich aber wahrscheinlich nirgends mehr. Aber ich bin ja auch schon als junger Mensch viel gereist, habe in Genf studiert und nicht so furchtbar festgesessen.

WG: Bei meiner Frau ist es ein bißchen anders, weil sie in allen Sprachen daheim ist, und die Sprache ist etwas sehr Wichtiges. Wenn ich den Mund aufmache, merkt jeder Chilene, daß ich kein

Einheimischer bin, während meine Frau die Begabung hat, in jeder Sprache sofort den Tonfall zu treffen. Sie gehört immer überall dazu, während ich gleich der Fremde bin, wenn ich den Mund aufmache. Das macht sicher in der Einstellung kolossal viel aus. Dadurch fällt es mir viel schwerer, das Deutsche mit allem anderen gleichzusetzen. Richtig ausdrücken kann ich mich im Grunde doch nur im Deutschen; das ist halt meine Sprache. Ich würde hierher gehören, wenn es Hitler nicht gegeben hätte! Im Grunde fühle ich mich als Schwab, alle meine Vorfahren sind schwäbische Bauern gewesen! Also, ab und zu fühle ich mich dazugehörig. Ich sehe es eben nicht so ganz ein, warum ich das ganze Leben lang ausgegrenzt sein soll, weil der Hitler uns ausgegrenzt hat. Da sind meine Frau und ich ein bißchen verschieden. Sehr viel macht es aus, daß ich keine direkten Angehörigen verloren habe.

LG: Da kommt man nie drüber weg, das verwindet man nie ganz.

WG: An sich kann man hier schon etwas tun, und darüber bin ich sehr froh. Vor dem Gedenktag 50 Jahre nach dem Synagogenbrand hat uns z. B. die Vorsitzende der Gesellschaft für Christlich-Jüdische Zusammenarbeit in Landau angerufen, ob ich bei der Kundgebung am Synagogendenkmal als Zeitzeuge sprechen könnte. Ich habe mich dann dazu bereiterklärt, denn wenn man bei einer solchen Gelegenheit vor ziemlich vielen Leuten ein bißchen was erzählen kann, dann ist das doch eine große Befriedigung und sehr positiv. Allerdings habe ich den Eindruck, daß man heute fast schon so viel an die Ereignisse von damals erinnert, daß es den Leuten zuviel wird – den älteren sowieso, aber da spielt es keine Rolle. Auch junge Leute sagen manchmal: »Ach, jetzt haben wir doch genug gehört!« Es vergeht ja im Moment kaum ein Tag, an dem es nicht eine Sendung im Fernsehen gibt, die sich in irgendeiner Weise mit der jüdischen Frage, mit dem Problem der Naziverbrechen befaßt. Daß es nicht vergessen werden darf, ist natürlich unbedingt richtig. Erfreulich ist, daß wir einen Bundespräsidenten haben, der die Bedeutung des Erinnerns richtig einzuschätzen weiß.

LG: Unser Sohn kann nicht begreifen, daß uns damals nicht schon früher die Augen aufgegangen sind. Die amerikanischen Juden sind ja sehr streng. Die Leiterin des Jüdischen Altersheims in Chicago, in dem die Schwester meines Mannes gelebt hat, hat kein Wort mehr mit uns gesprochen, als sie gehört hat, daß wir nach Deutschland gehen – unglaublich! Mein Sohn war jetzt hier und hat gemerkt, daß es geht, daß wir hier leben können, aber er kann es trotzdem nicht recht verstehen, daß wir zurück sind. Wenn ich meinem Enkel erzähle, was alles gewesen ist, dann muß ich ihn immer bremsen, weil er sehr hart urteilt. Da rede ich dann immer viel positiver über alles Deutsche, als ich es unter uns tue. Und plötzlich bin ich in einer unerwarteten Verteidigungsposition! Dieses allgemeine Verurteilen geht mir zu weit – dazu haben wir zu gute Erfahrungen mit vielen Deutschen gemacht.

WG: Vor allem wissen wir, daß jede Verallgemeinerung ungerecht ist. Es ist auch für die jungen Deutschen oft unverständlich, wie schwer und wie beinahe unmöglich es war, in Deutschland wirklich Widerstand zu leisten. Gut, es war nicht so schwer, z. B. seine Kinder so zu erziehen, daß sie zwischen Recht und Unrecht unterscheiden konnten; das ging noch. Aber aktiver Widerstand: das war sehr, sehr schwer. Das war lebensgefährlich. Und es hat doch viele, viele stille Helden im Land gegeben, die persönliche Hilfe geleistet haben.

LG: So daß wir gesagt haben: ob wir das getan hätten, wissen wir nicht! Was aber die sogenannte Vergangenheitsbewältigung betrifft, so finde ich nicht, daß es zuviel sein kann; es kommen ja auch immer wieder neue Menschen und neue Generationen nach. Ob sich in den Menschen, die damals erwachsen waren, etwas geändert hat, können wir nicht beurteilen; das wissen wir nicht. Wir sehen hier ja nur die Alten, und da ist es halt nun einmal in Gottes Namen so, daß es niemand mehr war. Das ist keine ehrliche Auseinandersetzung. Aber man kann es nicht beurteilen, weil sich ja niemand dazu äußern will – uns gegenüber will es auf jeden Fall niemand gewesen sein.

WG: Vor allem: die, die jetzt um uns herum sind, waren im Krieg 18 bis 20 Jahre alt. Die wirklich etwas getan haben, sind meist gar nicht mehr am Leben.

LG: Eine Frau hat zu uns gesagt: »Ich habe mit Leib und Seele bei den Nazis mitgemacht, und als ich dann gehört habe, was wirklich los gewesen ist, war ich nahe daran, mir selbst etwas anzutun.« Sie war damals ein junges Mädel und ganz begeistert und hat alles wörtlich geglaubt. Als uns ein guter Freund erzählt hat, daß auch er aus Überzeugung dabei war, bis er's begriffen hat, war das für mich schon ein Schock. Für ihn war es eine fürchterliche Erschütterung, als ihm klar wurde, was der Nationalsozialismus wirklich war. Mit dem sind wir ehrlich befreundet.

Wir wissen auch von einem Bekannten, daß er in der Partei war und trotzdem einer Jüdin Unterschlupf bei sich angeboten hat, der jüdischen Frau eines christlichen Freundes. Also selbst wirkliche Nazis haben manches abgelehnt, was geschehen ist, und manchen geholfen. Das alles macht es so schwer, die Menschen zu verurteilen.

RUTH BRATU

geb.: 1923 in Tel Aviv
»Rückkehr«: 1948
Gespräch: 6. Oktober 1996, Darmstadt

Prag – London – Darmstadt

Mein Vater stammte aus dem Südböhmischen, wo seine Eltern eine Geflügelfarm hatten. Er ist deutschsprachig aufgewachsen, da seine Mutter aus Wien kam – alle guten Prager hatten ja Verwandte in Wien! Der Bruder war Architekt und ist schon ziemlich früh nach Palästina ausgewandert. Mein Vater wollte das gleiche tun, aber sein Bruder hat ihm geraten, vorher zu heiraten, also nicht als Junggeselle nach Palästina zu gehen. Auf Empfehlung eines Freundes ging er nach Dresden auf Brautschau, wo es einen ziemlich großen zionistischen Kreis um Frieda Reichmann gab, der späteren Frau von Erich Fromm. Sie hatte im Sanatorium »Weißer Hirsch« ihre Arztpraxis, und meine Mutter, die aus einem orthodox-jüdischen Elternhaus in Wiesbaden stammte, arbeitete dort in ihren Semesterferien als Sprechstundenhilfe. Als sie 17 Jahre alt war, starb ihre Mutter. Ihr Vater heiratete wieder, worauf sie nach Königsberg zu Verwandten zog. Zur fraglichen Zeit machte sie in Berlin im Pestalozzi-Fröbel-Haus, einem Kindergärtnerinnenseminar, ihre Ausbildung. Eines Tages kam also ein gutaussehender junger Mann und sagte: »Ich komme nicht als Patient, sondern möchte jemanden kennenlernen, der mit mir nach Palästina auswandert.« Es ging dann sehr schnell, meine Eltern haben in Prag geheiratet und sind um 1921 nach Tel Aviv gezogen. Die Hochzeitsreise ging durch die Sahara. Darüber hat meine Mutter einen wunderschönen Bericht geschrieben, den ich in der Schule im Geographieunterricht vorlesen durfte, worauf ich sehr stolz war.

1923 bin ich zur Welt gekommen. Bald darauf wurde meine Mutter ziemlich krank und bekam ein Unterleibsleiden, worauf ihr

Gynäkologe ihr riet, zurück nach Prag zu gehen. Mein Vater war von Beruf Buchhalter und hatte damals alles mögliche in Tel Aviv versucht, um sich eine Existenz aufzubauen, aber wirtschaftlich kam er auf keinen grünen Zweig. Die Krankheit meiner Mutter war somit ein guter Vorwand für meine Eltern, wieder nach Prag zu gehen. Meine Mutter wurde in Prag operiert, ich verbrachte sechs Monate in einem Kinderheim in Berlin, und nach einem Jahr, um 1926, kam auch mein Vater wieder nach Prag.

Ich erinnere mich, daß wir zuerst bei der Großmutter wohnten und ich in einen jüdischen Kindergarten ging. Als ich mit sechs Jahren in die Schule kam, legte mein Vater Wert darauf, daß ich neben Deutsch auch Tschechisch lernte. Meine Mutter hat große Schwierigkeiten gehabt, die tschechische Sprache zu erlernen, die ja sehr schwer ist. So bin ich dann vier Jahre lang in die tschechisch-jüdische Schule in Prag gegangen. Zu Hause wurde Deutsch gesprochen und oft auch auf der Straße – zu dieser Zeit wenigstens. Später, nach der Machtübernahme der Nazis in Deutschland, hat man sich eigentlich nicht mehr getraut, auf der Straße Deutsch zu reden. Insofern war es sehr gut, daß mein Vater Wert auf unsere Zweisprachigkeit gelegt hat und auch meine sechs Jahre jüngere Schwester Tschechisch lernte. So sprachen wir dann auf der Straße Tschechisch und zu Hause Deutsch. Als ich mit zehn Jahren die tschechisch-jüdische Schule verließ, weil ich auch deutsche Schulen besuchen sollte, fuhr ich zunächst 1932 mit meiner Mutter nach Deutschland. Ich erinnere mich noch recht genau an die Wahlplakate, denn so etwas hatte ich noch nie bewußt gesehen. Untergebracht waren wir in einer Stiftung der Familie meiner Mutter, einem Altersheim bei Düsseldorf. Diese Verwandten waren sehr deutschnational. Als meine Mutter damals ihren tschechischen Mann geheiratet hatte, war ihre Reaktion: »Thea, wie kannst du so etwas tun? Du verlierst die deutsche Ehre!« Später waren es die gleichen Verwandten, die nach der Emigration hundertfünfzigprozentige Engländer geworden sind.

Wieder zurück in Prag, besuchte ich dann eine deutsche Volksschule. Die Bindung an die jüdische Religion war nicht sehr fest. Mein Vater kam aus einem liberal-jüdischen Elternhaus, und meine Mutter hatte ihre frühere Frömmigkeit nach der Rückkehr aus Palästina völlig abgelegt. Ich erinnere mich noch ganz schwach an

ein Pessach-Fest, wo das besondere Pessach-Geschirr vom Dachboden geholt wurde. Aber das ist eine sehr frühe Erinnerung, und später hat es das nicht mehr gegeben. Als ich ungefähr ein Jahr in der deutschen Volksschule war, kam es dort zu einer Begebenheit, die mein Verhältnis zur jüdischen Religion sehr beeinflußt hat: nachdem der Rabbiner mir vorgeworfen hatte, daß meine Eltern aus Palästina nach Europa zurückgekehrt waren, lief ich heulend aus dem Religionsunterricht. Der war ab diesem Zeitpunkt für mich zu Ende, denn meine Mutter meldete mich sofort ab. Wir haben zu Hause zwar die Bibel gelesen, aber im Grunde war es mit der Religion aus. Es gab fast nichts mehr an jüdischen Traditionen – eigentlich nur noch das Chanukka-Fest. Meine Eltern sind gar nicht mehr in die Synagoge gegangen, und ich nur noch ein einziges Mal: Es war zum Simchat-Thora-Fest, und mich lockten die Bonbons, die zu diesem Anlaß dort verteilt wurden.*
Meine Mutter war politisch sehr interessiert und auch aktiv, und so lag es nahe, daß ich zu den Roten Falken kam, der Kinderorganisation der Sozialdemokratischen Partei. Ich glaube, daß meine Mutter manchmal Heimweh nach Deutschland hatte, aber sie wußte natürlich nach 1933, daß es keinen Weg mehr zurück gab. Kompensiert hat sie es mit einer sehr aktiven Emigrantenhilfe. In Prag haben sich ja Emigranten erst aus Deutschland, dann aus Österreich und dem Sudetengebiet, was ja 1938 besetzt wurde, versammelt; darunter waren auch sehr bedeutende Menschen. Nach meiner Erinnerung hatten wir immer einen Mittagsgast aus diesen Kreisen. Einer dieser Mittagsgäste war in Oranienburg im KZ gewesen. Als er anfing, davon zu erzählen, wurde ich aus dem Zimmer geschickt, aber ich habe mich vor die Tür gesetzt und zugehört. Ich glaube, wir in Prag wußten mehr über die Verhältnisse in den KZ als die Deutschen selber. Auch durch die politische Jugendorganisation, in der ich war, ist uns sehr bewußt gewesen, was in Deutschland passierte.

Weil wir diese vielen politischen Flüchtlinge kennengelernt hatten, war uns klar, daß nicht alle Deutsche Nazis waren, und dieses Bewußtsein zieht sich bis heute wie ein roter Faden durch mein

*Simchat-Thora – hebr. »Freude an der Thora«; letzter Tag der Laubhüttenfestwoche, an dem der Jahreszyklus der Lesungen aus der Thora-Schriftrolle ausläuft.

Bewußtsein. Es waren ja auch viele Nichtjuden unter den Emigranten, die bei uns verkehrten. Dazu gehörten z. B. Erich Ollenhauer, der spätere Parteivorsitzende der SPD in Deutschland, Hans Vogel und Kurt Stampfer. Die meisten sind Gott sei Dank noch herausgekommen und 1938 oder 1939 nach Paris, später dann nach England gegangen. Damals haben wir keinen Unterschied zwischen Juden und Nichtjuden gemacht und wußten kaum, wer was war. Meinen Vater nannten alle »Abba« und meine Mutter hatte den Spitznamen »TTT« – Tante Thea Theiner. Weil die Emigranten keine Arbeitserlaubnis hatten und sich schwarz beschäftigen mußten, hat meine Mutter einigen von ihnen auch Arbeit vermittelt. Das erfuhr ich aber erst viel später, als ein guter Freund in Israel mir erzählte, daß sie seiner Mutter, die von Beruf Schneiderin war, Kundinnen verschafft hat.

Als es für die Juden in der Tschechei gefährlich wurde, hat mein Vater gesagt, und ich habe es heute noch im Ohr: »Mir ist egal, wo ich verhungere: nur nie wieder nach Palästina!« Die Erfahrungen dort müssen wohl sehr schlimm gewesen sein, aber es hatte sicher auch mit seinem phlegmatischen Charakter zu tun. Er unternahm auch nichts, um zu emigrieren, während meine Mutter einer Kusine in Belgien geschrieben hat und besagter Frieda Fromm-Reichmann in Amerika. Ich bekam sogar ein Affidavit für Amerika, aber es galt nur für mich, nicht für meine jüngere Schwester. Die Wartezeit wäre mindestens drei Jahre gewesen. Bei den Amerikanern war das Geburtsland für die Quote entscheidend, und Palästina hatte eine sehr niedrige Quote. Weil ich unter britischem Mandat geboren bin, hätte ich später mit Leichtigkeit Engländerin werden können, aber darauf habe ich keinen Wert gelegt.

Jedes Jahr am 15. März bin ich krank, denn an diesem Tag wurde 1939 die Tschechei von den Deutschen besetzt. Da war unser Leben sozusagen besiegelt. Es war ein schlimmer Tag, obgleich man damals hoffte, daß das alles nicht wahr sein kann. Die Nazis haben ja gleich morgens um acht Uhr die ersten Verhaftungen durchgeführt. Es gab jede Menge Gestapo-Spitzel, sogar im Parteiheim der deutschen Sozialdemokraten. Einer hat die gesamte Kartei der Emigranten aufgenommen und der Gestapo übergeben, die somit ein leichtes Spiel hatte. Meine Mutter schickte mich an diesem Tag zu einer reichsdeutschen Freundin von ihr, weil diese nach der Verhaftung ihres Mannes selbstmordgefährdet war; ich sollte auf sie aufpassen. Der Mann war im Schlafanzug abtransportiert und ins Gefängnis gebracht worden. Sie durfte ihm die wichtigsten Sachen in ein Köfferchen packen, und damit standen wir in einer Schlange vor dem Gefängnis mit all den Frauen, deren Männer ebenfalls verhaftet worden waren. Diese Szene kann ich nicht vergessen; ich war fünfzehn.

Zu dieser Zeit war ich schon angemeldet für den Kindertransport. Erst sollte ich zur Kusine meiner Mutter nach Brüssel, aber das hat nicht geklappt, und die Wartezeit für Amerika war zu lang. Meine Mutter vertraute dann darauf, daß die nach London emigrierten Verwandten uns schon weiterhelfen würden und meldete meine Schwester und mich für den Kindertransport an. Mein Vater hatte Steuerschulden und wäre deshalb niemals herausgekommen. Von den Prager Juden kamen nur noch die raus, die genug Geld hatten, um sich falsche Papiere kaufen zu können, denn emigrieren durften zuerst die Gefährdetsten. Das waren die Reichsdeutschen, die Österreicher und die Sudetendeutschen. Bei meinen Eltern war das undenkbar. Wenn ich ein bißchen früher rausgekommen wäre, hätte ich meine Eltern vielleicht noch als Butlerehepaar unterbringen können, aber die Zeit war zu knapp. Am 1. Juni 1939 kam ich in London an, und bald darauf brach der Krieg aus. Meine Schwester war zehn, und ich wurde am 1. Oktober 16, was die Altersgrenze für den Kindertransport war.

Um den Bahnhof, von dem unser Transport losfuhr, mache ich heute noch einen großen Bogen. Wir waren 500 Kinder in diesem Zug, der versiegelt war und nur eine einzige Begleitperson hatte. Die letzten Worte meiner Mutter habe ich heute noch im Ohr: »Kinder, ihr könnt alles tun, nur laßt euch nicht taufen!« Es war bekannt, daß viele englische Missionars- und Pfarrersfamilien Kinder aufgenommen haben in der Absicht, den Antisemitismus dadurch aus der Welt zu schaffen, indem sie diese Kinder taufen ließen. Das Unglück wollte es, daß meine Schwester, die schon als Kind große psychische Schwierigkeiten hatte, in England von einer Familie zur anderen gewandert ist. Das war für mich, die ich schon arbeiten mußte, eine große Sorge. Tatsächlich kam sie auch in eine Missionarsfamilie und war nahe daran, sich taufen zu lassen. Meine Schwester war mir intellektuell hoch überlegen und wollte gar nicht mit mir darüber diskutieren. In meiner Verzweiflung habe ich einen guten Freund meiner Eltern um Hilfe gebeten: »Du mußt mit Esther reden!« Zur gleichen Zeit hatte sie aber auch die ersten Schwierigkeiten mit ihren Pflegeeltern bekommen. Wenn sie ihre Hausschuhe nicht ordentlich unters Bett stellte, haben sie gesagt: »Jesus Christ wouldn't have done it!« Das war ausschlaggebend, daß sie sich nicht taufen ließ. Sie hat dann einen frommen englischen Juden geheiratet, ist aber selbst nie fromm geworden, sondern eine überzeugte Kommunistin.

Mit meinen Pflegeeltern hatte ich ebenfalls kein Glück. Der Leiter der englischen Parallelorganisation der Roten Falken hat fünfzehn Prager Rote Falken gerettet, indem er Pflegefamilien für uns organisiert hat. Er lebt noch – ein ganz lieber Mann! So kam unsere Gruppe von fünfzehn Kindern zusammen, die erst einmal vierzehn Tage gemeinsam verbrachte. Weil es Sommer war, hatten wir das Gefühl, wir fahren in ein Zeltlager. Daß wir die Eltern nicht wiedersehen würden, hat wohl keiner von uns gedacht, obwohl wir wußten, wie ernst die Lage war. Diese zwei Wochen waren sehr schön. Wir wurden ein bißchen in den *English Way of Life* eingeführt und dann einer nach dem anderen von den Pflegefamilien abgeholt. Zusammen mit meiner Schwester und einem Jungen kam ich in die Nähe von London. Meine Schwester wurde von einer schottischen Familie aufgenommen, und ich kam zu einer Familie Phelbs. Die hatten keine Kinder, aber Madame Phelbs kam auf die Idee, sich Babys in ihr Wohnzimmer zu nehmen, um einen Hort aufzumachen und wollte, daß ich die Windeln wasche. So habe ich also Windeln gewaschen. Dann hat sich herausgestellt, daß eine Freundin meiner Mutter in der Nähe wohnte. Die rief eines Tages an und fragte mich, ob ich ihr einen Rock ändern könne. Mit diesem Rock habe ich meine ersten fünf Schilling verdient. Stolz wie ich war, habe ich das meiner Pflegemutter gemeldet, und die hat sich prompt beschwert, daß ich ihr das Geld nicht abgeliefert habe. Das habe ich den für uns zuständigen Leuten berichtet, und es gab einen großen Krach! Mir blieb nichts anderes übrig, als zu meiner Tante und der Kusine nach London zu ziehen. Dort habe ich dann das Haus geputzt, eine Art privates Altersheim, in dem 18 alte Leute lebten – ohne elektrischen Strom. Mein Lohn war, daß meine Schwester bei mir wohnen konnte, bis sie in eine *Boarding*

School kam. Für jede Briefmarke mußte ich zu meiner Tante gehen, ich hatte kein Taschengeld, nichts! Mein Vater hatte immer gesagt: »Freunde kann man sich aussuchen, Verwandte nicht.« Aber ich war schon froh, daß sie da waren.

Die alten Leutchen waren alle Emigranten, Deutsche und Österreicher. Nie mehr habe ich so viele Geschenke zu meinem Geburtstag bekommen wie damals! Sie haben mich alle als ihr Enkelkind empfunden, und ich bin sehr verwöhnt worden – von den Bewohnern, aber nicht von meiner Kusine. Meine Schwester hat die frühe Trennung von den Eltern nie verkraftet, war praktisch vom ersten Tag an körperlich und seelisch krank und hat mit 44 Jahren Selbstmord begangen. 1973 ist das passiert. Sie hatte Angst, sich bald nicht mehr selbst versorgen zu können, weil sie alle möglichen Krankheiten hatte. Man wollte ihren Mann sogar verurteilen, denn in England ist es strafbar, wenn man einen Selbstmord nicht verhindert. Ihr Hausarzt hat aber vor Gericht gesagt: »She was one of Hitler's last victims«, und daraufhin ist dann mein Schwager freigesprochen worden.

Im Nachhinein finde ich, daß meine ersten Jahre in England knochenhart waren, aber damals hab ich's nicht so empfunden. Ich war froh, daß wir in Freiheit waren. Zwei Jahre habe ich noch als Hausgehilfin hinter mich gebracht, aber eigentlich wollte ich immer Maßschneiderei lernen. Während des Krieges war es natürlich sehr schwer, in diesem Bereich etwas zu bekommen, aber auf ein Inserat hin bin ich zu einer ganz traditionellen, alten englischen Firma gekommen, die Uniformen für Armee, Luftwaffe und Marine herstellte.

Meine Umgangssprache war Englisch, was ich ausschließlich bei der Arbeit gelernt habe, denn Unterricht habe ich nie nehmen können. Für die Arbeit bekam ich 28 Schilling die Woche. 14 Schilling davon mußte ich meiner Tante überlassen für ein kleines Zimmerchen, sieben Schilling habe ich auf dem Weg zur Arbeit verfahren, und sieben Schilling blieben mir als Taschengeld. Als die Blitzangriffe kamen, gingen jede Nacht in dem Viertel, wo wir wohnten, Brandbomben nieder. Das Zugfahren war sehr gefährlich, weil die Eisenbahnlinie beschossen wurde. Ich hatte immer mein Köfferchen dabei, für den Fall, daß ich nicht nach Hause konnte. Abends durfte ich dann noch den Ofen bedienen, das Geschirr waschen usw. – nach meiner Tagesarbeit. Schließlich habe ich gesagt: »Nein, tut mir leid!« und habe mir ein Zimmer genommen im Hostel vom Czech Trust Fund, und von dort konnte ich zu Fuß zur Arbeit gehen. Meine Verwandten waren stinksauer auf mich, weil ich sie im Stich gelassen hatte, weil sie ja keine andere Putzhilfe hatten. Ich war damals schrecklich egoistisch, aber ich mußte von diesen alten Leuten weg, die Angst um ihr Leben hatten. Ich war 17 Jahre alt, ich konnte das einfach nicht mehr aushalten.

Eine Zeitlang gab es noch Kontakt zu meinen Eltern. Meine Mutter hat ihrer Kusine in Brüssel geschrieben, und die hat die Briefe an mich weitergeleitet. Nachdem Belgien besetzt war, haben meine Eltern dann an Verwandte, die in die Schweiz geflüchtet waren, geschrieben, über die ich dann an die Briefe kam. Von ihnen habe ich jetzt nur noch Fotokopien; die Originale hat die Friedrich-Ebert-Stiftung übernommen, weil sie so interessant sind. Eines Tages kam dann über die Schweiz eine Karte meiner Mutter: »Jetzt ist es so weit, unsere Transportnummer ist so und so.« Das war also die letzte Karte; von da an kamen nur noch die nichtssagenden 25 Worte über das Rote Kreuz. Und dann war's aus. Meine Eltern waren in dem zweiten Familientransport aus Theresienstadt, der genau sechs Monate in Birkenau war und dann ins Gas geschickt wurde.

Die Hoffnung auf ein Wiedersehen mit meinen Eltern hatte ich aber damals noch nicht aufgegeben. Selbst als ich später erfuhr, was Theresienstadt und Auschwitz wirklich waren, hatte ich zuerst immer noch das Gefühl: sie haben überlebt! Vielleicht hing das auch mit dem – unbegründeten – schlechten Gewissen zusammen, daß wir noch herausgekommen sind und die Eltern nicht. Viel später habe ich in Prag jemanden wiedergetroffen, der meine Mutter von früher her kannte und sie in Birkenau gesehen hat. Er hat mir berichtet, wie erleichtert die Mutter war, uns in Sicherheit zu wissen und nicht zu den Müttern zu gehören, die mit ihren Kindern zusammen ins Gas gingen.

Meine Eltern hatten mir noch vor dem Kriegsausbruch ein Papier geschickt, aus dem hervorging, daß ich tschechische Staatsbürgerin war. In London hatte ich mir dann einen tschechischen Paß ausstellen lassen. Als der Krieg vorüber war, war der Paß abgelaufen, und ich wollte ihn verlängern lassen. Man fragte mich auf dem Konsulat, ob ich zurückwolle, woraufhin ich sagte: »Ich glaube nicht;

meine Eltern haben nicht überlebt.« Mein erster Mann, der mit der tschechischen Auslandsarmee in Prag war, hatte herausgefunden, wann die Deportationen stattgefunden haben und daß sie umgekommen waren. »Ja, das tut uns leid, dann können wir Ihren Paß nicht verlängern!« So bin ich meine tschechische Staatsbürgerschaft losgeworden, aber es tat mir nicht weh. Ich bekam dann einen Staatenlosenpaß.

Zu meiner ersten Heirat war es ziemlich schnell gekommen. Der Bruder eines Prager Falken, der in Mauthausen umgekommen ist, wohnte bei guten Freunden von mir zur Untermiete. Eines Tages machte er mir einen Heiratsantrag, und ich war froh, jemanden zu haben, der mir eventuell im Flüchtlingskomitee helfen würde. Ich habe in diese Ehe eingewilligt und mir gedacht: »Die Liebe kommt vielleicht später.« Sie kam nur nicht. Er ging dann in die tschechische Auslandsarmee und war mit dieser in Frankreich und Prag.

Im Mai 1945 hatten die Amerikaner in London ein Büro aufgemacht: sie suchten Leute, die die deutsche Sütterlinschrift lesen konnten und womöglich noch eine dritte Fremdsprache beherrschten. Mein Tschechisch war noch ziemlich perfekt, und ich habe mich bei der amerikanischen Armee für die Postzensur gemeldet. So kam ich nach Offenbach. Mein damaliger Mann besuchte mich dort und eröffnete mir, daß er sich demobilisieren lassen könnte. In Prag würde er Arbeit bekommen, und wir könnten dort die Wohnung meiner Eltern beanspruchen. Da kam mir zum ersten Mal der Gedanke: »Irgendetwas kann mit unserer Ehe nicht in Ordnung sein, wenn er mir zumutet, in die Wohnung zu ziehen, aus der meine Eltern deportiert worden sind!« Ich war entsetzt und habe ihm geraten, zuerst nach England zurückzugehen und sich demobilisieren zu lassen. Ich hatte vor, mein Jahr bei den Amerikanern zu absolvieren, ihm dann nach England zu folgen und eventuell später nach Prag, wobei ich mich zuerst davon überzeugen wollte, ob ich dort überhaupt leben konnte. Während eines Urlaubs bin ich in amerikanischer Uniform – es war die abenteuerlichste Reise meines Lebens – per Autostop von Offenbach nach Prag gefahren. Meine Enttäuschung dort war schrecklich groß. Ich hörte antisemitische Bemerkungen und verstand mich politisch nicht mehr mit den paar Leuten, die ich noch von früher her kannte.

Die sechs Jahre in England hatten mich zum Westler gemacht, während die, die in Auschwitz befreit worden waren, alle kommunistisch beeinflußt worden waren – was ja eine natürliche Angelegenheit ist, da sie von der Roten Armee befreit worden waren. Aber diese Diskrepanz, diese politischen Unterschiede, haben mir bestätigt, daß ich in dieser Stadt nicht mehr leben konnte. Zum Beispiel traf ich einen alten Freund meiner Eltern, der auch in der Emigration gewesen war. Er, ein tschechisch schreibender Journalist, wollte auf Dauer nach Prag zurückkehren – auch auf die Gefahr hin, daß er in die kommunistische Partei eintreten mußte.

Das Haus, in dem ich mit meinen Eltern gelebt hatte, habe ich nur von außen angeschaut; nur in der Straße bin ich gewesen. Als ich in den Tabakladen ging, wußte der Inhaber noch genau, welche Zigaretten meine Mutter geraucht hatte und welche mein Vater. Er fiel mir sehr schwer, dieser Besuch in Prag im März 1946, und er war eine große Enttäuschung.

Zurück in Offenbach begann ich noch unerlaubterweise, mich bei der wiedererstandenen Sozialistischen Jugend zu betätigen. Bei der amerikanischen Briefzensur hatten wir auch deutsche Angestellte, und eines Tages kam eine deutsche Kollegin und sagte: »Schade, daß du gestern nicht bei dem Treffen warst! Ein englischer Offizier, der eigentlich Offenbacher ist, hat ein sehr interessantes Referat gehalten über die Machtergreifung und wie es zum Krieg kam.« Ich wurde sehr neugierig auf diesen Mann und habe ihn in die Dining Hall eingeladen. Nach fünf Minuten haben wir festgestellt, daß wir viele gemeinsame Bekannte in London hatten, vor allem unter den emigrierten deutschen Sozialdemokraten, und daß wir uns immer praktisch die Tür gereicht haben, ohne uns jemals in London zu treffen. Er hat mich dann mitgenommen zu seinen Bekannten und Freunden aus der Zeit vor seiner Emigration. Es waren bedeutende Widerstandskämpfer darunter, die, weil sie Nichtjuden waren, überlebt hatten. Leuschner gehörte dazu, Goerdeler, Schwamp, Carlo Mierendorff, Emil Henk – alles Leute, die in Verbindung standen mit den Widerstandskämpfern vom 20. Juli. So habe ich also meinen späteren zweiten Mann kennengelernt. Seine Freunde von früher, die durch Glück und Zufall überlebt hatten, und die er aus der Sozialistischen Studentenschaft z. B. und aus der Sozialistischen Jugend gut kannte, redeten ihm zu: »Leute wie dich, die eine weiße Weste haben, brauchen wir jetzt hier in Deutschland!« Als ich miterlebte, wie er zur Rückkehr aufgefordert wurde, kam in mir der Wunsch auf, nach Deutschland zu gehen. Auch viele sudetendeutsche Sozialdemokraten, die aus der Emigration nicht in die Tschechoslowakei zurückgekehrt sind, sondern nach Deutschland, gaben mir dazu den Anstoß. In England wollte ich nicht bleiben, denn ich war doch zu sehr Mitteleuropäerin, aber in Deutschland, so dachte ich, könnte ich leben. Wichtig war in dieser Hinsicht natürlich die Begegnung mit meinem späteren Mann.

Als dann mein Jahr bei den Amerikanern um war und ich nach London zurück zu meinem Ehemann fuhr, stellte ich fest, daß er überhaupt kein Interesse hatte, nach Deutschland zu gehen – er wollte als Schweißer in seiner alten Firma in England bleiben. Das war die zweite Einsicht, daß unsere Ehe wohl doch nicht die richtige war. Ich habe dann den Entschluß gefaßt, mich scheiden zu lassen und nach Deutschland zu gehen, wo mein zweiter Mann auf mich wartete. Damals war ich sehr verliebt und froh, wegzukommen von den Erinnerungen, die heute bei mir teilweise verschüttet sind. Vieles aus dieser Zeit ist vollkommen verschwunden, auch aus der Scheidungszeit. Diese Scheidung war keine schöne Sache, und ich wollte unbedingt aus England weg! Meine Schwester hat es mir sehr übel genommen, daß ich sie im Stich gelassen habe, aber sie war mit ihren 18 Jahren eigentlich viel reifer als ich. Meine Verwandten, die damals zu meiner Mutter gesagt hatten: »Thea, wie kannst du nur einen Tschechen heiraten!«, konnten nicht verstehen, daß ich nach Deutschland ging – bis sie meinen zweiten Mann kennenlernten und sich mit ihm unterhalten haben. Wir in den politisch bewußten Emigrationskreisen haben einfach gehofft, daß der britische Außenpolitiker Lord Vansittart, für den alle Deutschen Nazis waren, nicht recht hatte, sondern daß man aus diesem Deutschland noch ein demokratisches Land machen könnte. Dazu wollten wir etwas beitragen. Wir wußten ja von den Widerstandsbewegungen, von den Leuten des 20. Juli, und in Prag hatte ich viele Emigranten kennengelernt, die »reichsdeutsch« waren, wie man es damals nannte. Für uns waren nicht alle Deutsche verantwortlich für die Schrecken der Nazizeit, und das wollten wir den Engländern begreiflich zu machen versuchen. An Nachkriegsdeutschland hat mich persönlich so fasziniert, daß ich hierherkommen konnte, ohne mich zum Bleiben zu verpflichten. Ich spürte, daß es nach Prag nicht zurückging, und daß mir England keine Heimat werden konnte, auch wenn meine Schwester dort bleiben wollte. Ich hatte viele gute Freunde in England, aber als ich während meiner Zeit bei den Amerikanern einmal mit dem Jeep über die Autobahn in den Taunus fuhr, sind mir die Tränen gekommen! Die Landschaft, die Wälder: alles erinnerte mich an meine Heimat!

Heute würde ich sagen: die Hoffnung auf ein demokratisches Deutschland hat sich eigentlich erfüllt. Dieser Eindruck kommt natürlich auch durch die Tätigkeit meines Mannes in den verschiedenen Gremien der Sozialdemokratie und im öffentlichen Leben von Darmstadt zustande, aber auch durch meine eigene Tätigkeit. Die erste Zeit als deutsche Normalbürgerin war aber doch hart. Ich hatte mir ein Mißtrauen anerzogen, welches zwar sehr berechtigt war, mir das Leben aber manchmal auch sehr schwer machte. Der sogenannten Masse der Deutschen bin ich, ehrlich gesagt, deswegen ausgewichen. Mein Mann und ich haben jedes Fest mitgefeiert. Damals hat man ja noch auf Tuchfühlung getanzt, und jedesmal, wenn ich mit einem mir fremden Mann getanzt habe, habe ich sofort erzählt, daß ich Jüdin bin. Es war wie eine Art Test, weil ich wissen wollte, wie die Menschen reagieren. Da ist es mir einmal passiert, daß der betreffende Partner, ein Arzt aus Ostpreußen, stehenblieb, mich anschaute und sagte: »Ich wußte gar nicht, daß es auch hübsche Jüdinnen gibt!« Ich wußte nicht, ob ich dem eine reinhauen oder Mitleid haben sollte. Es war ihm dann selbst sehr peinlich. Mir ist klargeworden, daß er ja nur die Karikaturen aus dem *Stürmer* kannte.

Eine Verwandte in Israel fragt mich immer: »Ja, hast du denn keine Antisemiten erlebt?« Es hat hier in der Waldkolonie ein kleines Tante-Emma-Lädchen gegeben, wo ich eingekauft habe. Die Inhaber hatten den netten Namen Streicher, waren aber reizende Leute und sehr hilfsbereit, haben mir auch Sachen ins Haus gebracht. An einem Samstag ging ich wieder einkaufen, und unerwartet gab es Eier aus Israel. Ich habe gar nicht daran gedacht, daß die ja mit dem Flugzeug kommen und gefragt, ob die auch frisch sind. Neben mir stand ein Lieferant von der Bäckerei und sagte im Darmstädter Dialekt: »Vor denen müssen Sie sich in acht nehmen –

das sind Judde!« Einen Moment habe ich an mich gehalten, auch die Inhaber, die wußten, daß ich Jüdin bin. »Sie werden sich wundern: die kommen sogar aus dem Land, wo ich geboren bin!« Der arme Kerl, etwa 20 Jahre alt, hat einen puterroten Kopf gekriegt. Montag Morgen um acht Uhr in der Früh hat er sich mit einem Riesenfliederstrauß und einer Bonbonniere bei mir entschuldigt: es wäre ihm ja so peinlich! Das war in den fünfziger Jahren. Solche Erlebnisse haben mich eigentlich immer bestärkt und mir Mut gemacht. Es ist eine Generationenfrage gewesen, damals besonders. Die Generation, bei der man sich immer fragen mußte: »Wo war der? War der auch in Auschwitz und hat links oder rechts mit dem Daumen gemacht?«, die ist ja im Aussterben. Es ist zum Glück eine sehr interessierte Generation aufgewachsen, die auch nicht unter den Nazilehrern in dem Sinne leiden mußte, daß sie eben nichts erfahren hat. Aber damals war das noch anders. In der Notzeit, vor der Währungsreform, lebte man doch in einer permanenten Spannung. Mein Mann hatte aber viele zuverlässige Freunde von früher her. Von Anfang an hatte ich also Zugang zu einem Kreis, wo ich wußte, daß diese Leute keine Nazis gewesen sind. Oft haben sich die Leute in langen Unterhaltungen geöffnet, wo man dann seinen Lebenslauf geschildert hat. Das Lustige war, daß immer mein Mann als der Jude der Familie angesehen wurde, niemals ich.

Eigentlich war das kein Wunder, denn sein Vater war tatsächlich Jude, aber das wußte ich lange Zeit nicht. Bratu ist ein rumänischer Name, den ihm der spätere Ehemann seiner leiblichen Mutter gab. Diese hatte noch ein weiteres außereheliches Kind, die Halbschwester meines Mannes, die noch lebt und mir bestätigte, daß sein Vater Jude war. Mein Mann wollte eigentlich nie etwas von seiner richtigen Mutter wissen. Er muß es sehr schwer gehabt haben, obwohl seine Pflegefamilie in Offenbach sehr gut zu ihm war. Seine leibliche Mutter hatte im Haushalt einer jüdischen Familie Abraham in Offenbach als Hausgehilfin gearbeitet. Der junge Herr Abraham, damals 19 Jahre alt, hat einmal probiert, und da war's passiert. Da sie kein Geld besaß, hat sie ihn in eine Pflegefamilie getan. Darüber, daß sein leiblicher Vater Jude war, hat mein Mann nie gesprochen und es auch selber erst erfahren, als er schon 28 war. 1938, als er sich in Brüssel aufhielt, hat er im *Völkischen Beobachter* von seiner Ausbürgerung gelesen und sich den Ausbürgerungsbescheid kommen lassen. In diesem Dokument stand die Identität seines Vaters. Ich selbst wußte es solange nicht, bis ich nach dem Tod meines Mannes seine Ausbürgerungsurkunde fand. In seinem Adreßbuch fanden wir dann auch die Anschrift seines Vaters, der nach Paris emigriert war. Anscheinend hat er ihm auch mal geschrieben, aber nie eine Antwort bekommen. Seine Mutter allerdings, die in Frankfurt lebte, wollte ihren Sohn unbedingt wiedersehen. Sie wußte über seinen Werdegang Bescheid, weil ihre Tochter, seine Halbschwester, alle Artikel gesammelt hatte, die in Frankfurt oder Darmstadt über ihn erschienen waren. Er hatte an einem Wiedersehen kein großes Interesse, aber als ich 1955 mit Micha hochschwanger war, haben wir trotzdem die Mutter besucht. Die ganze Atmosphäre ist mir unvergeßlich; z. B. stellte sich heraus, daß unsere Tochter das gleiche tizianrote Haar hatte wie seine Mutter! Sechs Wochen darauf ist seine Mutter nach einer Mandeloperation gestorben. Was die Pflegefamilie meines Mannes betrifft, so ist vielleicht interessant, daß sein Pflegebruder, der bei der Freiwilligen Feuerwehr Offenbach war, in der »Reichskristallnacht« mit seinem Zug die Synagoge gelöscht hat. Dadurch ist sie zwar geplündert worden, aber nicht total ausgebrannt. Anschließend ist er natürlich aus der Freiwilligen Feuerwehr herausgeworfen worden, weil er gelöscht hatte. Die Stadt Offenbach hat das Gebäude später für städtische Dienststellen übernommen und auch ihr Standesamt darin eingerichtet. Tatsächlich haben wir in diesem Standesamt, in der ehemaligen Synagoge, geheiratet. Unser Witz war deshalb immer: »Wir haben in der Synagoge geheiratet!«

In Offenbach gab's schon sehr schnell wieder eine Jüdische Gemeinde. Der Vorsitzende der Vereinigung der Verfolgten des Naziregimes, Max Willner, war KZ-Überlebender und der »Offenbacher Gewissensjude«. Er war Verwaltungsdirektor des Städtischen Krankenhauses, und als meine Tochter Miriam 1949 dort geboren wurde, kam er noch vor meinem Mann mit einem riesigen Blumenstrauß und hat mir gratuliert, weil meine Tochter das erste jüdische Mädchen war, das in Offenbach nach dem Krieg zur Welt kam. In Offenbach bin ich allerdings nie in den Gottesdienst gegangen, wohl aber später in Darmstadt, wo sich der Kontakt zur Jüdischen Gemeinde durch die Freundschaft mit einem jüdischen Ehepaar ergeben hat, Joseph und Johanna Fränkel. Er war damals Vorsitzender der Jüdischen Gemeinde, und sie ist heute im Vorstand. Kennengelernt habe ich sie im Schwimmbad. Ich rief gerade nach meiner Tochter Miriam, als mich eine sehr nette junge Mutter fragte: »Heißt Ihre Tochter Miriam?« Weil der Name damals noch nicht so verbreitet war wie heute, hatte sie vermutet, daß wir jüdisch sind.

Mein Mann und ich haben beide gesagt, daß wir in keiner Weise den Schritt bereuen, hier zu leben. Es hat nie Zweifel gegeben, auch nicht bei Vorfällen, die mich manchmal sehr mitgenommen haben. Z. B. kannten wir einen Arzt recht gut, der ein Klassenkamerad von einem SS-General war. Der war in einem ersten Prozeß freigesprochen worden, aber später entdeckte man ein belastendes Telegramm, das er verfaßt hatte. Daraus ging hervor, daß er für Transporte nach Auschwitz zuständig war. Aufgrund dieses Telegramms, in dem Sätze standen wie: »Heute habe ich Euch wieder ein paar Juden in Abrahams Schoß geschickt«, ist er in einem zweiten Prozeß verurteilt worden. Als das alles noch nicht bekannt war, hatte besagter Arzt uns einmal gebeten, diesen Klassenkameraden zu uns einzuladen. Er wollte natürlich einen Persilschein von meinem Mann. Es war ja bei einigen Top-Nazis so, daß sie irgendwann einmal einem Juden geholfen hatten, und auch er hatte das getan. Am Yom Ha Shoah, dem Tag des Gedenkens an die Naziopfer, war ich gerade mit einer Jugendgruppe und dem Stadtjugendpfleger aus Darmstadt in Nahariya, als ich in meiner Pension ausgerechnet einen Fernsehfilm der BBC sah, in dem dieser SS-General in London beim zweiten Gerichtsverfahren aussagte. Das war sehr schlimm für mich. In meiner Wohnung hatte ich ihm Tee serviert! Er hat versucht, sich reinzuwaschen mit den »vielen guten Taten«, die er für seine »jüdischen Freunde« getan habe.

Vor der Gefahr, dem Antisemitismus zu begegnen, haben wir uns immer geschützt. Wenn wir ausgegangen sind, dann nie in irgendeine Wirtschaft, sondern in unseren Kellerclub, wo wir wußten, daß alle in Ordnung waren. Da konnte es sogar Scherze geben wie: »Na, du weißt doch, daß ich ein alter Antisemit bin!« und gegenseitiges Frotzeln. Ein Freund hat uns aber mal gesagt: »Ihr wißt ja gar nicht, was in den Wirtshäusern, an den Stammtischen geredet wird!« Und da war etwas dran. Ein einziges Mal sind wir mit einem israelischen Maler, der in Darmstadt ausstellte, in eine alte deutsche

Wirtschaft gegangen und gerieten zufällig an so einen Stammtisch. Prompt waren diese Leute alte Nazis! Mein Mann hat damals die entsprechenden Antworten gegeben, aber mir ist doch sehr heiß geworden, vor allem im Hinblick auf unseren israelischen Gast. Der hat alles mitbekommen, weil er deutsch konnte.

Eigentlich haben wir uns nur in Kreisen bewegt, wo die Leute einwandfrei waren. Durch die SPD-Kreise habe ich in einer ziemlich abgeschlossenen Welt gelebt. Darmstadt war immer sozialdemokratisch, aber die politischen Entwicklungen im Nachkriegsdeutschland wurden ja von einer anderen Partei bestimmt, und man hatte das Gefühl, man muß dagegen ankämpfen! Mit der Politik Adenauers war ich absolut nicht einverstanden, besonders weil er ehemalige Top-Nazis eingestellt hat. Nur in der Brandt-Ära konnte ich die Bundespolitik bejahen, denn von der Großen Koalition habe ich auch nicht viel gehalten. In den Nachkriegsjahren war ich allerdings so sehr mit dem eigenen Familienleben beschäftigt, daß nicht mehr viel Zeit für die Politik übrig blieb. Es war ein Stück nachgeholtes Leben! Ich hatte zwei Kinder, keine Großeltern, die bei der Betreuung helfen konnten, einen Haushalt und viele gesellschaftliche Verpflichtungen.

Als die Kinder zur Welt kamen, hatte ich das Gefühl, daß ich hier allmählich Wurzeln schlage. Mit meiner Tochter ist allerdings etwas passiert, womit ich heute noch nicht ganz fertig bin. Wir wohnten in einer Wohnung direkt an einer Schule, weil mein Mann Schulrat war. Übrigens war es mit sein Verdienst, daß die wiederaufgebauten Schulen Namen von deutschen Widerstandskämpfern bekamen. Ehe unsere Tochter eingeschult wurde, kam sie und fragte: »Mutti, jetzt mußt du mir endlich einmal sagen, was ich eigentlich bin: evangelisch oder katholisch?« Da habe ich gesagt: »Weder noch. Als Kind einer jüdischen Mutter bist du nach jüdischem Recht eine Jüdin, und du hast den Namen deiner Großmutter, die in Auschwitz vergast wurde: Thea Miriam.« Das hat das Kind mit sechs Jahren schon recht gut begriffen. Damals war unsere jüdische Gemeinde noch sehr klein, und es gab dort noch keinen Religionsunterricht. Ich selbst war nicht in der Lage, meine Kinder in religiösen Dingen zu unterrichten. In dieser Situation bestand mein Mann darauf, daß die Kinder getauft wurden. Ich hatte viel Vertrauen zu meinem Mann, dachte deshalb: »er wird wissen, warum«, und so habe ich dann eingewilligt. Aber ich mußte doch dauernd an die letzten Worte meiner Mutter an mich und meine Schwester denken, und es ist kein Wunder, daß mein Sohn schon bei der Taufe, als er sechs Monate alt war, protestiert hat. Auf jeden Fall sind beide Kinder getauft. Die Tochter wurde sogar konfirmiert, aber der Sohn hat weiter protestiert, nicht nur damals bei der Taufe. Er wollte nicht konfirmiert werden und ist dann aus der Kirche ausgetreten – allerdings hat er später an der Evangelischen Fachhochschule Sozialarbeit studiert. Die Tochter ist sehr interessiert an ihrem Judentum. Sie hat mir sogar später einmal, als sie schon in Amerika war, gesagt: »Mutter, du hast mir so wenig von meinem Judentum mitgegeben!« Da habe ich ihr erklärt, daß ich dazu nicht imstande war, und gemeint: »Du hast jetzt die Gelegenheit, das alles nachzuholen.« Sie lebt in Chicago und geht mit ihrem nichtjüdischen Mann in den reformierten jüdischen Gottesdienst. Sie entdeckt sehr stark ihre Wurzeln, feiert alle jüdischen Feste, erwägt aber nicht, sich offiziell wieder ins Judentum aufnehmen zu lassen. Sie arbeitet als Direktorin des Filminstituts der Universität Chicago, wo auch viele jüdische Professoren lehren. Ihr Mann kommt aus Deutschland und ist Professor für Militärgeschichte an der gleichen Uni. Über die deutsche, aber auch über die israelische Politik denkt sie sehr kritisch. Im vergangenen Jahr habe ich mit meiner Tochter einige Abende zusammengesessen und ihr aus meinem Leben erzählt. Sie hat es auf Band aufgenommen und wird es bearbeiten. Das Gleiche hat sie 1978 mit ihrem Vater gemacht. Beide Kinder sammeln Material, um einmal über meinen Mann und auch mich zu schreiben.

Mein Sohn lebt hier in der Nähe und ist mittlerweile im Umweltschutz tätig. Beruflich und privat ist er sehr eingespannt. Zwischen ihm und meinem Mann ging es oft hart her, wenn sie über Politik diskutierten, und mit achtzehn ist er ausgezogen. Wir haben versucht, uns nicht mehr über seine politischen Aktivitäten – er war sehr links – aufzuregen.

Mich freut das Interesse meiner Tochter am Judentum – so wie es mir leid tut, daß mein Sohn nicht auch so denkt. Aber man kann es nicht erzwingen. Heute wäre die Situation ganz anders: Jetzt haben wir eine sehr begabte Religionslehrerin in der Gemeinde. Damals habe ich mir gesagt, daß meine Kinder nach jüdischem Recht schließlich jüdisch bleiben, und das war mir das Wichtigste. Mein Mann ist auch immer mit in die Synagoge gekommen. 1988 wurde hier eine ganz neue, herrliche Synagoge, die die Stadt bauen ließ, eingeweiht, wozu ehemalige Darmstädter Juden aus der ganzen Welt eingeladen waren. Seitdem hat sich natürlich das Leben in der Gemeinde sehr verändert, vor allem durch die Zuwanderung der russischen Juden. Manchmal tut es mir weh, daß die ihre Kinder dabei haben, und wir Älteren, wir sind alleine da. Wenn ich die Familien beobachte, wird es mir oft schwer ums Herz. Die Einwanderer haben sich gut eingelebt, und es sind nette Leute dabei. Ich merke aber doch meine liberale Einstellung bezüglich der Gottesdienste. Ich kann nicht mehr viel damit anfangen, obwohl ich das doch als Kind in der Schule alles gelernt habe. Aber es sagt mir so wenig! Das einzige ist, daß ich beim Kaddisch und Jiskor, dem Totengebet, all meiner lieben Verstorbenen gedenke. Freitagabends gehe ich in die Synagoge – aus Zuammengehörigkeitsgefühl mit den paar Alten, die noch da sind. Wir fühlen uns ein bißchen fremd. Die Russen überwiegen, und somit ist es nicht mehr so ganz meine Heimat. Früher war ich im Vorstand der Jüdischen Gemeinde, habe das aber vor der letzten Wahl aufgegeben. Ich glaube, ich verkörpere noch ein bißchen das deutsche oder auch tschechische liberale Judentum.

Zur Tschechischen Republik habe ich immer starken Kontakt gehalten. Viele Gruppen aus Darmstadt habe ich auf Reisen der Gesellschaft für Christlich-Jüdische Zusammenarbeit dorthin begleitet, oft auch mit einem Abstecher nach Theresienstadt. Das waren immer sehr erfolgreiche Reisen, aber 1987 habe ich damit aufgehört; es war zu anstrengend.

In Prag ist es einmalig, daß dort die Synagogen erhalten sind. Himmler hat ja veranlaßt, daß dort ein Museum »über eine untergegangene Rasse« eingerichtet werden sollte. Die Ältesten der Kultusgemeinden Prags wurden aufgefordert, Kultgegenstände der untergegangenen Gemeinden zusammenzutragen. Viele haben das gemacht, weil sie hofften, so am Leben zu bleiben, und dadurch sind diese Wertgegenstände erhalten geblieben. Eine Synagoge ist innen ganz kahl und wurde zu einer Gedenkstätte umgestaltet. Vom Fußboden bis zur Decke hat man auf ihre Wände die Namen aller Deportierten geschrieben – Tausende von Namen, unter denen ich auch die von meinen Eltern gefunden habe. Mittlerweile gehe ich nicht mehr in diese Museen – der entsetzliche Touristenschwarm ist ja fast schon makaber.

Letztes Jahr war ich wieder in Prag, als mein Mann seinen 85. Geburtstag gehabt hätte. Seine Urne, das hatte er sich gewünscht, liegt im Grab meiner Großmutter. Auf dem Darmstädter Jüdischen Friedhof wäre es undenkbar, daß eine Urne beigesetzt wird; außerdem könnte ich hier nicht mit ihm zusammen bestattet sein, weil er Nichtjude war. Die einzigen Urnen, die hier bestattet sind, sind die, die den Angehörigen aus den KZ anfangs zugeschickt wurden. Selbst diese liegen nicht in der heiligen Erde, sondern auf dem Weg. Als wir hier in Darmstadt die Trauerfeier für meinen Mann hatten, konnte ich nicht weinen, sondern erst, als wir die Urne an seinem Geburtstag 1994 in Prag begraben haben. Die Tochter hat das Gedicht von Brecht vorgetragen: »Am Grunde der Moldau wandern die Steine«, und der Sohn hat Gitarre dazu gespielt. Meine Prager Freunde waren da; es war sehr ergreifend. Wenn ich jetzt im Sommer nach Franzensbad zur Kur fahre, bin ich vorher einige Tage in Prag. Mein Mann wußte ja, daß ich immer wieder Sehnsucht nach Prag haben würde.

Eigentlich habe ich keine deutsche Identität, sondern eine Darmstädter. Seit 1949 lebe ich hier, mit einem deutschen Paß, in dem als Geburtsort Tel Aviv steht. Eine lange Zeit, und so vieles bindet mich an diese Stadt! Hier habe ich nicht nur meine Kinder großgezogen und politisch gearbeitet, sondern auch den Darmstädter Zweig einer internationalen Kinderorganisation mitgegründet: *Children's Summer Village;* eine ganz tolle Sache, die weder parteipolitisch noch religiös gebunden ist und 1951 von einer amerikanischen Psychologin gegründet wurde. In diesen Sommerlagern treffen sich immer zwölf Delegationen aus verschiedenen Ländern, die aus jeweils vier elfjährigen Kindern samt Begleitern bestehen. Das ist eine pädagogisch sehr gut durchdachte und immer wieder verbesserte Arbeit. Als ich selbst einmal Kinder begleitete, habe ich Leute getroffen, mit denen ich als Kind in einem internationalen Zeltlager der Roten Falken in Frankreich war! Da wußte ich: Ich bin in der richtigen Organisation! So hat sich durch die Jugendarbeit ein Kreis in meinem Leben geschlossen.

Darmstadt ist jetzt mein Ort, aber nach Prag fahre ich nach wie vor gern. Die alten tschechischen Freunde in Prag werden immer weniger, aber ich habe auch neue Freunde dort. 1971 habe ich eine Freundin meiner Mutter gefunden, die mit ihr zusammen in Birkenau war. Sie hat mir berichtet, was ich noch nicht wußte: Daß meine Mutter in den elektrischen Draht gelaufen ist. In diesem Augenblick wußte ich nicht, ob ich stolz sein sollte, und habe gemerkt, daß man als Kind seine eigenen Eltern gar nicht richtig kennt. Diese Herta hat mir gesagt: »Deine Mutter wußte, was auf sie zukam und hatte noch die seelische Kraft, ihr Leben in die eigene Hand zu nehmen.« Als ich das in Bonn bei einem Treffen von Sozialdemokraten im Ollenhauer-Haus erzählte, sagte die Martha Ollenhauer: »Von deiner Mutter wundert mich das gar nicht!« Da war ich doch stolz auf sie, daß sie das geschafft hat und diese seelische Kraft besessen hat!

Letztes Jahr war ich mit einer Schulfreundin zusammen, die Theresienstadt überlebt hat und in Amerika lebt. Sie hat gesagt: »Nach Deutschland kann ich nicht fahren, aber zur Ruth nach Darmstadt will ich kommen.« Die vierzehn Tage mit ihr in Darmstadt waren für mich sehr wichtig. Acht Jahre hatten wir miteinander korrespondiert, aber getroffen haben wir uns erst nach 57 Jahren. Es war ein Erlebnis! Anschließend sind wir nach Theresienstadt gefahren, was für sie das erste Mal war. Entgegen meinen Befürchtungen hat sie das gut verkraftet, vor allem wohl deshalb, weil ihr im Archiv der Galerie in Theresienstadt Zeichnungen ihrer Mutter gezeigt und fotokopiert wurden. Der Vater war Bildhauer und ist in Theresienstadt gestorben, die Mutter hat überlebt. Als ich mit dieser Freundin an das Grab meines Mannes gegangen bin, habe ich feststellen müssen, daß die bronzene Gedenktafel für meine Großmutter, gestaltet von einem Darmstädter Künstler, gestohlen war. Das hat sehr weh getan. Kurz zuvor hatte ich zwei neue Tafeln anbringen lassen: eine für die im KZ umgekommene Familie, also Eltern, Onkel, Tante, Vetter und eine Tafel für meinen Mann und mich. Die waren auch schon ein bißchen angesägt – ein Schock!

In den letzten Jahren war ich sehr mit dem Zustand meines Mannes beschäftigt, der einen Schlaganfall hatte. Es hat sich viel dadurch verändert. Früher war er immer der Alleinunterhalter, und ich bin nie zu Wort gekommen. In die neue Situation mußte ich mich einleben, was mir nicht immer leichtgefallen ist. Dadurch, daß ich mich nun sehr auf ihn konzentriert habe, sind viele politische Ereignisse, z. B. die Wiedervereinigung, etwas an mir vorbeigegangen. Zur DDR hatte ich wenig Beziehung. Ich erinnere mich aber gerne an eine sehr interessante Fahrt in die damalige DDR, die ich mit dem Ortsverein der SPD gemacht habe, nach Erfurt, Weimar und Buchenwald. Es muß etwa 1985 gewesen sein. Zufällig war gerade Pessach. Wir fuhren nach Erfurt rein, und unser Reiseleiter, ein DDR-Bürger, sagte: »Das ist die ehemalige Synagoge von Erfurt!« Da habe ich ihn gefragt, ob er jemanden von der Jüdischen Gemeinde in Erfurt kenne; ich hätte Interesse, an einem Sederabend teilzunehmen. Das konnte mir der Reiseleiter anhand meines Reisepasses – »geboren in Tel Aviv« – vermitteln, und so war ich beim Sederabend dabei. Es waren eine Menge Theologiestudenten im Gottesdienst, was ich sehr interessant fand, und anschließend sind die jüdischen Teilnehmer in den ersten Stock gegangen und haben den Sederabend gefeiert. Damals hat man noch über den Mangel an Leuten geklagt, aber heute ist die Jüdische Gemeinde genauso gewachsen wie die westdeutschen, vor allem durch die russischen Zuwanderer.

Daß es unter den jungen Menschen in Deutschland Neonazis gibt, hat mir zeitweise Angst gemacht, aber diese Angst ist eigentlich nicht mehr so sehr da. Ich informiere mich sehr gründlich über Zeitungen und Fernsehen, aber aus dem aktiven politischen Leben bin ich ausgeschieden. Bestimmte Dinge halte ich mir auch auf Distanz, und mein Raum ist jetzt mehr oder weniger die Jüdische Gemeinde.

Ich fühle mich als deutsche Jüdin – oder Jüdin in Deutschland. Wenn ich mit meinem Mann in Holland war, haben wir in der Öffentlichkeit immer nur Englisch gesprochen, nicht Deutsch. Eigentlich empfinde ich heute nur Darmstadt als mein Zuhause und fühle mich mit allen Menschen verbunden, die sich für unsere Lebensgeschichten interessieren. Wenn ich zur Kur in Franzensbad bin, freue ich mich allerdings, daß ich wieder die Möglichkeit habe, Tschechisch zu sprechen – mit dem Vokabular einer 15jährigen zwar, aber ohne fremden Akzent. Ich träume dann sogar wieder auf tschechisch. Für manche der Deutschen, die dort eine Kur machen, schäme ich mich und bin dann lieber Tschechin. Als was ich mich fühle, kommt immer darauf an, wo ich gerade bin. Aber ich lebe gut mit diesen zwiespältigen Gefühlen; es macht mir nichts aus.

Um Israel mache ich mir große Sorgen. Meine einzige direkte Verwandte, die Tochter meines Onkels väterlicherseits, lebt noch dort. Es ist der einzige Zweig der Familie meines Vaters, der überlebt hat. Das Land liegt mir am Herzen wegen der Menschen, die dort um den Frieden besorgt sind. In Israel zu leben ist, glaube ich, sehr hart; ich könnte es nicht. Ich will auch nicht fort von hier. In Darmstadt habe ich nicht nur die längste Zeit meines Lebens verbracht, sondern auch die erfreulichste.

AtV

Band 8024

Manfred Flügge
Wider Willen im Paradies

Deutsche Schriftsteller im Exil in Sanary-sur-Mer

163 Seiten
ISBN 3-7466-8024-7

Für deutsche Literaten und Maler war die Côte d'Azur seit Jahrhunderten ein Magnet der Sehnsucht. Bis 1933. Danach wurde die Küste mit der poetischen Patina zur Zuflucht vieler deutscher Künstler, bis sie anderswo Exil fanden oder in französische Internierung gerieten. Sanary-sur-Mer wurde zur literarischen Diaspora und zum geistigen Zentrum der Emigration. Thomas Mann lebte hier und Lion Feuchtwanger, Ludwig Marcuse, Franz Werfel, Bruno Frank, Franz Hessel, Friedrich Wolf. Viele heimatlos gewordene Künstler machten als Besucher Station: Brecht, Heinrich Mann, Arnold Zweig, Stefan Zweig, die Kinder Thomas Manns, Kisch oder Hasenclever. Sanary-sur-Mer war zum Wartesaal geworden, zum Sinnbild der Verlorenheit.

AtV

Band 5201

Arnold Zweig
Caliban
oder
Politik und Leidenschaft

Versuch über die menschlichen Gruppenleidenschaften dargetan am Antisemitismus

Mit einem Nachwort von Detlev Claussen

352 Seiten
ISBN 3-7466-5201-4

»... Ihren Caliban habe ich in den Ferien gelesen mit großer Teilnahme, Alternativen von warmer Zustimmung und kritischem Stillhalten. Ich war sehr stolz auf die Stelle, die Sie mir gewidmet habe ...«

Sigmund Freud
in einem Brief an
Arnold Zweig, 2. 12. 1927

Erstmals seit 1927 wieder zugänglich: Arnold Zweigs großer Versuch einer Gruppenpsychologie des Antisemitismus.

AtV

Band 64

Arnold Zweig
Jüdischer Ausdruckswille

Publizistik aus vier Jahrzehnten

Auswahl und Nachwort von Detlev Claussen

Originalausgabe

335 Seiten
ISBN 3-7466-0069-3

Arnold Zweig beteiligte sich seit der Weimarer Republik lebhaft an den Debatten über Judentum und Antisemitismus, Nationalsozialismus und Sozialismus. In seiner politischen Publizistik spiegeln sich Erfahrungen einer deutsch-jüdischen Odyssee im 20. Jahrhundert. Diese Sammlung macht die großen Essays »Jüdischer Ausdruckswille«, »Nazi und Juden«, »Hitler und Antihitler« und die glänzenden Analysen des Palästina-Konflikts erstmals wieder zugänglich.

AtV

Band 7011

Zwischen Thora und Trabant

Juden in der DDR

Hrsg. von Vincent von Wroblewsky

224 Seiten
ISBN 3-7466-7011-X

Vincent von Wroblewsky fragt acht Frauen und Männer, Juden aus der DDR wie er, nach ihren Erfahrungen und Erlebnissen.
»Meine Interviewpartner waren alle – mehr oder weniger – mit dem Alternativversuch DDR solidarisch. Sie verkörpern typische Züge der Akteure und Opfer dieses nach – oder in – vierzig Jahren mißlungenen Experiments.«
Dennoch: »Besser, als die Vergangenheit zu verleugnen und zu verdrängen, ist es, sich lachend von ihr zu verabschieden – auch und gerade dann, wenn man die Anlässe für Scham und Verbitterung, die selbst verursachten und erlittenen Enttäuschungen und Demütigungen nicht vergißt.«

AtV

Band 7010

Igor Trutanow
Zwischen Koran und Coca Cola

224 Seiten

ISBN 3-7466-7010-1

Samarkand, Buchara, Taschkent – Namen aus Tausendundeiner Nacht. Jahrzehnte der Sowjetmacht liegen hinter den Ländern der Kasachen, Kirgisen, Usbeken, und der rote Stern ist untergegangen. Wie hell leuchtet inzwischen der Halbmond des Islam? Trutanow hat die Region bereist, mit Altkommunisten, Muslimen, Nationalisten und Demokraten gesprochen. Er war an den Orten zahlreicher, teils blutiger Konflikte. Ein erster gründlicher Bericht aus einer vielen Europäern noch immer verschlossenen Welt, die mit Macht in unsere Gegenwart drängt.